DIE GEHEIMEN DAKINI-LEHREN

Die geheimen DAKINI-LEHREN

Padmasambhavas mündliche Unterweisungen der Prinzessin Tsogyal

Ein Juwel der tibetischen Weisheitsliteratur

Übersetzt aus dem Tibetischen von Erik Pema Kunsang

Deutsch von Sabine von Minden und Corinna Chung

WANDEL VERLAG berlin 2011

edition khordong

Eine Sammlung von Padmasambhavas Unterweisungen
an die Dakini Yeshe Tsogyal.

Aufgeschrieben und verborgen von Yeshe Tsogyal. Entdeckt und offenbart von Nyang Ral Nyima Öser und Sangye Lingpa.

Aus dem Tibetischen ins Englische übertragen von Erik Pema Kunsang (Erik Hein Schmidt) entsprechend der mündlichen Unterweisungen von Kyabje Urgyen Rinpoche. Editiert von Marcia Binder Schmidt.

Übersetzung aus dem Englischen im Vergleich mit dem tibetischen Original von Padmakara-Übersetzungen (Sabine von Minden und Corinna Chung).
Tibetische Titel: Jo Mo La gDams Pa'i sKor, Jo Mo Zhu Lan, mNga' bDag mYang Gi dMar Khrid, bLa Ma dGongs 'Dus Las mTsho rGyal Zhu Lan, rDo rJe gLing Pa'i Mar Gyi Yang Zhun.

ISBN: 978-3-942380-03-4
4. Auflage 2014

Erstmalig erschienen 1995 beim Scherz/Otto Wilhelm Barth Verlag.

Die englische Originalausgabe erschien unter dem Titel »Dakini Teachings« bei Shambhala Publ., USA, 1990. Wiederauflage bei Rangjung Yeshe Publ., Boudhanath, Hong Kong & Esby, 1999.

Lektorat, Umschlaggestaltung und Satz von Andreas Ruft, Berlin.

Kontakt: mail@wandel-verlag.de edition@khordong.net
Webseiten: www.wandel-verlag.de www.khordong.net www.tsagli.net

Gedruckt in der EU auf FSC zertifiziertem, geglättetem, 100% chlor-, holz- & säurefreiem Werkdruckpapier, alterungsbeständig gemäß ISO 9706.

WANDEL VERLAG berlin 2011

«Auch wenn meine Sicht so grenzenlos ist wie der Himmel,
so ist doch meine Verhalten so fein wie ein Sandkorn.»

«Steige mit der Sicht herab während du mit dem Verhalten aufsteigst.
Es ist äußerst wichtig, diese Zwei als Einheit zu praktizieren.»

PADMASAMBHAVA

Inhalt

Vorwort des Übersetzers

Dieses Buch ist eine Sammlung von Unterweisungen, ausgewählt aus verschiedenen Schatztexten oder Termas[1]. Es enthält Guru Rinpoches[2] mündliche Anleitungen zur Übung des Dharma, die er im 9. Jahrhundert n. Chr. während seines Aufenthalts in Tibet gab. Sie wurden aufgezeichnet von Yeshe Tsogyal, der Prinzessin von Kharchen, seiner bedeutendsten Schülerin. Nach Jamgon Kongtruls *Lebensgeschichten der einhundert Tertöns* (auch «Die kostbare Lapislazuli-Girlande») war Yeshe Tsogyal eine Dakini und die Emanation des weiblichen Buddha Lochana — der Gefährtin des Buddha Ratnasambhava — sowie der Vajra-Yogini. Yeshe Tsogyal diente Guru Rinpoche während seines Aufenthalts in Tibet und widmete sich danach mit unerhörter Energie und Ausdauer der Übung des Dharma, so dass sie ihrem Meister schließlich gleichkam. Ihr Mitgefühl ist beispiellos und der Segen, der von ihr ausgeht, wird sich niemals erschöpfen.

Yeshe Tsogyal zeichnete diese Kernunterweisungen in der verschlüsselten Geheimsprache der Dakinis auf und verbarg sie als kostbare Terma-Schätze[3], die Jahrhunderte später von den Tertöns,

---

[1] Die buddhistischen Termini sind im Glossar S. 243 bis 292 erklärt.

[2] Guru Rinpoche («Kostbarer Meister») ist der Name, den die Tibeter dem indischen Mahasiddha Padmasambhava gaben, der den Buddhismus nach Tibet brachte.

[3] Siehe Tulku Thondup. *Die verborgenen Schätze Tibets*. Wandel Verlag, 2013

den Entdeckern der Schatztexte, offenbart werden sollten. Guru Rinpoche selbst hat die Namen der Entdecker vorhergesagt und den Zeitpunkt und die Epoche ihres Auftretens. Die von ihnen in Form von Texten oder Visionen entdeckten Lehren würden den Bedürfnissen der Menschen der jeweiligen Zeit angepasst sein. In nahezu jedem Kapitel dieses Buches heißt es, dass diese Unterweisungen zum Wohl der Praktizierenden künftiger Generationen gegeben wurden: «Mögen sie auf diejenigen Menschen der Zukunft treffen, die ihrer würdig sind.»

Das vorliegende Buch basiert auf den von Nyang Ral Nyima Öser im zwölften Jahrhundert entdeckten Terma-Schriften. Das von mir verwendete Manuskript wurde vor mehreren Jahrzehnten von einem Forschungsreisenden aus einem mongolischen Kloster nach Europa gebracht und wird heute in der Königlichen Dänischen Bibliothek aufbewahrt. Als S. H. Dilgo Khyentse 1976 diese Bibliothek besuchte, ließ er sich alle handgeschriebenen Originalmanuskripte zeigen und dann sechs Bände, die zu der Zeit in Indien nicht erhältlich waren, fotokopieren. Unter ihnen befand sich eine Sammlung verschiedener Schatztexte des Tertön Nyang Ral mit dem Titel *Jomo Shulen* («Die Fragen der Yeshe Tsogyal»). Dieser Band wurde später originalgetreu von Sherab Drimä, dem Verleger S. H. Khyentse Rinpoches in Delhi, nachgedruckt. Als ich später Tulku Urgyen Rinpoche ein Exemplar überreichte, gab er seiner großen Freude über die Lektüre Ausdruck und unterstützte und ermutigte mich bei der Vorbereitung der Übersetzung. Außerdem machte er mich auf eine ähnliche Sammlung von Nyang Rals Terma mit dem Titel *Nyang-gyi Matri* («Die direkten Anweisungen von Nyang») aufmerksam. Jamgon Kongtrul hatte dieser Schrift genügend Bedeutung beigemessen, um sie in den sechzigsten Band seines *Rinchen Terdzö* aufzunehmen. Beim Vergleich der Manuskripte stieß ich in beiden auf unschätzbare Unterweisungen Padmasambhavas, die teilweise identisch waren, an anderen Stellen jedoch große Unterschiede aufwiesen. Offensichtlich stammten sie aus zwei verschiedenen Quellen, von denen die erstere Jamgon Kongtrul, als er den

Rinchen Terdzö zusammenstellte, nicht zugänglich gewesen sein kann.

Seit Nyang Ral Nyima Öser die Schatztexte entdeckt hat, sind nahezu achthundert Jahre vergangen und im Laufe dieser Zeit haben sich jedes Mal, wenn die Schriften von Hand kopiert wurden, einige Auslassungen ergeben und orthographische Fehler eingeschlichen. Ich habe deshalb ein drittes Manuskript hinzugezogen, eine Sammlung von Termas, die im vierzehnten Jahrhundert von Sangye Lingpa entdeckt wurden. Einige Stellen in dieser Schriftensammlung stimmen fast wörtlich mit dem Terma von Nyang Ral Nyima Öser überein. Die Erklärung hierfür ist, dass beide Meister in ihren früheren Leben zugegen waren, als Guru Rinpoche diese Lehren übermittelte. Nyang Ral Nyima Öser war eine Inkarnation von König Trisong Deutsen, während Sangye Lingpa eine Inkarnation von Murub Tsejpo, dem zweitgeborenen Sohn von Trisong Deutsen, war.

Diese drei Schriftsammlungen zusammengenommen enthalten Material für vier weitere Bände einer Übersetzung; ich habe deshalb die Teile ausgewählt, die mir für die heutige Zeit von Bedeutung scheinen.

Die folgenden biographischen Notizen über das Leben von Nyang Ral Nyima Öser (1124-1192) sind aus den *Lebensgeschichten der einhundert Tertöns* zusammengestellt:

> Nyang Ral war der erste der fünf Tertön-Könige, deren Erscheinen von Guru Rinpoche prophezeit worden war. Er war die Inkarnation von Trisong Deutsen, jenes Königs, der Guru Rinpoche nach Tibet einlud und der auch unter dem Namen Tsangpa Lhai Metok, die «Göttliche Blume des Brahma», bekannt war.
>
> Nyang Ral wurde im Jahr des Männlichen Holz-Drachen[4] in der Provinz Lhodrak als Sohn eines Nyingma-Lamas namens Nyangtön Chökyi Khorlo geboren. Schon im Alter von acht Jahren hatte er Visionen von Buddha

[4] Das gleiche Jahr, in dem Padampa Sangye verstarb.

Shakyamuni, Avalokiteshvara und Guru Rinpoche und seine meditativen Erfahrungen währten einen ganzen Monat.

Eines Abends erblickte er Guru Rinpoche auf einem weißen Pferd reitend, das von den vier Arten von Dakinis getragen wurde. Aus einem vasenähnlichen Gefäß, das Guru Rinpoche hielt, trank er Nektar und empfing damit die vier Initiationen. Danach schien es ihm, als öffnete sich der Himmel und als bebten die Berge und die ganze Erde. Seit diesem Ereignis wurde sein Verhalten derart absonderlich, dass man allgemein annahm, er sei verrückt geworden.

Sein Vater gab ihm die Hayagriva-Einweihung und nachdem Nyang Ral in Klausur gegangen war, um die damit verbundene Übung auszuführen, hatte er eine Vision der Gottheit. Von seinem Phurba erschallte das Wiehern eines Pferdes und er konnte seine Hand- und Fußabdrücke im Fels hinterlassen.

Einer Prophezeiung der Dakinis folgend, begab er sich nach Mawo Chökyi Draktsa. Dort verliehen ihm die Weisheitsdakinis den Namen Nyima Öser («Strahl des Sonnenlichts»). Unter diesem Namen wurde er fortan bekannt. Guru Rinpoche selbst erschien Nyima Öser, um ihm eine Liste der Termas zu geben, die er entdecken sollte. Von den vielen von ihm entdeckten Schatztexten sind *Kagye Desheg Düpa,* ein Lehrzyklus, der sich hauptsächlich mit den acht Heruka-Sadhanas befasst, und eine Biografie Guru Rinpoches mit dem Titel *Sanglingma* die bekanntesten.

Später vermählte sich Nyima Öser mit Jobum, einer Emanation Yeshe Tsogyals, die ihm zwei Kinder schenkte. Beide Söhne, Drogön Namkha Ö und Namkha Päl, wurden Halter seiner Linie.

Nyima Öser widmete sich Zeit seines Lebens gleichermaßen der Meditation in Klausur und der Übermittlung

> der Lehren an andere. Sein Wirken war für den Fortbestand des Dharma von entscheidender Bedeutung. Er verschied im Jahr der männlichen Holz-Maus, im Alter von neunundsechzig Jahren. Sein Tod war von vielen wunderbaren Zeichen begleitet.
>
> Ich selbst, Jamgon Kongtrul, habe die mündliche Übermittlung aller von Nyang Ral Nyima Öser entdeckten Termas erhalten. Ich ließ die hölzernen Druckstöcke für die neun Bände des *Kagye Desheg Düpa* anfertigen und habe dessen Sadhana viele Male zusammen mit anderen ausgeführt. Auf diese Weise konnte ich diesen Lehren auf bescheidene Weise dienen.

Nun folgt eine kurze Beschreibung, auf welche Weise Nyima Öser den Terma-Text entdeckte, auf dem die vorliegende Ausgabe basiert. Diese Ausführungen sind Nyang Ral Nyima Ösers Biographie *Der Klare Spiegel* entnommen, die sich im zweiten Band des *Kagye Desheg Düpa* findet.

> Als ich in Klausur in der Perlen-Kristall-Höhle von Pama Gong die Guru-Sadhana praktizierte, erschien mir ein Mädchen von heller Hautfarbe, gekleidet in ein blaues Kleid mit Schurze und eine weiße Seidenbluse. Sie sagte, sie sei Yeshe Tsogyal und fragte mich: «Yogi, was wünschst du dir?»
>
> Ich erwiderte ihr: «Ich begehre nichts außer dem Dharma!» «Also werde ich ihn dir geben», sagte sie und reichte mir eine Schatulle mit Schriften über die Dakini-Prophezeiungen und den Zyklus der 108 Fragen und Antworten.
>
> Dann fuhr sie fort: «Mein Sohn, folge mir zur Leichenstätte von Shitavana! Acharya Padma hält dort eine Dharma-Versammlung mit den acht großen Vidyadharas

und zahlreichen anderen würdigen Yogis. Wir, die Dakinis, kommen dort zu einer großen Festzeremonie zusammen. Komm mit mir!»

Als wir in Shitavana angelangt waren, erblickte ich die große Leichenstätte, die jeden, der dessen nicht würdig war, so eingeschüchtert und in Angst und Schrecken versetzt hätte, dass er sich diesem Ort unmöglich hätte nähern können. In der Mitte befand sich ein Yogi von hellbrauner Hautfarbe; er saß auf einem mächtigen juwelenbesetzten Thron. Er fragte: «Ist das nicht mein Sohn, Tsangpa Lhai Metok? Hat das Umherirren in Samsara dich erschöpft?» Dann bedeutete er mir, auf einem Haufen menschlicher Knochen Platz zu nehmen.

Vor ihm befand sich ein großes Mandala. Es war mit zahlreichen Ornamenten geschmückt und von einem Netz von Lichtstrahlen umgeben. In den acht Richtungen um das Mandala erblickte ich die acht Vidyadharas aus Indien und Tibet mit einem Lächeln auf dem Angesicht. Ich wurde erfüllt von einer überwältigenden Freude.

Wieder sprach das Mädchen zu mir: «Mein Sohn, möchtest du dich an einer Festzeremonie erfreuen oder an einer Unterweisung?» Ich antwortete ihr: «Bitte, setze das Rad des Dharma für mich in Bewegung!» Unmittelbar darauf wurden mir die Vorstufen zur Einweihung in das Große Mandala gegeben. Anschließend begab ich mich zu den Vidyadharas in den acht Richtungen des Mandala, erhielt von jedem eine ausführliche Initiation für einen der acht Lehrzyklen und wurde als Linienhalter eingesetzt.

Der Yogi in der Mitte, der sagte, er werde Padmasambhava oder auch Padmakara genannt, gab mir die große Initiation der Versammlung der friedvollen und rasenden Sugatas und lehrte mich die Tonfolge für das Singen der Gebete.

All die Vidyadharas gaben dann gleichzeitig die Initiation für Lernen und Erinnern, die Initiation für Meditieren und Praktizieren, die Initiation für Erläutern und Lehren, die Initiation für das Schulen der Lebewesen mit Hilfe der vier Formen der Aktivität, die Initiation für die allumfassende Befehlsgewalt eines Vajra-Königs und die Dzogchen-Einweihung in die natürlich schöpferische Energie des reinen Gewahrseins.

Nachdem ich all diese Initiationen vollständig erhalten hatte, reichte man mir ein weißes Muschelhorn und hieß mich gehen. In dem Augenblick, da ich diese Weisung vernahm, schwand — wie ein Atemhauch von einem Spiegel — alles um mich herum, die Leichenstätte und die Meister. Als ich meiner Sinne wieder mächtig wurde, fand ich mich in meiner Meditationshütte wieder.

Den zweiten Terma-Text, den ich während der Arbeit an diesem Buch zum Vergleich heranzog, um Rechtschreibfehler und Auslassungen herauszufinden, wurde von dem Tertön Sangye Lingpa (1340-1396) entdeckt. Dieser wurde in Kongpo, einer Provinz im Südosten Tibets im Jahr des Männlichen Eisen-Drachen, im selben Jahr wie der vierte Karmapa Rölpä Dorje, geboren und als eine Inkarnation von Yeshe Rölpa Tsäl, dem zweitältesten Sohn von König Trisong Deutsen, angesehen. Sangye Lingpa entdeckte seinen bedeutendsten Terma, den Lehrzyklus *Lama Gondü,* im Jahr 1364. Er zählt, wie auch Nyima Öser, zu den fünf Tertön-Königen. Im vergangenen Jahrhundert inkarnierten sich diese beiden Meister als Jamyang Khyentse Wangpo und Terchen Chogyur Lingpa.

Das vorliegende Buch schließt mit einem Kapitel, das die letzten Unterweisungen Padmasambhavas enthält. Sie sind einem Terma von Guru Dorje Lingpa (1346-1405) entnommen, einem anderen jener fünf Tertön-Könige, die die bedeutendsten Terma-Entdecker Tibets waren.

Ich möchte allen danken, die zum Entstehen dieses Buches beigetragen haben, ganz besonders aber S. H. Dilgo Khyentse und Tulku Urgyen Rinpoche für ihre Anleitung und ihren Segen.

ERIK PEMA KUNSANG,
Asura-Höhle, 1989

Anmerkung zur deutschen Übersetzung

Wir danken Khyentse Jigme Rinpoche und Ani Yangchen, die es uns ermöglichten, schwierige Textstellen mit Hilfe des tibetischen Originaltextes zu klären.

SABINE VON MINDEN,
CORINNA CHUNG,
Padmakara Übersetzungen

Erster Teil:

Leben und Vermächtnis von Padmasambhava

Padmasambhava, der Lotusgeborene

Eine Kurzbiographie, verfasst vom ersten Jamgon Kongtrul

Diese kurze Beschreibung des Lebens von Padmasambhava, der auch unter dem Namen Guru Rinpoche oder Padmakara bekannt wurde, ist dem Kostbaren Rosenkranz aus Lapislazuli *entnommen, einer Sammlung von Biographien der 108 großen Tertöns, verfasst vom ersten Jamgon Kongtrul. Dieser Text stammt aus dem ersten Band seines* Rinchen Terdzö.

Über die Lehren des Vajrayana und insbesondere durch die tiefgründigen Terma-Schriften hat Padmakara zahllose Lebewesen beeinflusst. Dieser große Meister war nicht etwa ein gewöhnlicher Mensch auf dem spirituellen Weg oder etwa nur ein edles Wesen auf einer der Bodhisattva-Stufen, sondern eine Emanation von Buddha Amitabha und Buddha Shakyamuni, erschienen, um denjenigen Menschen und Geisterwesen zu helfen, die schwer zu bezwingen sind.

Selbst die großen Bodhisattvas sind nicht in der Lage, das Beispiel seines Lebens völlig zu erklären. Dennoch werde ich es—gekürzt, wie folgt—erzählen:

In der Dharmakaya-Sphäre der Licht-Vajra-Essenz ist Guru Rinpoche von Anbeginn als reiner Urgrund der Freiheit vollkommen erleuchtet. Er ist als der ursprüngliche Beschützer «Unwandelbares Licht» bekannt.

In der selbstmanifestierten Sambhogakaya-Sphäre des Donners der Trommel der Vollkommenheit ist er spontan als die grenzenlose Weisheitsentfaltung der fünf Familien des Buddha «Gewaltiger Ozean» erschienen, mit dem stets die fünf Gewissheiten gegenwärtig sind.

In den reinen Ländern der fünf Buddhafamilien—den nur teilweise wahrnehmbaren, reinen Nirmanakaya-Sphären des Mahabrahma—zeigte sich Padmasambhava den Bodhisattvas der zehnten Stufe in zahllosen Formen als äußere Manifestation dieser aus sich selbst entstandenen Weisheitsentfaltung. Da all dies die unerschöpflichen Eigenschaften sind, die, Wolkenbänken gleich, von der Energie der Weisheit Guru Rinpoches aufsteigen, ist er als «Lotus, der alles beinhaltet» bekannt.

Durch die Energie dieser Weisheitsentfaltung erscheint Guru Rinpoche in unzähligen Welten der zehn Richtungen als magische Manifestation eines Nirmanakaya zur Schulung der Wesen. Es heißt, dass er allein in diesem Saha-Weltsystem fünfzig Welten mit der leuchtenden Fackel der Sutra- und Tantra-Lehren erhellt, indem er in seinen acht Manifestationsformen erscheint, um den Lebewesen in verschiedenen Teilen der Welt zu helfen.

Die Dakini Yeshe Tsogyal hatte eine Vision, in der sie eine Manifestation Guru Rinpoches als der «Gewaltige Vajra-Ozean» sah. In jeder Pore seiner Haut befand sich eine Milliarde von Welten, die jede wiederum eine Milliarde von Weltsystemen enthielten. In jedem dieser Weltsysteme manifestierte jeder der Milliarden Guru Rinpoches eine Milliarde Ausstrahlungskörper und jeder von diesen gab einer Milliarde seiner Anhänger Unterweisungen. Dann sah Yeshe Tsogyal Guru Rinpoche sich in gleicher Weise in allen anderen Himmelsrichtungen und im Zenit manifestieren.

In unserem Weltsystem, Jambudvipa, ist Padmasambhava als ein Nirmanakaya zur Schulung der Wesen erschienen, wird jedoch, den unterschiedlichen geistigen Fähigkeiten und Gaben der Menschen entsprechend, verschieden wahrgenommen. Der *Mündlichen Übermittlung des Kilaya* und den meisten indischen Textquellen nach wurde Padmasambhava als Sohn eines Königs oder Ministers in Oddiyana geboren. In den Terma-Schatztexten stößt man jedoch auf vielerlei Legenden über seine wundersame Geburt. Manchmal heißt es, er habe sich aus einem Blitz, der auf dem Berg Malaya einschlug, manifestiert. All diese Legenden unterscheiden sich voneinander in vielerlei Beziehung. Dies ist allerdings ein Thema, das vom Verstand gewöhnlicher Menschen niemals erfasst werden kann.

Ich werde meine Ausführungen nun auf die wundersame Geburt und das Leben von Guru Rinpoche beschränken, wie es in den Terma-Texten erzählt wird.

Im Land von Oddiyana — westlich von Bodhgaya —, auf einer Insel inmitten des Dhanakosha-Sees, erblühte durch den Segen der Buddhas ein vielfarbiger Lotus. In das Zentrum der Blüte strahlte Buddha Amitabha aus seinem Herzen einen goldenen Vajra aus, der das Siegel der Silbe HRI trug. Aus dem Vajra wurde auf wunderbare Weise ein achtjähriger Junge, der Lotus und Vajra in den Händen hielt. Das Kind, vollendet mit allen Haupt- und Nebenmerkmalen eines Buddha geschmückt, lehrte die Devas und Dakinis auf dieser Insel den tiefgründigen Dharma.

Zu dieser Zeit war Indrabodhi König von Oddiyana. Sein einziger Wunsch, mit einem Sohn gesegnet zu werden, blieb unerfüllt, obwohl er bereits so umfangreiche Opfergaben an die Drei Kostbarkeiten dargebracht und Almosen an Bedürftige verteilt hatte, dass die Schatzkammern seines Reiches schließlich leer standen. Seine letzte Hoffnung war, in den Besitz eines wunscherfüllenden Juwels zu gelangen. Um dieses zu finden, machte er sich in Begleitung seines Ministers Krishnadhara auf die Reise über den See. Als sie gerade unverrichteter Dinge zurückkehren wollten, trafen zuerst Krishnadhara und dann der König auf das wunderbare Kind. König Indrabodhi sah in ihm die Erhörung all seiner Gebete, die Erfüllung seines Wunsches nach einem Sohn. Er brachte den Jungen zum königlichen Palast, wo man ihm den Namen Padmakara, Lotusgeborener, gab. Man bat ihn, auf dem juwelenbesetzten Thron Platz zu nehmen und überhäufte ihn mit großzügigen Geschenken.

Der Prinz wuchs heran und verhalf schon als Jugendlicher mittels seines Beispiels bei Wettkämpfen und sportlichen Spielen zahllosen Wesen zur spirituellen Reife. Er vermählte sich mit Prabhadhari und regierte das Königreich im Einklang mit dem Dharma. Padmakara erkannte jedoch, dass er niemals das wirkliche Heil der Wesen erreichen konnte, solange er der Herrscher eines Landes blieb. Deshalb bat er Indrabodhi, dem Thron entsagen zu dürfen. Sein Wunsch wurde ihm jedoch nicht gewährt. Daraufhin tat er eines Tages, als er bei einem Spiel einen Dreizack schwang, als entglitte ihm dieser aus Versehen. Der Dreizack traf den Sohn eines Ministers und tötete ihn. Padmakara wurde nun aus dem Königreich verbannt und dazu verurteilt, auf einem Leichenacker zu leben. Dort und später auf dem Kalter-Hain-Friedhof, im Lieblichen Wald und in der Leichenstätte von Sosaling widmete er sich den Yoga-Übungen der Tantriker. Während dieser Zeit gewährten ihm zwei Dakinis, die Dämonenbezwingerin und die Erhalterin der Glückseligkeit, Initiationen und ihren Segen. Nachdem er alle Dakinis der Leichenstätte bezwungen hatte und sie bereit waren, seinen Weisungen zu folgen, wurde er unter dem Namen Shantarakshita bekannt.

Padmakara kehrte nach Oddiyana, zur Insel inmitten des Dhanakosha-Sees zurück, übte sich dort im Geheimen Mantrayana sowie in der Symbolsprache der Dakinis und brachte so die Dakinis der Insel unter seinen Einfluss. Dann setzte er seine spirituelle Praxis im Rauhen Wald fort und wurde mit einer Vision der Vajra-Yogini gesegnet. Er bezwang die Nagas der Seen und die planetarischen Geister und ließ sie den Eid ablegen, dem Dharma zu dienen und den

Wesen nicht zu schaden. Und all die Dakas und Dakinis verliehen ihm übernatürliche Kräfte. Von da an trug er den Namen Dorje Drakpo Tsal (Rasende Vajra-Kraft).

Dann begab sich Padmakara nach Bodhgaya, dem Diamanten-Thron, wo er viele Wunder vollbrachte. Doch als er auf die Frage, wer er sei, antwortete, er sei ein selbstgeborener Buddha, schenkte man ihm keinen Glauben und verhöhnte ihn. Als er die Notwendigkeit erkannte, einen Meister zu finden, reiste er nach Sahor. Dort wurde er von Prabhahasti ordiniert und man gab ihm den Namen Shakya Senge. Er erhielt die Yogatantra-Unterweisungen achtzehn Mal und hatte Visionen der Gottheiten. Danach suchte er den weiblichen Meister Kungamo auf, die Weisheitsdakini Guhyajñana, die sich in Gestalt einer Nonne verkörpert hatte. Er bat sie um Initiation und sie verwandelte ihn in die Silbe HUNG, die sie verschluckte und durch ihren Lotus wieder ausschied. Im Inneren ihres Körpers erhielt er die vollständigen äußeren, inneren und geheimen Initiationen und wurde von den drei Verdunkelungen gereinigt.

Später traf er die acht großen Vidyadharas und empfing von ihnen die Acht Sadhanas. Vom Meister Buddhaguhya erhielt er die Unterweisungen über Mayajala und der Meister Shrisimha lehrte ihn Dzogchen. Auf diese Weise studierte er alle Sutras, Tantras und die verschiedenen Wissenschaften unter vielen gelehrten und spirituell verwirklichten Meistern Indiens. Er brauchte ein bestimmtes Thema nur ein einziges Mal zu studieren, um es schon zu meistern, und er sah Gottheiten in Visionen, ohne die entsprechende Meditation ausgeübt zu haben. Zu dieser Zeit wurde er unter dem Namen Loden Choksey bekannt und erreichte die Vidyadhara-Ebene der Reife.

Danach begab er sich nach Sahor, um eine Verbindung mit einer geeigneten Dakini, mit Mandarava, der Tochter des Königs Vihardhara, einzugehen. Mandarava wurde die Stütze seiner Sadhana und sie meditierten drei Monate lang gemeinsam in der Höhle von Maratika. Danach erschien ihnen der Buddha Amitayus selbst, gewährte ihnen Initiationen und segnete sie, so dass sie eins mit ihm wurden. Padmasambhava und Mandarava erhielten eine Milliarde Tantras des langen Lebens und erreichten die Vidyadhara-Ebene der Macht über die Lebensspanne und den Vajra-Körper, der unberührt ist von Geburt und Tod. Dann kehrten sie in das Königreich von Sahor zurück. Als sie um Almosen bettelten, erkannte man sie. Sie wurden festgenommen und der König und seine Minister ließen sie bei lebendigem Leib verbrennen. Das Feuer verwandelte sich jedoch in einen kühlen Teich, in dessen Mitte der Meister mit seiner Gefährtin auf einer Lotusblüte erschien. Durch dieses Wunder bewegten sie die Menschen von Sahor dazu, den Dharma auszuüben und brachten sie auf eine Ebene, von der aus es keinen Rückfall in den Kreislauf der Wiedergeburten gibt.

Padmakara begab sich anschließend mit Mandarava nach Oddiyana, um dort die Menschen zu unterweisen. Während sie um Almosen baten, wurden sie jedoch wiederum erkannt, gefangen genommen und zum Tode auf einem gewaltigen Scheiterhaufen aus Sandelholz verurteilt. Der Meister und seine Gefährtin aber erschienen unversehrt auf einer Lotusblüte in der Mitte eines Sees. Sie trugen eine aus Schädeln gefertigte Girlande, Symbol für die Befreiung der Lebewesen aus Samsara. Dieses Wunders wegen wurde Padmakara als Padma Thötreng Tsal (Mächtiger Lotus der Schädelgirlande) bekannt. Er blieb dreizehn Jahre als spiritueller Lehrer des Königs in Oddiyana und festigte das gesamte Königreich im Dharma. Während dieser Zeit erlangten der König und die Königin und viele andere Menschen mit Hilfe der Initiationen und der Lehren des Kadü Chökyi Gyamtso die höchste Vidyadhara-Ebene. Der Meister wurde daraufhin unter dem Namen Padmaraja, Lotuskönig, bekannt.

Um König Ashoka zu bekehren, verwandelte sich Padmakara, wie im «Sutra über Magische Wahrnehmung» prophezeit, in den Mönch Wangpo Dey. Nachdem er Ashoka in unerschütterlichem Glauben gefestigt hatte, konnte dieser in einer einzigen Nacht eine Million Stupas errichten, die alle eine Reliquie des Tathagata enthielten. Padmakara bekehrte auch mehrere nichtbuddhistische Lehrer und wurde von einem König vergiftet, ohne dass dies ihm etwas anhaben konnte. Als er in einen Fluss geworfen wurde, kehrte er die Strömung des Flusses um, begann zu fliegen und tanzte in den Lüften. Dadurch wurde er als Junger Mächtiger Garuda bekannt.

Außerdem nahm Padmakara die Gestalt des Acharya Padmavajra an, des Meisters, der das *Hevajra-Tantra* enthüllte, und manifestierte sich als Brahmin Saraha, als Dombi-Heruka, Virupa, Kalacharya und in der Gestalt vieler anderer Siddhas. Er übte seine spirituelle Praxis an den großen Leichenstätten, wo er die Dakinis im Geheimen Mantrayana unterwies. Er bezwang die inneren und äußeren weltlichen Geister und ernannte sie zu Hütern des Dharma. Danach erhielt er den Namen Nyima Öser.

Als in Bodhgaya fünfhundert nichtbuddhistische Gelehrte im Begriff waren, eine öffentliche Debatte gegen die Buddhisten zu gewinnen, forderte Padmasambhava sie zu einem Wortstreit heraus und trug den Sieg davon. Einige unter ihnen griffen daraufhin zu magischen Verwünschungen. Padmasambhava aber zerschmetterte sie mit einem rasenden Mantra, das ihn die Dämonenbezwingende Dakini gelehrt hatte. Nach ihrer Niederlage nahmen die verbliebenen Nichtbuddhisten den Dharma an und das Siegesbanner der Lehre flatterte hoch am Himmel. Zu dieser Zeit wurde ihm der Name Senge Drakdrok verliehen. Vollständig von den drei Trübungen befreit, verweilte er auf der Vidyadhara-Ebene der Macht über die Lebensspanne, die Stufe, auf der der erhabene Pfad vollendet ist.

Auf dem Weg zu der an der indisch-nepalesischen Grenze gelegenen Höhle von Jangleschö begegnete ihm Shakya Devi, die Tochter des Königs von Nepal. Sie wurde seine Gefährtin und Stütze seiner Sadhana. Während er die Meditationspraxis des Vishuddha-Heruka ausübte, schufen drei mächtige Geisterwesen zahlreiche Hindernisse. Drei Jahre lang blieb der Regen aus, Hungersnot und Krankheiten breiteten sich aus. Padmakara sandte Boten nach Indien, um von seinen Meistern Anleitungen für die Beseitigung dieser Hindernisse zu erhalten. Zwei der Boten kehrten beladen mit

Texten für die Kilaya-Praxis zurück. Als sie die nepalesische Grenze erreicht hatten, schwanden augenblicklich alle Hindernisse wie von selbst. Padmakara und seine Gefährtin erlangten die höchste Siddhi und verweilten auf der Mahamudra-Vidyadhara-Ebene.

Padmakara erkannte, dass mit der Meditationspraxis des Vishuddha-Heruka viele Siddhis erlangt werden können. Die Praxis ist jedoch wie eine Reise, bei der man auf viele Hindernisse trifft. Den nötigen Geleitschutz dafür bietet die Kilaya-Praxis und deshalb verfasste Guru Rinpoche viele Sadhanas, in denen die Praxis dieser beiden Heruka zusammengefasst ist. In Jangleschö verpflichtete Guru Rinpoche außerdem zwölf weltliche Geisterwesen als Schützer der Vajra-Kilaya-Lehren.

Padmakara besuchte viele andere der alten Königreiche und lehrte dort den Dharma: in Hurmudzu nahe dem Königreich Oddiyana, in Sikojhara, Dharmakosha, Rugma, Tirahuti, Kamarupa und Kanscha. Wann er sich in Droling aufgehalten hat, ist ungewiss, aber die tantrischen Lehren über Hevajra, Guhyachandra-Bindu, Vishuddha, Hayagriva, Kilaya und Mamo sind dort bis zum heutigen Tage erhalten geblieben.

Es heißt, dass Padmakara zum Wohle der Lebewesen und der Lehre dreitausend sechshundert Jahre in Indien verblieben sei. Gelehrte Menschen nehmen an, dass es sich dabei um Halbjahre handeln könnte oder die Zahl symbolisch gemeint sei.

Um die Menschen in China und in der Mongolei den Dharma zu lehren, verkörperte Padmakara sich als König Ngonshe Chen und als Yogi Tobden. In Shangshung nahm er die Gestalt des auf wunderbare Weise geborenen Kindes Tavi Hricha an. Tavi Hricha gab die Lehren der mündlichen Übertragungslinie des Dzogchen und führte viele würdige Schüler zur Verwirklichung des Regenbogenlicht-Körpers.

Es übersteigt jede Vorstellungskraft, an wie vielen verschiedenen Orten, in wie vielen verschiedenen Gestalten und in wie vielen verschiedenen Sprachen Padmakara den Dharma lehrte und so zahllose Wesen auf den Weg der Befreiung führte.

Nun werde ich erzählen, wie Guru Rinpoche zu uns nach Tibet kam. Als König Trisong Deutsen, eine Emanation des Mañjushri, zwanzig Jahre alt war, verspürte er den tiefen Wunsch, die erhabene Lehre in Tibet zu verbreiten. Aus diesem Grund lud er Khenpo Bodhisattva[5] nach Tibet ein, der Darlegungen über die Kette des abhängigen Entstehens und die zehn Tugenden gab. Ein Jahr darauf wurde das Fundament für einen gewaltigen Tempel gelegt, doch die Geisterwesen Tibets verursachten Hindernisse, die den Bau des Klosters verhinderten. Auf den Rat des Khenpo hin sandte der König fünf Boten nach Indien, um den erhabenen Meister Padmakara nach Tibet einzuladen. Padmakara hatte dies mit seinen hellseherischen Kräften vorausgesehen und war bereits in Mangyul, nahe der Grenze zwischen Nepal und Tibet, eingetroffen. Auf seinem Weg nach Zentraltibet reiste er durch Ngari, Tsang und Dokham und mittels seiner Wunderkräfte durch alle anderen Regionen Tibets, wo er die zwölf Tenma-Göttinnen, die dreizehn Gurlha, einundzwanzig Genyen und viele andere mächtige Geisterwesen unterwarf und als Schützer des Dharma verpflichtete.

Im Tamarisken-Wald am Roten Felsen traf er mit dem König zusammen und begab sich danach auf den Gipfel des Hepori, um die Götter und Dämonen zu unterwerfen. Nach seinen Anweisungen wurde das Fundament des Tempels von Samye fertig gestellt und er wachte über dessen Errichtung, bis der Tempel mit Hilfe der Götter und Dämonen, die die Arbeiten zuvor behindert hatten, vollendet war. Nach fünf Jahren war die Tempelanlage des Glorreichen Samye, des Unveränderlichen und Spontan Vollendeten Vihara, mit den drei Tempeln der Königinnen fertig gestellt. Die Gebäude waren so angelegt, dass sie dem Berg Sumeru glichen, umgeben von vier Kontinenten, acht Nebenkontinenten, Sonne und Mond und mit der Umgrenzung eiserner Bergketten. Die Einweihungszeremonien waren von fünf glückverheißenden Zeichen begleitet.

---

5 Häufiger Shantarakshita genannt, der indische Meister, der die ersten tibetischen Mönche ordinierte.

König Trisong Deutsen beschloss nun, die buddhistischen Schriften in die tibetische Sprache übertragen zu lassen, um den Fortbestand und die Verbreitung des Dharma in ganz Tibet zu sichern. Zu diesem Zweck ließ er viele junge Tibeter als Übersetzer ausbilden. Weitere indische Meister des Tripitaka wurden nach Tibet eingeladen und die ersten sieben tibetischen Mönche von Khenpo Bodhisattva ordiniert, so dass allmählich eine Mönchs-Sangha entstand. Padmakara, Khenpo und andere Panditas übersetzten gemeinsam mit Vairochana, Kawa Paltseg und Choro Lui Gyaltsen und anderen alle vorhandenen buddhistischen Schriften der Sutras und Tantras sowie die meisten dazugehörigen Kommentare und Abhandlungen in die tibetische Sprache.

Vairochana und Namkhai Nyingpo wurden nach Indien gesandt, wo Vairochana sich bei dem Meister Shrisimha im Dzogchen schulte, während Namkhai Nyingpo vom großen Humkara Lehren über Vishuddha-Heruka empfing. Beide meisterten diese Lehren und verbreiteten sie in Tibet.

König Trisong Deutsen bat Padmakara, ihm Einweihungen und Unterweisungen zu gewähren. In Chimphu, einer Einsiedelei nahe Samye, enthüllte der Meister das Mandala der acht Heruka-Sadhanas und initiierte neun seiner engsten Schüler, zu denen auch der König zählte. Jedem von ihnen wurde eine bestimmte Übertragungslinie anvertraut und alle erlangten durch die Ausübung der Lehren Siddhi.

Der König, seine Söhne und die anderen der fünfundzwanzig Schüler sowie viele ausersehene Anhänger empfingen von Padmakara in Lhodrak, Tidro und anderen Orten zahllose andere tiefgründige und besondere Lehren über die drei inneren Tantras.

Padmakara blieb insgesamt fünfundfünfzig Jahre und sechs Monate in Tibet, davon achtundvierzig Jahre während der Zeit der Herrschaft König Trisong Deutsens und siebeneinhalb Jahre nach dessen Tod. Der König war einundzwanzig Jahre alt, als Guru Rinpoche [810 n. Chr.] in Tibet eintraf und verschied im Alter von neunundsechzig Jahren. Danach blieb Padmakara noch einige Jahre in Tibet, um sich daraufhin in das Land der Rakshas zu begeben.

Padmakara besuchte die zwanzig Schneeberge in Ngari, die einundzwanzig heiligen Orte in Zentraltibet und Tsang, die einundzwanzig heiligen Orte von Dokham, die drei verborgenen Täler und viele andere Plätze, die er als heilige Stätten zur Ausübung der Meditation weihte. Da er vorhersah, dass ein Nachkomme des Königs später versuchen würde den Buddhismus in Tibet zu zerstören, gab er viele Prophezeiungen. Nach Beratungen mit dem König und den engsten Schülern verbarg Padmakara zahllose Terma-Lehren, von denen die Wichtigsten die acht persönlichen Schatztexte des Königs, die fünf großen Schätze des Geistes und die fünfundzwanzig tiefgründigen Schätze sind.

Sie wurden verborgen, um zu verhindern, dass die Lehren des Geheimen Mantrayana später zerstört oder verfälscht werden könnten und auch, um späteren Änderungen von nicht praktizierenden Theoretikern vorzubeugen. Außerdem sollte auf diese Weise der ursprüngliche Segen der Lehren bewahrt werden, damit die Wesen zukünftiger Generationen daraus Nutzen ziehen könnten. Für jeden der verborgenen Schatztexte prophezeite Padmakara, wer ihn zu welchem Zeitpunkt entdecken werde und welche auserwählten Menschen die Linie halten und weiterführen würden. An den dreizehn Orten, die Nest des Tigers genannt werden, manifestierte Padmasambhava sich in der furchteinflößenden, rasenden Form verrückter Weisheit, ließ die weltlichen Geisterwesen den Eid ablegen, dem Dharma zu dienen und betraute sie mit der Aufgabe, über die Terma zu wachen. Zu dieser Zeit erhielt er den Namen Dorje Drolo.

Um die Kraft des Vertrauens zukünftiger Generationen zu stärken, hinterließ er den Abdruck seines Körpers im Fels in Bumthang, seine Handabdrücke in Namtso Chugmo, seine Fußabdrücke in Paro Drakar und an unzähligen anderen gesegneten Orten, an denen der Dharma praktiziert wird.

Nach dem Tod von Trisong Deutsen setzte Padmakara den Prinzen Mutig Tsenpo als König ein. Dem zweitgeborenen Prinzen, Gyalsey Lhaje, vertraute er bei einem Drubchen in Tramdruk die tiefgründige Lehre an und sagte ihm voraus, dass er in seinen dreizehn späteren Inkarnationen als Entdecker verborgener Schatztexte vielen Lebewesen Nutzen bringen werde.[6]

Es ist unmöglich, genau zu sagen, wie viele Menschen von Padmakara Initiationen empfangen haben. Die bekanntesten unter ihnen sind auf jeden Fall seine ersten fünfundzwanzig Schüler, die mittleren fünfundzwanzig Schüler und seine späteren siebzehn und einundzwanzig Schüler. Den Regenbogenlicht-Körper erlangten acht seiner Anhänger in Yerpa, die hundertacht Meditierenden in Chuwori, die dreißig Tantrikas in Yangdzong und die fünfundfünfzig Hochverwirklichten in Sheldrag. Unter seinen weiblichen Anhängern waren die fünfundzwanzig Dakinis und sieben Yoginis. Auch heute noch gibt es viele direkte Nachfahren seiner engen Schüler.

Als Padmakara sich anschickte, zum südwestlich von Tibet gelegenen Land der Rakshas aufzubrechen, versuchten der König, die Minister und alle seine Anhänger ihn zurückzuhalten. Doch es war vergeblich. Nachdem er jedem ausführliche Ratschläge und Unterweisungen erteilt hatte, verließ Padmakara Tibet über den Gungthang-Pass auf einem Löwen oder Pferd reitend, von einer Schar himmlischer Wesen begleitet, die ihm Opfergaben darbrachten. Auf dem Gipfel des Glorreichen Kupferfarbenen Berges im Chamara-Kontinent unterwarf und befreite er Raksha Thötreng, den König der Rakshas, und nahm dessen Gestalt an. Danach erschuf er mit seinen Wunderkräften den Palast des Lotuslichts von unvorstellbarer Schönheit und Pracht und strahlte auf jede der umgebenden acht Inseln sein Ebenbild aus, herrschte dort als König und lehrte die acht Heruka-Sadhanas.

Solange Samsara besteht, ist Padmakara unerschütterlich auf der Vidyadhara-Ebene der Spontane Präsenz als Vajradharas Regent anwesend. Von Mitgefühl erfüllt, strahlt er Emanationen aus, um allen Wesen zu helfen. Zu der Zeit, da die Vinaya-Lehren zugrunde ge-

[6] Die dreizehnte dieser Inkarnationen war der große Tertön Chogyur Lingpa.

gangen sein werden, wird er unter den Praktizierenden des Tantra erscheinen. Viele seiner ausersehenen Schüler werden den Regenbogenlicht-Körper erlangen. Wenn der zukünftige Buddha Maitreya in dieser Welt erscheint, wird sich Padmakara als Drowa Kündül verkörpern und die Lehren des Geheimen Mantrayana unter denen, die ihrer würdig sind, verbreiten.

Diese kurze Lebensbeschreibung ist nur eine bruchstückhafte Erzählung, die das wiedergibt, was einige seiner gewöhnlichen Schüler wahrgenommen haben.[7]

---

7 Jamgon Kongtrul selbst war eine Inkarnation des Übersetzers Vairochana. Er hatte viele Visionen von Guru Rinpoche und war ein Entdecker von Terma-Schriften.

Einführende Unterweisungen

von Tulku Urgyen

In dem Weltenzyklus, in dem wir uns befinden, erscheinen eintausend Buddhas und eintausend Manifestationen von Guru Rinpoche, die das Wirken dieser Buddhas unterstützen. In unserem jetzigen Zeitalter, dem des Buddha Shakyamuni, ist eine dieser Manifestationen als Padmasambhava, der Lotusgeborene, erschienen. In Padmasambhavas Biographie heißt es, er sei ohne Vater und Mutter auf wunderbare Weise aus einer Lotusblüte inmitten eines Sees geboren. Als Mensch, der durch übernatürliche Geburt in diese Welt kam, besaß er die Macht, nicht nur Menschen, sondern auch Geister und andere nichtmenschliche Wesen auf den Weg der Befreiung zu führen. Sein Leben währte lang: Er verbrachte etwa eintausend Jahre in Indien und fünfundfünfzig Jahre in Tibet. Als er sich aufmachte, Tibet zu verlassen, begleiteten ihn der König und die anderen seiner fünfundzwanzig engsten Schüler. An der nepalesischen Grenze erwartete ihn ein Geleit von Dakinis der vier Klassen und das Wunderpferd Mahabala. Dieses erhob sich mit ihm in die Lüfte und seine Schüler blieben zurück und blickten ihm nach bis sein Bild kleiner und kleiner wurde und in der Ferne verschwand.

Der Legende nach hat sich Padmasambhava geraume Zeit in Bodhgaya aufgehalten. Dann begab er sich zu seinem reinen Land, dem Glorreichen Kupferfarbenen Berg, Sangdok Palri. Auf der grobstofflichen Ebene ist dies eine große Insel, eine Art Subkontinent im Ozean südwestlich von Bodhgaya. Diese Insel hat verschiedene Schichten. Die untersten werden von Rakshas bewohnt. In den Prophezeiungen Buddha Shakyamunis heißt es, dass diese kannibalischen Wesen eine große Gefahr sind, da sie in einer Zeitepoche der Zukunft, in der die durchschnittliche Lebensspanne des Menschen lediglich zwanzig Jahre beträgt, in die uns bekannte Welt einfallen, sich die Menschheit Untertan machen und vernichten werden. Der Buddha sagte gleichzeitig voraus, dass Guru Rinpoche sich auf diesen Kontinent begeben würde, um die Rakshas zu besiegen.

Guru Rinpoche hat diese Prophezeiung erfüllt.

Der größte Berg der Kupferfarbenen Insel reicht bis in die Tiefen des Ozeans, in die Welt der Nagas hinab. Die Bergspitze durchstößt den Himmel und ragt auf bis zur Brahma-Welt im Reich der Form. Auf dem Gipfel befindet sich ein auf wunderbare Weise erschienenes Buddha-Gefilde, das drei Ebenen hat: Buddha Amitayus, die Dharmakaya-Emanation von Guru Rinpoche, ist auf der höchsten Ebene; auf der mittleren seine Sambhogakaya-Form, Avalokiteshvara; auf der unteren Ebene Guru Rinpoche als Nirmanakaya, umgeben von seinen acht Manifestationen. Guru Rinpoche ist die Geist-Ausstrahlung von Buddha Amitabha, die Rede-Ausstrahlung von Avalokiteshvara und die Körper-Ausstrahlung von Buddha Shakyamuni. Er manifestierte sich, bevor er in dieser Welt erschien, zunächst auf der Sambhogakaya-Ebene in Gestalt der fünf Thrötreng-Tsal-Familien, danach als die acht und zwölf Manifestationen und schließlich in zahllosen weiteren Ausstrahlungskörpern.

Bevor Guru Rinpoche Tibet verließ, gab er zahlreiche Prophezeiungen und viele seiner Lehren wurden als Termas verborgen, um später, zu geeigneter Zeit, hervorgeholt zu werden. Guru Rinpoches engste Schüler, durch seinen Segen eins mit ihm geworden, sollten in ihren späteren Inkarnationen diese spirituellen Schätze wieder entdecken. Sie verfügten, wie Guru Rinpoche selbst, über Wunderkräfte, konnten durch die Lüfte fliegen, ungehindert durch Fels und andere feste Materie hindurchgehen und hatten die uneingeschränkte Fähigkeit, die Sutras und ihre Kommentare sowie die Bedeutung der Tantras zu erläutern. Guru Rinpoche prophezeite das Erscheinen von 108 großen Tertöns, den Entdeckern der verborgenen Schätze. Entsprechend den Umwälzungen in den verschiedenen Epochen der Weltgeschichte erscheint jeder Tertön zu einem bestimmten Zeitpunkt zum Wohl aller vom Leid bedrängten Wesen.

In Kenntnis der Probleme kommender Zeiten verbarg Guru Rinpoche bestimmte Anleitungen für spirituelle Übungen, die der Zeit ihrer Entdeckung angemessen sind. Auf diese Weise kommt also jeder Tertön in den Besitz von Lehren, die frisch, unverdorben und zeitgemäß sind. So wie zum Beispiel frische, unverdorbene Nahrung gut für uns ist, sind es auch die Terma-Lehren, denen diese Qualität der Frische eigen ist. Zum einen ist ihre Übertragungslinie kurz, also unbefleckt von gebrochenen oder übertretenen Samayas, zum anderen sind Termas von nachträglichen, späteren Einfügungen verschont. Die Lehren kommen in direkter Linie von Guru Rinpoche zu uns; sie werden von seinen Schülern in ihren späteren Inkarnationen hervorgeholt und weitergegeben, damit sie unmittelbar ausgeübt werden können.

Um es noch einmal zu wiederholen: Die besondere Qualität der von Guru Rinpoche verborgenen Terma-Lehren besteht darin, dass die in ihnen enthaltenen Mittel und Wege, spirituelle Verwirklichung zu erlangen, der jeweiligen Zeitepoche und den Menschen, die auf diese Lehren stoßen, genau angemessen sind. Jeder Tertön entdeckt jeweils neue Belehrungen, die von Menschen mit dafür günstigem Karma geübt werden können. Termas, deren Entdeckung bereits längere Zeit zurückliegt, können aufgrund gebrochener Samayas der Übenden beeinträchtigt sein. Dies kann sich darin äußern, dass die Zeichen der Verwirklichung erst mit Verzögerung auftreten. Neuere Termas haben, in Hinblick auf das rasche Erlangen von Siddhis, eine größere segnende Kraft. Hinzu kommt, dass die Tibeter wie die meisten Menschen eine Vorliebe für Neuheiten haben und so wecken eben neue Termas größeres Interesse. Tibeter haben im allgemeinen eine Spur weniger Vertrauen in die alten Termas und als Folge davon stellt sich der Erfolg der Übung verzögert ein. Das größere Vertrauen in neue, unberührte Termas inspiriert zu größerem Eifer in der Übung und also auch zu rascheren Resultaten.

Dies alles zusammen sind Faktoren, die das Erscheinen neuer Termas bestimmen. Gäbe es diese Umstände nicht, würde jeweils ein Terma für Lama, Yidam und Dakini—die Drei Wurzeln—ausreichen. Doch wie gesagt, Menschen sind im allgemeinen an Neuem interessiert und das Auftreten eines neuen Tertön, der einen neuen Schatztext entdeckt hat, ruft stets Verblüffung und Freude hervor. Dass Guru Rinpoche diesen Sachverhalt als eines seiner geeigneten Mittel und Wege nutzt, ist schon etwas Erstaunliches.

Yeshe Tsogyal war eine der fünf Dakini-Ausstrahlungen der Vajra-Yogini und zugleich eine Manifestation von Guru Rinpoche. Sie erschien, um Guru Rinpoche bei der Verbreitung des Vajrayana, insbesondere der Terma-Lehren, in Tibet, dem Land des Schnees, zu unterstützen.

Die vordergründige Bedeutung des Wortes *Dakini* ist «die sich im Himmelsraum fortbewegt», ein Wesen also, das nicht darauf angewiesen ist, auf der Erde zu gehen. Es gibt verschiedene Klassen von Dakinis: Weisheitsdakinis, Dakinis der Aktivität und weltliche Dakinis. Die eigentliche Weisheitsdakini ist der Aspekt der Leerheit des klaren Gewahrseins. Der Leerheitsaspekt jeder Wahrnehmung ist die weibliche Eigenschaft, während die Wahrnehmung selbst als die männliche Eigenschaft bezeichnet wird. Der Urgrund aller Dakinis ist die große Mutter des Dharmakaya.

Die männlichen Buddhas der drei Kayas sind Shakyamuni, Vajradhara und Samantabhadra. Der Urgrund aller männlichen Gottheiten ist der Dharmakaya-Buddha Samantabhadra, der Urgrund aller weiblichen Gottheiten dessen Gefährtin Samantabhadri. Samantabhadra ist die Basis der Wahrnehmung, Samantabhadri der

Aspekt der Leerheit innerhalb der Wahrnehmung. Samantabhadri wird als der Urgrund aller Ausstrahlungskörper bezeichnet. Eine ihrer Ausstrahlungen ist der weibliche Buddha Prajñaparamita, die große Mutter des Dharmakaya. Vajra-Varahi ist eine Sambhogakaya-Ausstrahlung der Prajñaparamita, desgleichen auch die fünf weiblichen Buddhas Dhatvishvari, Mamaki, Buddhalochana, Pandaravasini und Samayatara, die die Gefährtinnen der fünf männlichen Buddhas sind. Die Nirmanakaya-Ausstrahlung der Prajñaparamita ist Arya-Tara. Dies sind also die Weisheitsdakinis der drei Kayas.

Neben den Weisheitsdakinis gibt es Dakinis, die zum Wohl aller Lebewesen erleuchtete Aktivitäten ausführen. Die Samaya-Dakinis überwachen das Einhalten der tantrischen Verpflichtungen, der Samayas. Eine andere Klasse von Dakinis lebt an den größeren und kleineren heiligen Stätten dieser Welt: Die größeren sind die zweiunddreißig heiligen Gegenden, die kleineren sind die vierundzwanzig heiligen Täler. Wenn man die acht gesegneten Leichenstätten hinzuzählt, ergibt das die vierundsechzig heiligen Stätten, an denen die vierundsechzig Dakas und Dakinis verweilen. Ihnen entsprechen auf einer subtilen Ebene die vierundsechzig Zentren unseres Körpers, in denen die gleiche Anzahl von Dakas und Dakinis als reine Essenz der Energiekanäle, Energien und vitalen Essenzen verweilen.

Yeshe Tsogyal ist ebenfalls eine Ausstrahlung der Arya-Tara. Arya-Tara wiederum ist eine Emanation von Vajra-Varahi. Prajñaparamita und Samantabhadri sind der Urgrund, aus dem Vajra-Varahi hervorgeht. Da Prajñaparamita und Samantabhadri vollkommene Buddhas sind, ist die Behauptung, dass ausschließlich Männer Buddhas werden können, unsinnig. Die fünf Aspekte der Vajra-Varahi sind ebenfalls vollkommen erleuchtete weibliche Buddhas. Arya-Tara erscheint zwar als ein Bodhisattva der zehnten Stufe, ist im Grunde aber ein vollkommen erwachter Buddha. Auch die acht weiblichen Bodhisattvas unter den zweiundvierzig friedlichen Gottheiten sind Buddhas.

Das, was ein Wesen als männlich oder weiblich kennzeichnet, ist keineswegs endgültig. Die acht männlichen und acht weiblichen Bodhisattvas unter den friedlichen Gottheiten, die im Bardo erscheinen, sind ihrem Wesen nach identisch mit den acht Mamos und den acht Yoginis, die alle weibliche rasende Gottheiten sind. Männliche Buddhas können sich als weiblich und weibliche Buddhas als männlich manifestieren. Dakinis erscheinen in allen möglichen Gestalten und Formen, einige davon schockierend und abstoßend, um dualistisches Denken und irrige Wahrnehmung zu durchbrechen.

Zum Schluss möchte ich an die Worte Guru Rinpoches erinnern, die die Besonderheit des Vajrayana-Systems der Periode der frühen Übersetzungen und ganz besonders der Dzogchen-Lehren aufzeigen: «Mit dem Verhalten aufsteigen, die Sicht herabsteigend.» Dies ist von entscheidender Bedeutung. Wenn wir gleich zu Anfang unserer Dharma-Praxis versuchen, von der höchsten Sicht her zu handeln, würden wir uns kaum von einem Verrückten unterscheiden. Halten wir jedoch an der Sicht der niederen Fahrzeuge fest, werden wir nicht Befreiung finden. Behält man nämlich die Anschauung der Shravakas und Pratyeka-Buddhas bei, kann die Erleuchtung nicht innerhalb eines Lebens, sondern erst nach drei unvorstellbar langen Zeitzyklen erlangt werden. Das Verhalten muss in Einklang mit den Lehren der niederen Fahrzeuge sein, die Sicht mit der der inneren Tantras.

TULKU URGYEN RINPOCHE,
Asura-Höhle, 1989

Zweiter Teil:

Die Unterweisungen für eine Dakini

1. Zur Vorbereitung: Die Lehren über das Aufsteigen mit dem Verhalten

Meister Padmasambhava ist in dieser Welt in verschiedenen Formen und Aspekten erschienen. Obwohl er die Ebene jenseits von Einhalten und Nichteinhalten der Regeln erreicht hatte, hielt er alle Gebote, von der Disziplin der Shravakas bis zu den tantrischen Verpflichtungen der Vidyadharas. Er lehrte alle neun Fahrzeuge und zeigte damit Sicht und Verhalten als Einheit, «mit dem Verhalten aufsteigen, die Sicht herabsteigen». Da er Allwissenheit erreicht hatte, umfasste er mit Bodhicitta alle Lebewesen und ihr Wohl war ihm wichtiger als sein eigenes.

Alle Anleitungen, die dieser Meister, der ein Nirmanakaya-Buddha war, über das rechte Verhalten gegeben hat, wurden von der Dakini Yeshe Tsogyal niedergeschrieben.

Der Meister Padmasambhava sprach: Ganz gleich, welche der Lehren des äußeren oder inneren Fahrzeugs du übst, als erstes musst du zu den Drei Kostbarkeiten Zuflucht nehmen. Halte dich an die Regeln, die die Grundlage für deine Geistesschulung sind,[8] und

---

8 Die verschiedenen Gelübde der drei Fahrzeuge, die man abgelegt hat.

nimm stets zu den Buddhas und Bodhisattvas der Himmelsrichtung Zuflucht, in die du dich gerade bewegst.

Habe stets unerschütterliches Vertrauen in die Drei Kostbarkeiten. Dadurch schaffst du eine karmische Verbindung in diesem Leben und in zukünftigen Leben wirst du ein Schüler der Buddhas sein. Den Drei Kostbarkeiten Verehrung und Opfergaben darzubringen, ist daher von großer Bedeutung.

Padmasambhava sprach: Übe dich in den zehn Tugenden und unterscheide klar, was in Hinsicht auf die «weißen und schwarzen» Auswirkungen deiner Taten zu tun und zu unterlassen ist. Wenn du dies berücksichtigst, wird jede deiner Handlungen große Wirkungskraft haben.

Die Kraft der Wahrheit ist groß, entsage darum allen zerstörerischen und schlechten Taten; wende die Gegenmittel an, die die Leid verursachenden Geistesgifte bekämpfen und bemühe dich, verdienstvolle Handlungen auszuführen.

Wer kein Verdienst angehäuft hat, kann keine edle Geisteshaltung entwickeln. Wer jedoch spirituelles Verdienst anhäuft, wird mit einem edlen Geist belohnt. Sobald die edle Geisteshaltung einmal Teil deines Wesens geworden ist, lässt du von selbst von allem Üblen ab und bemühst dich, Gutes zu tun. Deshalb ist es wichtig, mit Eifer die verschiedenen Methoden anzuwenden, mittels derer du mit Körper, Rede und Geist Verdienst ansammeln kannst.

Padmasambhava sprach: Das Wichtigste, bevor man mit einer Übung beginnt, ist das Erwecken von Bodhicitta, jener uneigennützigen Geisteshaltung, die ganz auf die Erleuchtung ausgerichtet ist. Wer Bodhicitta entwickelt, bemüht sich, alle Wesen ohne Ausnahme als seine Mütter anzusehen, um ihnen allen vorurteilslos und ohne Parteilichkeit dienen zu können.

Kein einziges Lebewesen im Kreislauf der Wiedergeburten war uns nicht bereits einmal Vater oder Mutter. Aus Dankbarkeit, um ihnen ihre Fürsorge und Güte zu entgelten, setze dich von jetzt an für ihr Wohlergehen ein.

Entwickle Liebe, Freundlichkeit und Mitgefühl gegenüber allen Lebewesen. Übe dich ständig in Bodhicitta und darin, jede deiner Handlungen anderen zugutekommen zu lassen. Gewöhne dich daran, andere wichtiger zu nehmen als dich selbst.

Kurz, der feste Entschluss, Bodhicitta zu entwickeln, muss dem äußeren und inneren Teil der Übung und der Entwicklungs- und Vollendungsstufe vorangehen. Das ist entscheidend.

Das Entwickeln von Bodhicitta ist die Grundlage jeder Dharma-Praxis.

Padmasambhava sprach: Wenn du die Allwissenheit der Buddhaschaft erlangen möchtest, dann vertiefe dein Verständnis davon, dass weder das *Ich* noch alle anderen Phänomene eine eigenständige, ihnen innewohnende Existenz besitzen.

Ganz gleich, welche verdienstvolle Handlung du gerade ausführst, erkenne, dass alle Phänomene wie Träume und magische Illusion sind.

Befolge meine mündlichen Unterweisungen und meditiere über die Leerheit aller Phänomene ohne an den sechs Paramitas oder am großen Mitgefühl anzuhaften.

Kraft der Meditation über die Leerheit solltest du zu der Erkenntnis gelangen, dass auch die sechs Paramitas und das erzeugte tiefe Mitgefühl magischen Illusionen gleichen.

Wenn du die Meditation über Leerheit übst, achte gleichzeitig darauf, dass diese Meditation dein tugendhaftes Handeln fördert und den Geistesgiften entgegenwirkt.

Verstärke alle Handlungen, die Wurzeln des Heilsamen sind, mit Bodhicitta und sei niemals getrennt von den sechs Paramitas.

Habe stets bei allem was du dann tust die Absicht, Heilsames zu fördern und Übel zu verringern.

Mache jede Handlung, die du mit deinem Körper begehst zu einer guten Tat, jedes Wort, das du aussprichst zu einem heilsamen. Lass all deine Gedanken zu tugendhaften Gedanken werden.

Kurz, bemühe dich, mit deinem Körper, deiner Rede und deinem Geist nur Heilsames, nur tugendhafte Handlungen auszuführen und vermeide selbst die kleinste unheilsame Tat.

Wenn du nicht die Rüstung der geistigen Präsenz und Wachsamkeit anlegst, werden dir die Waffen der Geistesgifte die Lebensader durchtrennen, die das Erlangen höherer Daseinsebenen und der Befreiung ermöglicht. Schütze dich deshalb mit dieser Rüstung, während du die vier alltäglichen Tätigkeiten ausführst.

Padmasambhava sprach: Als erstes musst du von der Wirksamkeit des Gesetzes von Ursache und Wirkung hinsichtlich deiner Taten überzeugt sein.

Vergiss nie, dass auch du in absehbarer Zeit sterben musst. Dieses Leben währt nur kurze Zeit, trachte also nicht nach Dingen, die nur in diesem Leben etwas gelten.

Vergiss nie, dass es zukünftige Leben geben wird und strebe nach dem, was dir in späteren Leben helfen wird.

Triff jetzt die nötigen Vorkehrungen, um in zukünftigen Leben nicht auf einen Weg zu geraten, der abwärts führt.

Bilde dir auf nichts etwas ein. Wenn du hochmütig bist, weil du meinst, gelehrt, großartig oder edelmütig zu sein, wirst du niemals gute Eigenschaften entwickeln. Lass ab von Arroganz und übe dich im Dharma ohne auch nur einen Augenblick des Zauderns.

Wende die Hilfsmittel gegen zerstörerisches Verhalten an. Das kleinste Aufsteigen der Geistesgifte oder die geringfügigste Fehlhandlung solltest du als einen unerträglichen Schmerz, gewaltig wie der Berg Sumeru, empfinden.

Taten, die du halbherzig ausführst, erreichen nichts; streife deshalb jeden Zweifel ab.

Solange du das Festhalten am Ich nicht aufgegeben hast, werden schlechte Taten, so geringfügig sie auch sein mögen, immer Folgen haben. Hüte dich deshalb vor schlechten Taten!

Padmasambhava sprach: Nachdem du die Gelübde des Großen oder Kleinen Fahrzeugs[9] abgelegt hast, darfst du sie, selbst um den Preis deines Lebens, nicht mehr aufgeben. Wenn du gegen sie verstoßen hast, ist es sehr wichtig, sofort deine Fehler zu bekennen und deine Gelübde zu erneuern.

Einige Menschen fühlen sich, wenn sie gegen ihre Gelübde verstoßen haben, derart entmutigt, dass sie daraufhin immer weitere Übertretungen begehen. Du solltest deinen Geist jedoch reinigen, als wärest du in Schmutz gefallen und würdest dich nun waschen und mit wohlriechendem Wasser besprengen, auf dass sich niemals mehrere gebrochene Gelübde und Befleckungen anhäufen.

Begib dich nicht in Gesellschaft von Menschen und freunde dich nicht mit solchen an, deren Gelübde oder Samayas verletzt sind. Wenn man in einem weißen Gewand durch einen öligen Sumpf geht, wird es mit Sicherheit schmutzig werden. In ähnlicher Weise wirst du von den gebrochenen Samayas anderer in Mitleidenschaft gezogen, selbst wenn deine eigenen ohne Fehl sind. Haben die eigenen Samayas bereits einen Makel, könnte man sagen, Schwarz kann Schwarz nicht beschmutzen. Sei vorsichtig!

Es ist von größter Bedeutung, dich nicht mit schlechten Menschen anzufreunden oder Umgang mit denen zu pflegen, die ihre Gelübde vernachlässigen.

Auf jeden Fall sollte man sich nicht vor sich selbst schämen müssen.

Padmasambhava sprach: Lass dich niemals auf etwas ein, das im Widerspruch zum Dharma steht und dem Vermehren von Verdienst oder Weisheit nicht dienlich ist.

Verlange nach nichts als nach der Allwissenheit der Buddhaschaft und danach, anderen Lebewesen von Nutzen zu sein.

Klammere dich an nichts, denn Anhaften ist der Ursprung der Unfreiheit.

---

9 Das Zufluchts- und Bodhisattva-Gelübde; später werden auch die Gelübde der individuellen Befreiung einbezogen.

Kritisiere niemals andere Lehren und sprich nicht abschätzig über andere Menschen. Die verschiedenen Lehren sind alle letzten Endes so unteilbar wie der Geschmack von Salz.

Übe weder an den höheren noch an den niederen Fahrzeugen Kritik, denn sie sind insofern identisch, als sie allesamt einen Teil des spirituellen Weges ausmachen, den man erklimmt wie die Stufen einer Leiter.

Du kannst niemals wissen, was in einem anderen Menschen vorgeht, es sei denn, du bist im Besitz von übernatürlichen Kräften. Vermeide deshalb, andere zu kritisieren.

Alle Lebewesen sind ihrem wahren Wesen nach spontan vollendete Buddhas. Alle besitzen die Buddha-Natur. Untersuche nicht die Fehler und Verirrungen anderer.

Beschäftige dich nicht mit den Begrenztheiten anderer, sondern damit, wie du deine eigenen verändern kannst.

Untersuche nicht die Mängel anderer, sondern deine eigenen.

Das größte Übel ist, Vorurteile gegenüber anderen spirituellen Traditionen zu haben und andere zu kritisieren, ohne zu wissen, was in ihrem Geist vorgeht. Hüte dich vor Voreingenommenheit und vor Vorurteilen, als wären sie Gift.

Padmasambhava sprach: Obwohl du seit undenkbaren Zeiten unzählige Male wiedergeboren wurdest, hast du dies weder zu deinem Wohl noch zu dem der anderen genutzt. Jetzt aber, in diesem Leben, solltest du dein Wohl und das der anderen erfüllen.

Obgleich du schon so zahllose Male wiedergeboren wurdest, hattest du nie die Gelegenheit, den Dharma zu praktizieren. Du bist nur immer tiefer im Kerker des Samsara versunken. Scheue deshalb in dieser kurzen Zeitspanne, da du mit dem Dharma zusammengetroffen bist, keine Anstrengungen, den Mahayana-Lehren zu folgen.

Halte dich an Menschen, die das Heilsame fördern. Trenne dich von Freunden, die zu schlechten Taten verleiten.

Renne nicht rastlos wie ein Hund oder ein Hungriger Geist hinter den Dingen her. Bleibe mit Hilfe der Gegenmittel gelassen und ruhig. Von deinem rastlosen Hinterherjagen erschöpft, wirst du schlechte Taten begehen, die deinen Geist aufwühlen, was wiederum den Geisteszustand anderer Menschen beeinflusst. Auf diese Weise häufst du Übles an.

Wenn du schon kleine Unbequemlichkeiten als Leiden ansiehst, werden sie dir bald schwer erträglich werden. Solange du deinen Geist nicht in offener Entspanntheit lässt, wirst du niemals Frieden finden.

Beschäftige dich nicht mehr mit vergangenen Leiden. Ob gut oder schlecht—was vergangen ist, ist vergangen. Male dir auch nicht Leiden aus, das die Zukunft bringen könnte.

Ganz gleich, welches Leid dich befällt, gib ihm nicht nach, verdopple vielmehr deinen Mut.

Leiden wird niemals enden, es sei denn, du wendest die Gegenmittel an.

Überlasse deinen Geist seinem natürlichen Zustand, ohne ihn korrigieren und ändern zu wollen und wende ihn dann behutsam dem Heilsamen zu.

Padmasambhava sprach: Wenn du wirklich den Dharma üben willst, ist es von entscheidender Bedeutung, jedes körperliche, sprachliche oder geistige Tun, das dein Verdienst mehrt, dem Wohl der anderen zu widmen.

Übe dich hierin zunächst mit kleinen Taten. Prüfe dann von Zeit zu Zeit, ob du von eigennützigen Gedanken geleitet wirst. Wenn du auch nur mit dem kleinsten Makel der Selbstsucht behaftet bist, wird dein Wirken erfolglos bleiben. Achte also darauf, nicht von diesem Makel befleckt zu sein.

Der Unterschied zwischen Großem und Kleinem Fahrzeug liegt nicht in der Anschauung oder Sicht, sondern im Entwickeln von Bodhicitta. Bewahre deshalb die Sicht des natürlichen Zustands des Geistes und übe dich dazu im großen Mitgefühl.

Zu deinem eigenen Wohl und dem der anderen: Wende dich für immer vom Elend des Samsara ab. Fasse immer wieder aufs Neue den festen Entschluss, dich aus Samsara zu befreien.

Übe dich darin, die Leiden anderer auf dich zu nehmen. Zu Anfang versuche zu sehen, dass alle Lebewesen dir gleichen. Versuche das Leiden der anderen zu fühlen, als sei es dein eigenes. Gehe dann dazu über, andere wichtiger zu nehmen als dich selbst.

Übe dich im großen Mitgefühl, das ganz von selbst zum Wohl der anderen handelt.

Das Wort *Mahayana* beinhaltet nichts anderes, als andere wichtiger zu nehmen als sich selbst. Mahayana schließt aus, für sich allein nach Glück zu suchen, weil man sich für wichtiger hält, ohne an die Leiden anderer zu denken.

Padmasambhava sprach: Wenn du deinen Geist in Liebe, Mitgefühl und Bodhicitta übst, ist Wiedergeburt in den drei niederen Daseinsbereichen ausgeschlossen. Darüber hinaus wirst du von diesem Augenblick an niemals mehr zurückfallen. So lautet meine Kernunterweisung.

Was immer du unternimmst, halte stets Bodhicitta in deinem Geist wach und lass niemals davon ab.

Übe dich darin, jede Tat, die du ausführst, zum Wohl der Wesen zu vollbringen. Übe dich darin, andere wichtiger zu nehmen als dich selbst. Viele Eigenschaften wie die Reinheit der Samaya und Gelübde werden dir dadurch zu eigen werden.

Selbst wenn du zu einem Meister des Mantra wirst und große Macht hast, ohne Bodhicitta wirst du niemals Erleuchtung erlangen.

Alle gewöhnlichen und besonderen Siddhis entstehen als Folge des in dir erwachten Bodhicitta. So lautet meine Kernunterweisung.

Padmasambhava sprach: Sofern Meditation über die Leerheit oder über etwas anderes nicht als wirksames Mittel gegen die Geistesgifte und den gewöhnlichen Geisteszustand wirkt, ist sie falsche Meditation. Alles, was den Geistesgiften und dem gewöhnlichen Geisteszustand nicht entgegenwirkt, wird zur Ursache für das Fallen in die Daseinsbereiche des Samsara. Wenn eine Belehrung, die du studierst, über die du nachdenkst oder die du erläuterst, zu einem wirksamen Mittel gegen deine Geistesgifte wird und bewirkt, dass der wahre Dharma in dir erwacht, dann ist sie ohne Fehl und verdient, Mahayana genannt zu werden.

Ganz gleich, wie viel Anerkennung man dir aufgrund deiner Gelehrtheit, deiner gewandten Erläuterungen oder deiner Meditationspraxis entgegenbringt: Wenn deine Absicht auf die acht weltlichen Anliegen[10] zielt, ist all dein Wirken schwarze Dharma-Praxis.

Auf jeden Fall ist entscheidend, über das Universum mit all seinen Daseinsformen als magische Illusion zu meditieren. Auf diese Weise kannst du verhindern, dass Anhaften und Festhalten ständig zunehmen.

Was einen «großen Yogi» ausmacht, ist nichts anderes als das Freisein von Anhaften und Festhalten.

Padmasambhava sprach: Wohl und Glück aller Lebewesen wird durch die Lehren des Buddha erreicht. Studiere deshalb die Tantras, Sutras und heiligen Schriften und lausche den Worten der Meister.

Alle Handlungen sind wie Samen, aus denen entweder Glück oder Leid erwächst. Unterscheide deshalb zwischen heilsamen und schädigenden Taten.

Wenn du die Gelübde nicht hältst, verfault die Wurzel deiner Dharma-Praxis. Hüte deine Samayas und Gelübde so sorgfältig wie dein Augenlicht.

Eines ist sicher: Übst du dich im Dharma ohne Vertrauen in das, was du tust, ist deine Mühe vergeudet und alles wird umsonst sein. Du musst also bei dem, was du tust, frei von Zweifeln und Unsicherheit sein.

---

10 Angenehme Worte erhalten und schmerzhafte Worte vermeiden wollen, nach Ruhm streben und Schande vermeiden, ebenso Lob und Tadel, Gewinn und Verlust. Für eine ausführliche Beschreibung der weltlichen Aktivitäten siehe Kapitel 1 u.a. *Aus dem Hangepäck eines tibetischen Yogi* von James Low, Theseus Verlag, 1996, überarbeitete Neuauflage in der edition khordong im Wandel Verlag, 2013 (Anm. d. Hrsg.)

Padmasambhava sprach: Einige Menschen behaupten, Tantra zu üben und gestatten sich unflätiges und grobes Benehmen. Dies ist jedoch nicht das Verhalten eines Tantrikers.

Mahayana bedeutet, allen Wesen gleichermaßen Mitgefühl entgegenzubringen.

Man kann sich nicht als Tantriker bezeichnen, dann aber gute Taten unterlassen und schlechte Taten nicht meiden. Die Entwicklung des großen Mitgefühls ist für jeden, der Tantra praktiziert, das Entscheidende.

Wenn du kein Mitgefühl entwickelst, wirst du zu einem Nichtbuddhisten mit falscher Sichtweise, auch wenn du behaupten magst, ein Übender des Geheimen Mantra zu sein.

Padmasambhava sprach: Geheimes Mantrayana ist Mahayana und *Mahayana* heißt, das Wohl der anderen zu bewirken.

Um anderen helfen zu können, musst du die drei Kayas der Frucht erlangen. Um diese drei Kayas zu erlangen, musst du die zwei Ansammlungen vermehren. Um diese zu vermehren, musst du dich in Bodhicitta üben. Den Pfad der Entwicklungs- und den der Vollendungsstufe musst du als Einheit üben.

Auf jeden Fall ist ein Tantriker, dem Bodhicitta fehlt, gänzlich ungeeignet; er praktiziert nicht Mahayana.

Padmasambhava sprach: Man spricht vom Geheimen Mantrayana und dem Fahrzeug der Philosophie[11], als wären es zwei verschiedene Wege; letzten Endes sind sie jedoch eins. Wenn dir entweder die Sicht oder das Verhalten fehlt, wirst du auf die Ebene der Shravakas herabsinken; deshalb musst du mit dem Verhalten aufsteigen und mit der Sicht herabsteigen. Dies beides als Einheit zu üben ist das Entscheidende. So lautet meine Kernunterweisung.

SAMAYA.

---

[11] Ein anderer Name für die Mahayana-Lehren oder das Fahrzeug der Paramitas.

Hiermit enden die Lehren über das, was unter dem Aufsteigen mit dem Verhalten verstanden wird.

Diese Unterweisungen wurden in der oberen Einsiedelei von Chimphu, am achten Tag des letzten Sommermonats im Hasen-Jahr niedergeschrieben.

Siegel des Schatzes.
Siegel der Verborgenheit.
Siegel des Anvertrauens.

2. Zuflucht

Yeshe Tsogyal, die Prinzessin von Kharchen, richtete an Padmasambhava, den Meister aus Oddiyana, der als Nirmanakaya-Manifestation in dieser Welt erschienen war, die Bitte:

Erhabener Meister, gewährt gütigst die Lehren über die Grundlage zur Ausübung des Dharma; gebt uns ein Mittel, Geburt und Tod zu überwinden; lehrt uns eine leicht zu erzeugende Ursache, die von größter segensreicher Wirkung ist; lehrt uns eine einfach anzuwendende Methode, die uns wenig Entbehrungen abfordert!

Der Nirmanakaya-Meister antwortete: Tsogyal, die Zuflucht ist die Grundlage für die Ausübung des Dharma. Die Drei Kostbarkeiten sind die Stütze jeder Dharma-Praxis. Die Zuflucht mit ihren verschiedenen Aspekten ist das Mittel, Geburt und Tod zu überwinden.

Yeshe Tsogyal fragte: Was ist die Essenz der Zufluchtnahme? Was heißt Zufluchtnahme? Gibt es verschiedene Arten der Zuflucht?

Der Meister antwortete: Die Essenz der Zufluchtnahme ist, den Buddha als Meister, den Dharma als Weg und die Sangha als Gemeinschaft der Gefährten auf dem Weg anzunehmen und dann zu geloben, die in ihnen verkörperte Frucht zu erlangen. Weshalb wird dieses Annehmen als Zufluchtnahme bezeichnet? Es wird so genannt, weil man Buddha, Dharma und Sangha als Unterstützung, Zufluchtsort, Schutz und Rettung nimmt, um von der Furcht vor dem Leiden und von Verdunkelungen frei zu werden. Dies ist die Essenz der Zufluchtnahme.

Was Zuflucht heißt: Es bedeutet, Schutz zu suchen vor den Schrecken des Daseins in den drei niederen Existenzbereichen und vor niederen Anschauungen—wie dem Glauben an ein Selbst innerhalb der vergänglichen Aggregate—, wie sie von nichtbuddhistischen Philosophien vertreten werden.

Es gibt drei Arten der Zuflucht: die äußere, die innere und die geheime Zuflucht.

Die äußere Zuflucht

Yeshe Tsogyal fragte: Weshalb nimmt man die äußere Zuflucht? Zu wem nimmt man Zuflucht? Was kennzeichnet den, der Zuflucht nimmt? Auf welche Art und Weise nimmt man Zuflucht? Und schließlich, mit welcher inneren Einstellung nimmt man Zuflucht?

Der Meister antwortete: Es gibt drei Gründe dafür, Zuflucht zu nehmen: weil man sich vor dem Elend des Samsara fürchtet, weil man in die Drei Kostbarkeiten als sicheren Ort der Zuflucht vertraut und weil man sie uneingeschränkt als Zuflucht und Schützer der Zuflucht annimmt. Im Allgemeinen ist es jedoch die Angst vor dem Tod, die einen Zuflucht nehmen lässt.

Es gibt viele Menschen, die es nicht einmal bemerken, wenn die Hälfte ihres Lebens bereits hinter ihnen liegt und sich keinerlei Gedanken über ihre zukünftigen Leben machen. Diese Menschen haben keinen Ort der Zuflucht.

Müsste man nicht sterben oder könnte man sicher sein, als Mensch wiedergeboren zu werden, bestände keine Notwendigkeit, Zuflucht zu nehmen. Doch nach dem Tod und dem Umherirren im Bardo drohen die unvorstellbaren Qualen der niederen Daseinsbereiche.

Zu wem nimmt man Zuflucht? Zu den Drei Kostbarkeiten. Wer kann dem Kreislauf von Geburt und Tod ein Ende setzen? Allein der allwissende Buddha, der frei von allen Fehlern ist und der alle Tugenden vollendet hat. Deshalb können nur der von ihm gelehrte Dharma und die Sangha, die diese Lehre anwendet, dich selbst und alle anderen Wesen aus dem Kreislauf von Geburt und Tod befreien. Die Drei Kostbarkeiten sind die einzigen Objekte der Zuflucht. Nimm Zuflucht zu ihnen.

Es gibt Menschen, die die Lehren des wahrhaftig und vollkommen Erleuchteten nicht höher schätzen als die Worte irgendeines Wahrsagers. Angesichts von Gefahr suchen sie Zuflucht bei den verschiedenen Geisterwesen. Es ist für diese Menschen schwierig, eine wahre Zuflucht zu finden.

Was zeichnet den aus, der Zuflucht nimmt? Tiefes Interesse, verehrende Hingabe, Vertrauen und das Wissen um die Vorzüge der Drei Kostbarkeiten.

In Hinsicht auf die besondere Art und Weise, Zuflucht zu nehmen, sollte man folgende Überlegungen angestellt haben:

> Da Samsara ohne Anfang, ohne Ende ist, muss ich ihm
> von diesem Augenblick an entsagen!
> Nicht weltliche Götter sind meine Zuflucht,
> Nur zur wahren Zuflucht, der Allwissenheit der Buddhaschaft, will ich Zuflucht nehmen!

Wenn man Zuflucht nimmt, ist ein bloßes Lippenbekenntnis nutzlos wie leeres Gemurmel, das zu nichts führt.

In welcher Art und Weise sollte man Zuflucht nehmen? Körper, Rede und Geist sollten beim Zufluchtnehmen von verehrender Hingabe erfüllt sein. Nimm Zuflucht mit dem Gedanken an drei Dinge: Furcht vor Samsara, insbesondere vor den niederen Daseinsbereichen; tiefes Vertrauen in den Segen der Drei Kostbarkeiten; unerschütterlicher Glaube und beständiges Mitgefühl.

Das Ritual des Zufluchtnehmens sollte dir vertraut sein.

Ein Mensch, der dieses Leben für gesichert und befriedigend hält und glaubt, das nächste werde ebenso sein, wird sterben, ohne seine

Absicht, sich im Dharma zu üben, jemals in die Tat umgesetzt zu haben. Auf diese Weise erreicht man nichts.

Mit welcher inneren Einstellung nimmt man Zuflucht? Du solltest Zuflucht nehmen mit dem Gefühl, für das Wohlergehen aller Lebewesen verantwortlich zu sein. Diese Einstellung ist nötig, weil man die wahre und vollendete Erleuchtung nicht einfach dadurch erreichen kann, dass man Samsara entsagt und nach der Erfüllung des Nirvana verlangt.

> Um alle Lebewesen von den Leiden des Samsara zu befreien,
> Will ich Zuflucht nehmen, bis ich und alle Wesen der drei Welten die höchste Erleuchtung erlangt haben!

Da diesem Wunsch jedoch, wie allen Wünschen, eine dualistische Vorstellung zugrunde liegt, gilt auch hier, sich von dieser zu befreien.

Yeshe Tsogyal fragte den Meister weiterhin: Welche Regeln sind im Zusammenhang mit der äußeren Zufluchtnahme zu beachten?

Der Meister antwortete: Sobald du Zuflucht genommen hast, folge mit Geschick den acht Regeln, um nicht in den Verpflichtungen, die du auf dich genommen hast, nachlässig zu werden.

Yeshe Tsogyal fragte weiter: Worin bestehen diese acht Regeln?

Der Meister erwiderte: Nachdem du zum Buddha Zuflucht genommen hast, wirf dich nicht vor weltlichen Göttern nieder. Nachdem du zum Dharma Zuflucht genommen hast, füge anderen Wesen keinen Schaden zu. Nachdem du zur Sangha Zuflucht genommen hast, freunde dich nicht mit Menschen an, deren Anschauung mit deiner unvereinbar ist. Diese sind die drei besonderen Regeln.

Um dies genauer zu erklären: Wenn du dich, nachdem du zum Buddha Zuflucht genommen hast, vor weltlichen Göttern wie Mahadeva, Vishnu, Maheshvara oder anderen niederwirfst, nimmt dein Zufluchtsgelübde Schaden. Zu solch weltlichen Göttern Zuflucht nehmen heißt das Gelübde brechen.

Anderen Wesen Schaden zuzufügen, nachdem du zum Dharma Zuflucht genommen hast, bedeutet, dass dein Zufluchtsgelübde vollständig zerstört wird, wenn du den Akt des Tötens ausführst. Das Zufluchtsgelübde nimmt Schaden, wenn du andere Lebewesen aus Wut schlägst, sie versklavst, ihre Nase für einen Nasenring durchbohrst, sie in einem Stall gefangen hältst, ihnen die Haare ausreißt, dir ihre Wolle aneignest und ähnliches.

Dich, nachdem du zur Sangha Zuflucht genommen hast, mit Menschen anzufreunden, deren Anschauung mit deiner unvereinbar ist, heißt, dass dein Zufluchtsgelübde Schaden nimmt, wenn du dich mit Menschen umgibst, deren Ansichten und Verhalten von nihilistischen Anschauungen oder vom Glauben an etwas Unvergängliches, ewig Bestehendes geprägt sind. Das Zufluchtsgelübde wird gebrochen, wenn du deine Sicht und dein Verhalten dem ihren angleichst.

In der Zufluchtnahme sind alle anderen Dharma-Übungen enthalten. Menschen mit falscher Sichtweise verstehen dies nicht.

Nun folgen die fünf allgemeinen Regeln.

Zu Anfang jeder Dharma-Praxis sollte eine ausgedehnte Opferzeremonie vollzogen werden, in der eine Fülle der allerbesten Speisen und Getränke dargebracht wird. Breite diese Opfergaben am vierzehnten Tag des Mondmonats vor den Drei Kostbarkeiten aus und bitte sie, der Zeremonie beizuwohnen. Am fünfzehnten Tag bringe die vier Arten von Opfergaben dar: Niederwerfungen, materielle Güter, Lobpreisungen und deine spirituelle Praxis.

Das Darbringen der Niederwerfungen geschieht auf folgende Weise: Stehe in aufrechter Haltung und lege die Hände vor deinem Herzen zusammen. Rufe dir die Eigenschaften der Buddhas und Bodhisattvas in Erinnerung und stelle dir vor, du berührtest, während du dich niederwirfst, ihre mit dem Zeichen des Rades der Lehre geschmückten Füße.

Als Darbringung von materiellen Gütern kannst du zum Beispiel Blumen oder andere Dinge opfern, die niemandem gehören. Zusätzlich können auch imaginäre Gaben dargebracht werden sowie dein eigener Körper.

Singe die Lobpreisungen in melodischer Tonfolge.

Um deine spirituelle Praxis zu opfern, musst du den Wunsch fassen, dass jede Quelle von Verdienst, die du durch das Erwecken von Bodhicitta, also Mitgefühl untrennbar von Leerheit, geschaffen hast, dem Erlangen der Erleuchtung dienen möge, welche du zum Wohl aller Lebewesen anstrebst.

Der Meister sprach: Die Drei Kostbarkeiten bedürfen keineswegs einer Schale Wassers oder deiner Verehrung. Der Grund, weshalb du etwas opferst, ist, dich aufnahmebereit für das segensreiche Licht der Buddhas zu machen.

Was die Darbringung der Speisen und Getränke betrifft, teile sie in drei Teile auf und sprich dreimal OM AH HUNG. Stelle dir vor, dass die Opfergaben dadurch in ein Meer von Nektar verwandelt werden. Visualisiere deine Yidam-Gottheit, umgeben von einer unermesslich großen Versammlung der Drei Kostbarkeiten. Ihnen allen opferst du den Nektar und bittest sie, diese Gabe anzunehmen. Ist es dir nicht möglich, deine Opfergaben in dieser Weise darzubringen, opfere sie einfach mit den Worten: «Ihr Kostbaren, ich ersuche Euch, dieses Opfer anzunehmen!»

Hast du nichts zur Verfügung, was sich als Opfergabe eignet, solltest du zumindest täglich Schalen mit Wasser füllen und diese darbringen. Tust du dies nicht, wird die Kraft deines Zufluchtsgelübdes abnehmen.

Die Drei Kostbarkeiten bedürfen, anders als gewöhnliche Wesen, nicht der materiellen Nahrung. Speisen als Opfer-Torma darzubringen bewirkt, dass sich die zwei Ansammlungen vermehren, ohne dass du es bemerkst.

Die zweite Regel ist: Die Drei Kostbarkeiten sollten um keinen Preis aufgegeben werden, nicht um den Preis deines Lebens, deines Körpers oder eines kostbaren Geschenks.

Die Zuflucht selbst um den Preis des Körpers nicht aufzugeben heißt, selbst wenn jemand droht, dir deine Augen herauszureißen, deine Beine, Ohren, Nase oder Arme abzuhacken, solltest du dies eher geschehen lassen, als die Drei Kostbarkeiten zu verleugnen.

Die Zuflucht nicht um den Preis deines Lebens aufzugeben heißt, selbst wenn jemand droht, dich zu töten, solltest du dies eher geschehen lassen, als die Drei Kostbarkeiten zu verleugnen.

Die Zuflucht nicht gegen ein wertvolles Geschenk aufzugeben heißt, selbst wenn man dir die ganze Welt voller Edelsteine dafür verspricht, die Zuflucht aufzugeben, solltest du dies nicht tun.

Die dritte Regel ist: Ganz gleich, was dir widerfährt—ob du krank bist, unter Entbehrungen leidest, alles gut geht, du glücklich bist oder traurig—, stelle ein Mandala und die fünf Opfergaben zusammen und bringe sie den Drei Kostbarkeiten mit dieser Bitte dar:

> Erhabener Meister, mächtiger Halter des Vajra, Buddhas und Bodhisattvas, hört mich an! Möge meine Krankheit und alles, was von Geistern und Kräften des Bösen verursacht wird, niemals zum Ausbruch kommen. Ich bitte Euch, schafft Frieden, Glück und das Gute.

Außerdem kann man durch lautes Lesen der Schriften und Singen der Gebete und durch das Opfern von Tormas Verdienst ansammeln, da diese Übungen zur Zufluchtnahme gehören.

Wenn dir dies alles im Fall von Schwierigkeiten nicht hilft, solltest du dich gleichwohl nicht zu falscher Sicht verleiten lassen und denken: «Den Segen der Drei Kostbarkeiten gibt es gar nicht!» oder «Am Dharma ist nichts Wahres». Statt dessen solltest du denken: «Sobald mein schlechtes Karma sich erschöpft hat, wird es mir besser gehen!» Übe dich im Zufluchtnehmen, ohne nach anderen Abhilfen zu greifen, wie zum Beispiel Wahrsagern oder schamanischen Ritualen.

Die vierte Regel ist: Bevor du eine Reise unternimmst, erinnere dich an die Buddhas und Bodhisattvas der jeweiligen Richtung, die du einschlagen wirst, bringe ihnen Opfergaben dar und nimm zu ihnen Zuflucht. Brichst du zum Beispiel morgen nach Osten auf, dann bereitest du heute ein Mandala vor, machst verschiedene Opfergaben und nimmst Zuflucht zu den Buddhas und Bodhisattvas der östlichen Richtung.

Was für ein Bittgebet solltest du sprechen? Bevor du aufbrichst, sprich das folgende:

> Meister, Halter des Vajra, Buddhas und Bodhisattvas, hört mich an! Gewährt Euern Schutz vor Hindernissen, die mir Menschen und andere Wesen in den Weg stellen! Möge alles, von dem Zeitpunkt, da ich diesen Ort verlasse, bis ich zu meinem Ziel gelange, glücklich verlaufen!

Wenn du dies nicht am Tag vor deiner Abreise tun kannst, so tue es zur Zeit, da du aufbrichst.

Bist du sieben bis zehn Schritte über deine Türschwelle hinausgegangen und hast noch immer nicht daran gedacht, Zuflucht zu nehmen, ist deinem Zufluchtsgelübde geschadet.

Hast du dich der Zuflucht einmal anvertraut, wirst du niemals enttäuscht werden.

Die fünfte Regel ist: Führe dir die Eigenschaften der Zuflucht vor Augen und nimm immer wieder Zuflucht. Nachdem du Zuflucht zu den Drei Kostbarkeiten genommen hast, solltest du sie als den Ort deiner Hoffnungen und den Ort deines Vertrauens sehen. Verlasse dich auf sie als die einzige Quelle der Zuflucht und bete zu ihnen, bitte sie um ihren Segen.

Betrachte jede Darstellung der Drei Kostbarkeiten, ganz gleich, ob es sich dabei um eine Statue, ein Steinrelief, ein Bild, einen Stupa, ein Buch oder ähnliches handelt, als Dharmakaya. Es ist möglich, dass du während deiner Niederwerfungen, Opferungen oder Gebete plötzlich die Essenz des Dharmakaya erkennst. Selbst wenn dies nicht geschieht, das Ausführen von Niederwerfungen, die Opfergaben an die Drei Kostbarkeiten und das Herstellen karmischer Verbindungen bewirken, dass man Schüler eines der künftigen Buddhas sein wird.

Der Meister fuhr fort: Welche Erfahrungen du auch machst, wenn zum Beispiel die Eigenschaften und das Glück der Erleuchteten in deinem Inneren aufsteigen, betrachte alles als den Segen deines Meisters und der Drei Kostbarkeiten. Mit dieser Einstellung wirst du den Segen empfangen. Welche Schwierigkeiten oder welches Elend dir auch widerfährt, betrachte alles als Resultat deines üblen Handelns. Dadurch wird dein schlechtes Karma ein Ende finden. Wenn du deinen Geist den Drei Kostbarkeiten nicht anvertraust und eine falsche Sicht beibehältst und denkst: «Den Segen der Drei Kostbarkeiten gibt es nicht», kann es sein, dass du den Höllenbereichen nicht entkommen wirst.

Yeshe Tsogyal fragte den Meister: Was gewinnt man dadurch, dass man Zuflucht nimmt?

Der Meister antwortete: Aus der Zufluchtnahme ergibt sich achtfacher Gewinn:

1. Du bist in die Gemeinschaft der Sangha aufgenommen. Nachdem du zu den Drei Kostbarkeiten Zuflucht genommen hast, giltst du als Schüler des Buddha. Ohne Zufluchtnahme gehört niemand der buddhistischen Gemeinschaft an, selbst wenn du behauptest, ein Heiliger, ein großer Meditierender oder Buddha selbst zu sein.

2. Das Zufluchtsgelübde schafft die Grundlage für alle anderen Gelübde, wie zum Beispiel das der individuellen Befreiung. Dementsprechend heißt es, dass mit dem Brechen des Zufluchtsgelübdes alle darauf aufbauenden Gelübde ebenfalls gebrochen werden. Um sie zu erneuern, genügt es, den Drei Kostbarkeiten Opfergaben darzubringen und das Gelübde in ihrer Gegenwart noch einmal abzulegen.

Zufluchtnehmen ist eine Vorbedingung für das Ablegen anderer Gelübde, vom Ein-Tages-Gelübde bis zu den tantrischen Gelübden des Geheimen Mantrayana. Aus diesem Grunde heißt es, dass das Zufluchtnehmen dich befähigt, alle anderen Gelübde abzulegen.

3. Dadurch, dass du zu den Drei Kostbarkeiten Zuflucht nimmst, werden die karmischen Trübungen, die du all deine früheren Leben

hindurch angesammelt hast, verringert und schließlich vollkommen beseitigt. Genauer gesagt, ist es die besondere Zufluchtnahme, die dich vollkommen von den trübenden Schleiern befreit, während du mit der gewöhnlichen Zufluchtnahme die karmischen Verdunkelungen verringerst.

Nimmst du aus tiefstem Herzen Zuflucht, werden die karmischen Trübungen vollständig beseitigt; das bloße Sprechen der Worte der Zufluchtnahme verringert sie.

Nimmst du bei allem was du tust Zuflucht, während du gehst, liegst, sitzt, bei jeder deiner Bewegungen, dann werden die karmischen Trübungen vollkommen beseitigt. Tust du es nur von Zeit zu Zeit, verringern sie sich.

4. Du wirst unermesslich viel Verdienst besitzen. Das weltliche Verdienst eines langen Lebens, guter Gesundheit, Ausstrahlung, majestätischer Würde, großen Reichtums und so fort. Auch die überweltliche höchste Erleuchtung entsteht aus dem Zufluchtnehmen.

5. Du bist vor Angriffen von Menschen und anderen Wesen geschützt. Es heißt, dass jemandem, in dem die wahre Zufluchtnahme erwacht ist, von Menschen geschaffene Schwierigkeiten nichts mehr anhaben können. Das gleiche gilt für Angriffe von Seiten nichtmenschlicher Wesen wie Nagas oder böser Geister.

6. Alles, was du dir wünschst, wird in Erfüllung gehen. Wenn die wahre Zuflucht in dir erwacht ist, ist es unmöglich, nicht zu erreichen, was du anstrebst. Kurz, wenn du dein Vertrauen in die Drei Kostbarkeiten setzt, wirst du erhalten, wonach du verlangst, ganz so, als würdest du einen wunscherfüllenden Edelstein besitzen. So steht es in den Schriften.

7. Du wirst nicht in die niederen Daseinsbereiche fallen, ein elendes Schicksal erleiden oder auf Irrwege geraten. Die drei niederen Daseinsbereiche sind die der Höllen, der Hungrigen Geister und der Tiere. Ein elendes Schicksal ist eine Wiedergeburt in Gegenden, in denen es keinen Dharma gibt, wie zum Beispiel in den Grenzregionen, die von barbarischen Stämmen bevölkert werden. Mit Irrwegen sind Lehrtraditionen gemeint, die mit der buddhistischen Lehre un-

vereinbar sind. Um dies alles zu vermeiden, genügt es, Zuflucht zu nehmen.

8. Der wahre Lohn des Zufluchtnehmens ist das schnelle Erreichen der vollkommenen Erleuchtung. Was gibt es Höheres als dieses!

In den Mahayana-Lehren des Geheimen Mantrayana heißt es, dass man Erleuchtung mit diesem Körper, in diesem Leben erlangen kann. Auch du kannst also bald vollkommene Erleuchtung erreichen. Du musst jedoch die irrtümliche Vorstellung aufgeben, dass es genügt, lediglich von Zeit zu Zeit Zuflucht zu nehmen. Du solltest Tag und Nacht immer wieder Zuflucht nehmen, dann wirst du sicherlich bald wahre und vollendete Erleuchtung erlangen.

Padmasambhava sprach: Wenn du dich mit Ausdauer im Zufluchtnehmen übst, ist es nicht nötig, viele andere Lehren zu praktizieren. Du wirst ohne Zweifel die Frucht der Erleuchtung erlangen.

Daraufhin fragte Yeshe Tsogyal den Meister: Wie ist die eigentliche Praxis der Zufluchtnahme?

Der Meister antwortete: Als erstes musst du den folgenden Wunsch in dir entstehen lassen:

> Ich werde alle Lebewesen zur vollkommenen Erleuchtung führen. Um dies zu erreichen, werde ich die Ansammlungen mehren, mich von den Verdunkelungen reinigen und alle Hindernisse beseitigen. Dies ist der Grund, weshalb ich Zuflucht nehme, von diesem Augenblick an, bis die Erleuchtung erlangt ist!

Wiederhole dann dreimal mit großer Konzentration diese Worte:

> Von diesem Augenblick an bis zur höchsten Erleuchtung, nehme ich mit all den zahllosen Lebewesen Zuflucht zu den Buddhas der zehn Richtungen, den Erhabensten der Menschen.

Ohne deine Konzentration zu unterbrechen, wiederhole dann viele Male:

> Ich nehme Zuflucht zum Buddha.
> Ich nehme Zuflucht zum Dharma.
> Ich nehme Zuflucht zur Sangha.

Sprich dann dreimal dieses Bittgebet:

> Drei Kostbarkeiten, beschützt mich vor den Ängsten dieses Lebens! Beschützt mich vor den Ängsten der niederen Daseinsbereiche! Beschützt mich vor den Irrwegen!

Als Abschluss sprich diese Widmung:

> Mögen mir die Wurzeln der Tugend, die ich so geschaffen habe, zum Wohle aller Wesen zur Buddhaschaft verhelfen!

Yeshe Tsogyal fragte Padmakara, den Nirmanakaya-Meister: In welcher Art und Weise sollte man Zuflucht nehmen?

Padmakara antwortete: Zunächst sollte man sich vor dem Meister, der die Zufluchtsgelübde hält, verbeugen und ihn umschreiten, ihm Blumen als Opfergabe darbringen und dann folgende Worte sprechen:

> Meister, hört mich an! Buddhas und Bodhisattvas der zehn Richtungen, hört mich an! Von diesem Augenblick an nehme ich, ...[12], bis ich die höchste Erleuchtung erlangt habe, Zuflucht zu den Erhabensten der Menschen, zu der Milliarde wahrhaft vollkommener Dharmakaya-Buddhas.

---

[12] Der eigene Vor- und Familienname.

> Ich nehme Zuflucht zum erhabensten Frieden, frei von Anhaften, zu den Lehren des Mahayana.
>
> Ich nehme Zuflucht zur erhabensten Gemeinschaft, der Sangha der edlen Bodhisattvas, die die Stufe ohne Rückfall erreicht haben.

Mit der dritten Wiederholung dieser Worte hast du das Gelübde abgelegt. Wirf dich nieder und streue Blumen. Folge fortan den oben erwähnten acht Regeln und übe dich mit Ausdauer im Zufluchtnehmen.

Hiermit sind die Erklärungen zur äußeren Zuflucht und ihrer Anwendung abgeschlossen.

Yeshe Tsogyal fragte den Meister: In welcher Weise gewährt uns die Zufluchtnahme Schutz?

Der Meister erwiderte: Wer in der eben erklärten Weise Zuflucht nimmt und die damit verbundenen acht Regeln achtet, steht unter dem Schutz der Drei Kostbarkeiten. Wenn du fürchtest, auf einen Irrweg zu geraten und dafür betest, den wahren Weg zu finden, ist es gewiss, dass du ihn finden wirst. Außerdem wirst du vor den Ängsten dieses Lebens Schutz finden.

Wenn all die Eigenschaften, die mit der Zufluchtnahme in Zusammenhang stehen, in dir entstehen, solltest du dich damit nicht zufriedengeben, sondern sie immer weiter entwickeln. Benutze alle Eigenschaften, die in deinem Geist entstehen, dazu, die zwei Ansammlungen zu vermehren und dich von den Verdunkelungen zu reinigen. Wenn du diese Form des Eifers entwickelst, wird schließlich alles, was du erfährst, die Kraft der Zufluchtnahme fördern.

Selbst diejenigen, die nicht die Veranlagung für solch tiefgründige Eigenschaften haben wie Einsicht in die Leerheit oder das Mandala der Gottheiten, können sich dennoch, einfach indem sie Zuflucht nehmen, von den Verdunkelungen reinigen und die zwei Ansammlungen vermehren.

Nun könntest du dich fragen: Wenn die Zufluchtnahme einen derartigen Schutz gewährt, heißt das etwa, dass die Buddhas tatsächlich erscheinen und alle Lebewesen auf den Weg führen? Die Antwort lautet, dass die Buddhas nicht alle Wesen an der Hand nehmen und aus dem Kreislauf des Samsara hinausführen können. Wäre ihnen das möglich, hätten sie auf Grund ihres großen Mitgefühls und mit Hilfe der geeigneten Mittel und Wege schon längst alle Lebewesen ohne Ausnahme befreit.

Jetzt wirst du vielleicht fragen: Was ist es, das einen beschützt? Die Antwort ist, dass das Ausüben des Dharma dich beschützt.

Wenn das wahre Zufluchtnehmen in dir entstanden ist, brauchst du keine anderen Lehren zu praktizieren. Es ist unmöglich, nicht durch das Mitgefühl der Drei Kostbarkeiten beschützt zu sein, ähnlich wie man ohne Angst sein kann, wenn man einen ausgezeichneten Geleitschutz hat.

Auf diese Weise erläuterte Padmakara die äußere Zuflucht für Yeshe Tsogyal.

Die innere Zuflucht

Dem Nirmanakaya-Meister Padmakara wurden von Yeshe Tsogyal, der Prinzessin von Kharchen, folgende Fragen gestellt: Was die innere Zuflucht angeht, zu wem nimmt man Zuflucht? Was kennzeichnet den, der Zuflucht nimmt? Wie nimmt man Zuflucht? Welche Einstellung sollte man dabei haben und für wie lange Zeit nimmt man Zuflucht? Welche Bedingung muss erfüllt sein? Warum nimmt man innere Zuflucht und was gewinnt man dadurch?

Der Meister antwortete: Man nimmt Zuflucht zu Guru, Yidam und Dakini.

Wer diese Zuflucht nimmt, sollte bereits die Schwelle zum Geheimen Mantrayana überschritten haben.

Körper, Rede und Geist voll Verehrung und Hingabe—so wird Zuflucht genommen.

Die innere Einstellung, mit der man Zuflucht nimmt, ist die: Der Guru wird als Buddha angesehen, die Yidam-Gottheit wird selbst um den Preis des eigenen Lebens nicht aufgegeben und der Dakini werden stets Opfergaben dargebracht.

Für wie lange nimmt man Zuflucht? Vom Erwecken von Bodhicitta während der Initiation an bis du selbst zum Halter des Vajra geworden bist.

Die Bedingung, die erfüllt sein muss: Du musst mit einem Gefühl tiefer, verehrender Hingabe zum Geheimen Mantrayana Zuflucht nehmen.

Der Zweck der Zufluchtnahme ist, dich zu einem geeigneten Gefäß zu machen für die Lehren des Geheimen Mantrayana und den außerordentlichen Segen, den du empfangen wirst.

Yeshe Tsogyal fragte den Meister: Welche Verpflichtungen übernimmt man mit der inneren Zuflucht?

Der Meister erwiderte: Mit der inneren Zuflucht sind acht Verpflichtungen verbunden. Die ersten drei sind die besonderen Verpflichtungen:

1. Nachdem du Zuflucht zum Guru genommen hast, darfst du ihm gegenüber niemals böse oder spöttische Gedanken aufkommen lassen.

2. Nachdem du Zuflucht zum Yidam genommen hast, darfst du die Meditation über seine Form oder die Rezitation seines Mantra nicht unterbrechen.

3. Nachdem du zur Dakini Zuflucht genommen hast, darfst du nicht vergessen, die Tage der Opferzeremonien einzuhalten.

Die fünf allgemeinen Verpflichtungen sind:

1. Wenn du etwas isst oder trinkst, weihe den ersten Schluck oder Bissen als Nektar. Visualisiere den Guru über dem Scheitel deines Kopfes, den Yidam in deinem Herzzentrum und die Dakini im Nabelzentrum und bringe ihnen diesen Nektar dar.

2. In welche Richtung du auch gehst, bete stets zu Guru, Yidam und Dakini. Visualisiere den Guru über deinem Scheitel, dich selbst als Yidam-Gottheit und die Dakinis und Dharma-Schützer als dein Geleit. Dies ist die Übung während des Gehens.

3. Selbst um den Preis deines Lebens oder einer deiner Gliedmaßen, lass nie davon ab, den Guru als so kostbar wie dein eigenes Herz, den Yidam als so kostbar wie dein Augenlicht und die Dakini als so kostbar wie deinen Körper zu sehen.

4. Bei allem, was dir widerfährt—Krankheit, Widrigkeiten oder Angenehmes, Trauer oder Freude—, übe dich immer darin, zum Guru zu beten, dem Yidam Opfergaben und der Dakini Tormas und Festzeremonien darzubringen. Vertraue allein auf sie, nicht auf Wahrsager oder schamanische Rituale.

5. Nimm in Gedanken an die Eigenschaften von Guru, Yidam und Dakini immer wieder aufs Neue Zuflucht. Wenn du zum Guru Zuflucht nimmst, werden Hindernisse beseitigt, wenn du zum Yidam Zuflucht nimmst, wirst du den Mahamudra-Körper der Gottheit[13] erlangen und wenn du zur Dakini Zuflucht nimmst, wirst du die Siddhis erlangen.

Yeshe Tsogyal fragte den Meister: Welcher Gewinn entsteht aus der inneren Zufluchtnahme?

Padmakara antwortete: Zufluchtnahme zum Guru bewahrt dich vor der Fessel des im Dualismus verfangenen Geistes; die von Unwissenheit und Blindheit verursachten Hemmnisse werden beseitigt; die Ansammlung von Gewahrsein und durchdringender Einsicht wird vollendet; du wirst die Siddhi der spontanen Verwirklichung erlangen.

Zufluchtnahme zum Yidam bewahrt dich vor der gewöhnlichen Art und Weise der Wahrnehmung; die Ansammlung der von selbst entstandenen Weisheit wird vollendet; du wirst die Mahamudra-Siddhi erlangen.

Zufluchtnahme zur Dakini bewahrt dich vor Hindernissen und dunklen Kräften; die Hemmnisse durch Bedürftigkeit—wie die der Hungrigen Geister—werden beseitigt; die Ansammlung von Los-

---

[13] Der Lichtkörper der Yidam-Gottheit, die ein Praktizierender als Gegenstand seiner Übung gewählt hat. Siehe das Kapitel «Geistesschulung im Vajrayana».

lassen und Nicht-Anhaften wird vollendet; du wirst die Siddhi des Sambhogakaya der großen Glückseligkeit erlangen.

Yeshe Tsogyal fragte den Meister: Wie ist die eigentliche Praxis der inneren Zufluchtnahme?

Padmasambhava erwiderte: Entfache zunächst in dir den tiefen Wunsch, die unübertreffliche Erleuchtung zu erlangen. Visualisiere dann vor dir—auf einem Lotus-, Sonnen- und Mond-Thron sitzend—Guru, Yidam und Dakini. Wiederhole dreimal die folgenden Worte:

> Wurzel der Übertragungslinie—erhabener Guru,
> Quelle der Siddhis—Yidam-Gottheit,
> Ursprung vortrefflichen Segens—die Dakini,
> vor diesen Dreien verneige ich mich!

Konzentriere dich danach ganz auf den Guru, den Yidam und die Dakini und sage mehrmals:

> Ich nehme Zuflucht zu Guru, Yidam und Dakini!

Sprich dieses Bittgebet:

> Gurus, Yidams und Dakinis, gewährt mir den Segen eures Körpers, eurer Rede und eures Geistes!
>
> Gewährt mir die Initiationen! Verleiht mir die gewöhnlichen und höchsten Siddhis! Wendet euch voll Herzensgüte auch mir, eurem ergebenem Kind, zu!

Daraufhin lass den Guru sich in dein Scheitelzentrum auflösen, den Yidam in dein Herzzentrum und die Dakini in dein Nabelzentrum.

Yeshe Tsogyal fragte weiter: Wie geht man vor, wenn man das Gelübde der Inneren Zuflucht ablegen möchte?

Der Meister antwortete: Wenn man zum ersten Mal Zuflucht nimmt, ist die Zeremonie wie folgt. Es ist wichtig, bereits eine Initiation erhalten zu haben. Mit der Initiation erhält man zugleich die Zuflucht. Wenn du Zuflucht nimmst, ohne eine Initiation empfangen zu haben, bringe dem Meister zunächst Niederwerfungen dar, umschreite ihn, opfere ihm Blumen und sprich dann diese Worte:

> Meister, erhört mich! Versammlung der Yidams und Gottheiten der Mandalas, Dakinis und Eure Gefolgschaft, hört mich an! Von diesem Augenblick an, bis ich die Mahamudra-Ebene der Vidyadharas erlangt habe, nehme ich, ..., Zuflucht zu den erhabenen, den heiligen Gurus, Wurzel der Übertragungslinie.
>
> Ich nehme Zuflucht zu den Versammlungen der Yidam-Gottheiten, Wurzel der Siddhis.
>
> Ich nehme Zuflucht zu den Dakinis, Wurzel des außerordentlichen Segens.

Nachdem dies dreimal wiederholt wurde, ist das Gelübde der inneren Zuflucht abgelegt.

Dies ist die Zeremonie für das Ablegen des Gelübdes. Damit habe ich dir die Erklärungen zur inneren Zuflucht gegeben.

Die geheime Zuflucht

Yeshe Tsogyal, die Prinzessin von Kharchen, richtete an den Meister die Frage: Was die geheime Zuflucht angeht, zu wem nimmt man Zuflucht? Was kennzeichnet den, der die geheime Zuflucht nimmt? Auf welche Art und Weise nimmt man Zuflucht? Mit welcher inneren Einstellung und für wie lange nimmt man Zuflucht? Welche Bedingungen müssen erfüllt sein? Was gewinnt man damit?

Der Meister erwiderte: Deine geheime Zuflucht sind Sicht, Meditation und Verhalten.

Wer diese Zuflucht nimmt, sollte höchste Fähigkeiten besitzen und die Erleuchtung anstreben.

Was die Art und Weise der Zufluchtnahme angeht, so solltest du mit Sicht, Meditation und Verhalten Zuflucht nehmen. Das heißt, du nimmst Zuflucht mit untrüglicher Gewissheit, was die Sicht betrifft, mit Erfahrung, was die Meditation betrifft und mit Unparteilichkeit, was das Handeln betrifft.

Die innere Einstellung: Die Sicht frei von Verlangen bedeutet, sich weder nach Buddhaschaft noch nach Abkehr von Samsara zu sehnen. Die Meditation frei von Einseitigkeit, Begrenztheit und dem Glauben an eine reale Existenz der Dinge kann nicht in Worten beschrieben werden. Verhalten frei von Annehmen und Ablehnen steht über jeder Zuordnung zu Begriffen und Kategorien.

Für wie lange nimmt man Zuflucht? Nimm Zuflucht, solange bis du Erleuchtung erlangt hast.

Die zu erfüllende Bedingung ist, Zuflucht zu nehmen, ohne den Wunsch nach weiteren Wiedergeburten zu spüren.

Der Lohn der geheimen Zuflucht ist das Erlangen der vollkommenen Erleuchtung noch in diesem Leben.

Yeshe Tsogyal fragte: Welche Übungen sind mit der geheimen Zuflucht verbunden?

Der Meister erwiderte: Die drei besonderen Übungen sind:

1. Was die Sicht angeht, die von Erkenntnis geprägt ist, gewinne Gewissheit darüber, dass Buddhaschaft nirgendwo anders als in dir selbst zu finden ist, da die Lebewesen und die Buddhas den gleichen Urgrund haben. Gewinne die Gewissheit, dass Erscheinungsform und Leerheit untrennbar sind, indem du erkennst, dass zwischen den Phänomenen und dem Geist kein Unterschied besteht.

2. Was die Meditation angeht, die von Erfahrung geprägt ist, lasse deinen Geist sich weder nach außen wenden, noch konzen-

triere dich auf dein Inneres. Übe dich darin, ihn natürlich und frei, ohne Bezugspunkt zu belassen.

3. Was das Verhalten angeht, unterbrich nicht den Fluss der Erfahrung. Obgleich es nichts gibt, worüber zu meditieren wäre, übe dich darin, während du gehst, dich bewegst, liegst oder stehst, niemals auch nur einen Augenblick lang zerstreut zu sein.

Nun folgen die sieben allgemeinen Übungen:

1. Gib deinen Meister selbst dann nicht auf, wenn du erkannt hast, dass dein eigener Geist Buddha ist.

2. Gib gute Taten, die die bedingten Ursachen der Tugend sind, auch dann nicht auf, wenn du erkannt hast, dass Erscheinungsformen und Geist eins sind.

3. Hüte dich, auch wenn du die Höllen nicht fürchtest, vor der kleinsten schlechten Handlung.

4. Äußere dich nicht herablassend über irgendeine der Lehren, selbst wenn du frei geworden bist von der Hoffnung auf Erleuchtung.

5. Sei nicht eingebildet, prahle nicht, selbst wenn du höhere Samadhis erreicht hast.

6. Höre niemals auf, Mitgefühl für die Lebewesen zu empfinden, auch dann nicht, wenn du die Nicht-Zweiheit von dir und den anderen erkannt hast.

7. Übe deine Dharma-Praxis an abgeschiedenen Orten aus, auch wenn du erkannt hast, dass es keinen Dualismus gibt zwischen Samsara und Nirvana.

Yeshe Tsogyal fragte den Nirmanakaya-Meister: In welcher Weise gibt uns die geheime Zuflucht Schutz und welcher Gewinn ergibt sich aus ihr?

Padmakara erwiderte: Nachdem du zur Sicht Zuflucht genommen hast, bist du sowohl vor dem Glauben an etwas Unvergängliches, ewig Bestehendes, wie auch vor nihilistischen Anschauungen gefeit. Die Behinderung durch Anhaften und falsche Sichtweisen löst sich auf. Die Ansammlung der lichthaften Dharmata wird vollendet und die unerschöpflichen Siddhis von Körper, Rede und Geist werden erlangt.

Nachdem du zur Meditation Zuflucht genommen hast, wird sie durch die rechte Sicht geschützt. Die Behinderung durch tief verwurzeltes Anhaften und gewohnheitsbedingte Tendenzen löst sich auf. Die Ansammlung der nichtdualistischen Einheit wird vollendet und die Siddhis untrüglicher Gewissheit und der ursprünglichen Freiheit werden erlangt.

Nachdem du zum Verhalten Zuflucht genommen hast, bist du vor falschem Handeln und nihilistischer Einstellung gefeit. Die Hemmnisse der Heuchelei und Torheit lösen sich auf. Die Ansammlung der Fähigkeit, inmitten geschäftigen Treibens ohne Anhaften zu bleiben, wird vollendet und die Siddhi, jede Erfahrung für die spirituelle Verwirklichung nutzen zu können, wird erlangt.

Yeshe Tsogyal fragte den Meister: Worin besteht die tatsächliche Übung der geheimen Zuflucht?

Padmasambhava erwiderte: Die Sicht, in natürlicher Gelöstheit, sollte ohne Verlangen, Einseitigkeit und Begrenztheit sein.

Die Meditation sollte frei vom Glauben an eine reale Existenz der Dinge und ohne Bezugspunkte sein. Dies kann jedoch nicht mit Worten erklärt werden.

Bleibe ständig im ununterbrochenen Strom der Erfahrung, bei jeder Bewegung, im Gehen, Liegen oder Sitzen.

Glücks- und Hochgefühle, Erfahrungen von Leerheit, Klarheit und Glückseligkeit—all dies sind vorübergehende meditative Erfahrungen. Sie dürfen nie als etwas Besonderes angesehen werden.

Wenn dein Geist aufgewühlt ist, getrübt oder schläfrig, nutze diesen jeweiligen Zustand für die Übung. Nie solltest du das, was in dir aufsteigt, als schlecht oder als Fehler betrachten.

Yeshe Tsogyal fragte: Wie wird das Gelübde der geheimen Zuflucht abgelegt?

Padmasambhava erwiderte: Bringe dem Meister Niederwerfungen dar, umschreite ihn und opfere ihm Blumen. Setze dich dann mit gekreuzten Beinen nieder und lege, erfüllt von tiefem Mitgefühl, das Gelübde ab, Bodhicitta zu deinem eigenen Wohl und zu dem aller anderen Wesen zu entwickeln.

Richte den Blick in den Himmel, ohne die Augen zu bewegen, und verweile im reinen Gewahrsein—wach, klar, hell, alles durchdringend—, ohne Fixierung auf den, der beobachtet, und das zu Beobachtende. Dies ist die Sicht, die Gewissheit hat, die Meditation, die Erfahrung hat und das Verhalten, das von der Sicht begleitet wird. So sollte es gezeigt werden. Meditiere dann in der eben beschriebenen Weise.

Damit enden die Erläuterungen über die geheime Zuflucht.

Padmasambhava, der Nirmanakaya-Meister, sprach: Dies war meine Kernunterweisung, in der die Essenz der äußeren, inneren und geheimen Belehrungen, der höheren und niederen Sichtweisen, des Mantrayana-Fahrzeugs und des Fahrzeugs der Philosophie,[14] in der äußeren, inneren und geheimen Zuflucht zusammengefasst sind.

Wenn du dich an diese Belehrungen hältst, wirst du dich der Ausübung des Dharma zuwenden. Die Übung wird zum Weg werden und der Weg wird zur Frucht. Prinzessin von Kharchen, versteh, dass dem so ist.

Hiermit sind die Lehren darüber, wie das Zufluchtnehmen als spiritueller Weg genutzt wird, abgeschlossen.

SAMAYA

Siegel des Schatzes.
Siegel der Verborgenheit.
Siegel des Anvertrauens.

[14] Mantrayana ist ein Synonym für Vajrayana, das «Fahrzeug der Philosophie» bezieht sich auf Hinayana und Mahayana.

3. Der Erleuchtungsgeist

Die Lehren über das Erwecken von Bodhicitta als spiritueller Weg

Der erhabene Meister Padmasambhava ist eine Emanation des Buddha Amitabha. Er hat sich in den zahlreichen Lehren der Mahayana-Sutras geübt und liebt alle Lebewesen so, wie eine Mutter ihr einziges Kind liebt. Unaufhörlich zum Wohl der anderen handelnd, ist er der Fährmann, der die Wesen von Samsara ins Nirvana übersetzt. Er gewährt, ohne darum gebeten werden zu müssen, all jenen spirituelle Führung, die dieser bedürfen. Sein tiefes Mitgefühl macht ihn zum König der Bodhisattvas.

Als Guru Rinpoche sich in einer Höhle in Monkha, der Löwenfestung, aufhielt, erwachte in mir, Yeshe Tsogyal aus Kharchen, Bodhicitta, die uneigennützige Geisteshaltung, die auf das Erlangen höchster Erleuchtung ausgerichtet ist. Ich brachte dem erhabenen Meister ein kostbares Mandala dar und richtete diese dringliche Bitte an ihn: Emaho! Erhabener Meister, Ihr habt gelehrt, dass der Kern der Mahayana-Lehren darin besteht, sich in Bodhicitta zu üben, nachdem man allen Lebewesen gegenüber Liebe und Mitgefühl entwickelt hat. Da dem so ist, wie also sollten wir die Übung von Bodhicitta beginnen?

Der Meister erwiderte: Tsogyal, wenn du den Mahayana-Weg betrittst, ohne dich in Bodhicitta zu üben, wirst du bald auf die Ebene der niederen Fahrzeuge zurückfallen. Du musst deshalb ständig die Geisteshaltung pflegen und entwickeln, die auf das Erlangen der höchsten Erleuchtung ausgerichtet ist und dich um all die Übungen bemühen, die dem Wohl anderer Wesen dienen.

In den Sutras und Tantras des Mahayana finden sich zahlreiche und ausführliche Erläuterungen dazu. Im Einklang mit diesen Erläuterungen kann man die Bodhicitta-Übung in drei Abschnitte gliedern: die äußere, innere und die geheime Übung.

Die äußere Übung in Bodhicitta

Yeshe Tsogyal fragte: Was beinhaltet die äußere Übung in Bodhicitta?

Der Meister erwiderte: Die äußere Übung in Bodhicitta umfasst zwölf Punkte:

1. Die Essenz
2. Die verschiedenen Arten
3. Was ist Bodhicitta?
4. Welche Eigenschaften jemand besitzen sollte, der Bodhicitta entwickelt
5. Von wem das Bodhicitta-Gelübde zu nehmen ist
6. Die Zeremonie
7. Lohn der Übung
8. Warum man sich in Bodhicitta übt
9. Was für Nachteile es hat, Bodhicitta nicht zu entwickeln
10. Die Regeln
11. Ab wann ist das Gelübde wirksam und wann ist es gebrochen?
12. Mittel und Wege, ein übertretenes Gelübde zu erneuern

Daraufhin fragte Yeshe Tsogyal: Was bedeuten diese zwölf Punkte im einzelnen?

1. Die Essenz

Der Meister antwortete: Die Essenz der äußeren Übung in Bodhicitta ist der tiefe Wunsch nach der unübertrefflichen Erleuchtung und das Gelübde, sie zu erreichen, um alle Lebewesen aus Samsara befreien zu können.

2. Die verschiedenen Arten

In den Sutras gibt es viele verschiedene Unterteilungen; sie alle können jedoch unter Bodhicitta der Absicht und Bodhicitta der Anwendung zusammengefasst werden. Bodhicitta der Absicht ist der tiefe Wunsch, das Wohlergehen aller Lebewesen zu erreichen. Der Wunsch allein genügt jedoch nicht, man muss auch tatsächlich zum Wohl aller Lebewesen handeln.

Egoistischen Menschen mit Vorurteilen wird es schwerfallen, Bodhicitta zu entwickeln.

3. Was ist Bodhicitta?

Bodhicitta ist das Erwachen einer uneigennützigen, selbstlosen inneren Einstellung, die vorher nicht vorhanden war.

Diese Geisteshaltung wird nur in jemandem erwachen können, der die Ansammlungen gemehrt hat.

4. Welche Eigenschaften jemand besitzen sollte, der Bodhicitta entwickelt

Wer Bodhicitta entwickeln will, muss bestimmte Eigenschaften besitzen. Sein Streben darf nicht dem der Shravakas oder Pratyeka-Buddhas gleichen, sondern muss auf die Lehren des Mahayana ausgerichtet sein. Er sollte aufgeschlossen und intelligent sein und sich von Zweifeln befreit haben. Er muss zu einem Meister und zu den Drei Kostbarkeiten Zuflucht genommen haben und aller falschen oder niederen Lehren überdrüssig sein. Er sollte ein friedvolles und sanftes Wesen haben.

Das Volk von Tibet steht dem Dharma feindselig gegenüber, die Minister sinnen Böses, der König ist leichtgläubig; es gibt nur wenige, die geeignet sind, die Mahayana-Lehren zu empfangen.

Tsogyal, sei unvoreingenommen gegenüber Freund und Feind.

5. Von wem das Bodhicitta-Gelübde zu nehmen ist

Das Bodhicitta-Gelübde sollte von einem Meister empfangen werden, dessen Bestrebungen mit dem Mahayana in Einklang sind und dessen Geist von Liebe und Mitgefühl erfüllt ist. Er sollte ein Lehrer sein, der nie auch nur einen Augenblick lang zu seinem eigenen Vorteil handelt und er sollte die Regeln beachten, ohne sie jemals zu übertreten.

In diesem dunklen Zeitalter wird man Mara in die Hände fallen, wenn man nicht einem authentischen Meister folgt.

6. Die Zeremonie

Die Zeremonie für das Ablegen des Bodhicitta-Gelübdes ist folgende: Am fünfzehnten oder achtzehnten Tag des zunehmenden Mondes in einem glückverheißenden Monat und Jahr breite eine Fülle von Opfergaben vor den Drei Kostbarkeiten aus und erweise der Sangha deine Verehrung. Bringe der Yidam-Gottheit ein Ganachakra dar. Bringe den Dakinis, den Dharma-Schützern und den Geisterwesen der Elemente großzügige Torma-Opfer. Gib deinen Besitz als Almosen fort und häufe viel spirituelles Verdienst an.

Am Abend des gleichen Tages überreiche dem Meister deine Opfergaben für das Gewähren der Initiation und mehre dann voller Ehrfurcht die zwei Ansammlungen mittels der makellosen siebenteiligen Übung[15].

Deine üblen Taten solltest du so bekennen: Stelle dir die Silbe AH über dem Scheitel deines Kopfes vor. Mit Hilfe des Lichts, das von

[15] 1. Niederwerfung vor den Drei Kostbarkeiten, 2. Bekennen negativer Handlungen; 3. Darbringen von Opfergaben; 4. Sich Freuen an verdienstvollen Handlungen anderer; 5. Bitten, das Rad des Dharma in Bewegung zu setzen; 6. Bitten, nicht ins Nirvana einzugehen; 7. Allen Verdienst der Erleuchtung aller Lebewesen widmen.

ihr ausstrahlt, bringe alle Lebewesen zur Erleuchtung und Opfergaben zu allen edlen Wesen. Durch die Lichtstrahlen, die sich wieder im AH zurücksammeln, nimmst du den Nektar der Siddhis aller edlen Wesen in dich auf, der dann mit deinem Körper, deiner Rede und deinem Geist verschmilzt und alle unguten Taten und trübenden Schleier auslöscht. Während du dies visualisierst, rezitiere hundertundachtmal die Silbe AH.

Dann stelle dir vor, dass von der Silbe HUNG im Herzen der Weisheitsgottheit, die sich im Herzzentrum des Meisters befindet, Licht ausströmt, das mit deinem Körper, deiner Rede und deinem Geist verschmilzt und dadurch alle üblen Taten auslöscht. Rezitiere hundertundachtmal HUNG, während du dies visualisierst.

Das gesprochene Bekenntnis ist wie folgt: Denke an all die schlechten Taten, die du seit den anfangslosen Zeiten des Samsara angehäuft hast und sprich voller Reue dreimal:

> Vajra-Meister und Vidyadharas, hört mich an!
>
> Versammlung der Yidam-Gottheiten und Euer Gefolge der friedvollen und zornvollen Buddhas, hört mich an!
>
> Ihr Siegreichen der zehn Richtungen und Ihr Söhne der Sieger, hört mich an!
>
> Ihr Dakinis, die Ihr mit den Dharma-Schützern über die Lehren wacht, hört mich an!
>
> In Gegenwart derer, die der Verehrung würdig sind, bekenne ich, ..., voller Reue meine schlechten Taten, die ich in all meinen Leben seit anfangslosen Zeiten bis zum heutigen Tag dadurch angesammelt habe, dass ich, überwältigt von meiner irrigen Denkweise, untugendhaft und übel mit Körper, Rede und Geist gehandelt habe, andere zu solchem Verhalten angestiftet oder Vergnügen an ihren schlechten Taten empfunden habe.

Fasse den festen Vorsatz, fortan keine schlechten Taten mehr zu begehen, dann sprich dreimal die folgenden Worte:

> Vajra-Meister und Vidyadharas, hört mich an!
>
> Versammlung der Yidam-Gottheiten und Euer Gefolge der friedvollen und rasenden Buddhas, hört mich an!
>
> Ihr Siegreichen der zehn Richtungen und Ihr Söhne der Sieger, hört mich an!
>
> Ihr Dakinis, die Ihr mit den Dharma-Schützern über die Lehren wacht, hört mich an!
>
> So wie in vergangener Zeit die Tathagatas und ihre Söhne sich aufgrund ihrer vollkommenen Kenntnis der Pfade und Bhumis von aller Untugend und allen üblen Taten abgewandt haben, so will auch ich, ..., von diesem Augenblick an, bis ich die Essenz der Erleuchtung erlangt habe, mich von den aufgrund falscher Denkweise verübten schlechten Taten abkehren. Ich gelobe, sie fortan zu unterlassen.

Das tatsächliche Entwickeln von Bodhicitta

Als erstes gilt es für den Anfänger, das Bodhicitta der Absicht zu entwickeln.

Er sollte aus tiefstem Herzen den Wunsch in sich entstehen lassen: Ich werde die unübertreffliche Erleuchtung erlangen, um alle Lebewesen aus Samsara, dem Meer des Leidens, zu retten!

Dann wird dreimal folgendes Gebet wiederholt:

> Vajra-Meister und Vidyadharas, hört mich an!
>
> Versammlung der Yidam-Gottheiten und Euer Gefolge der friedvollen und rasenden Buddhas, hört mich an!
>
> Ihr Siegreichen der zehn Richtungen und Ihr Söhne der Sieger, hört mich an!

Ihr Dakinis, die Ihr mit den Dharma-Schützern über die Lehren wacht, hört mich an!

Alle Lebewesen betrachte ich als Mutter und Vater, als Brüder und Schwestern, als meine Söhne und Töchter oder als meine Lehrer und Freunde im Dharma. Mit dieser Einstellung will ich, ..., vom heutigen Tag an, bis ich die Essenz der Erleuchtung erlangt habe, die feste Absicht entwickeln, alle Lebewesen zu befreien, die noch nicht befreit worden sind; alle Lebewesen ans andere Ufer zu bringen, die es noch nicht erreicht haben; alle Lebewesen zu ermutigen, die der Ermutigung bedürfen; und alle Lebewesen, die das Leiden noch nicht überwunden haben, zur Erleuchtung der Buddhas, jenseits von Samsara und Nirvana, zu bringen[16].

Um als nächstes das Bodhicitta der Anwendung zu entwickeln, fasse ich diesen Vorsatz: Von diesem Augenblick an, bis Samsara ein Ende gefunden hat, werde ich mich auf jede nur mögliche Weise darum bemühen, das Wohlergehen anderer Lebewesen herbeizuführen, ohne mich einen Augenblick lang von diesem Ziel ablenken zu lassen.

Sprich dreimal die folgenden Worte:

Vajra-Meister und Vidyadharas, hört mich an!

Versammlung der Yidam-Gottheiten und Euer Gefolge der friedvollen und rasenden Buddhas, hört mich an!

Ihr Siegreichen der zehn Richtungen und Ihr Söhne der Sieger, hört mich an!

---

[16] D. h.: Die Lebewesen aus den drei niederen Daseinsbereichen befreien und sie zu einer Existenz führen, die es ihnen erlaubt, den Dharma zu praktizieren; den Lebewesen der drei höheren Daseinsbereiche helfen, den Ozean des Samsara zu überqueren und Befreiung zu erlangen; die zukünftigen Bodhisattvas mit dem Erlangen der Bhumi ermutigen.

> Ihr Dakinis, die Ihr mit den Dharma-Schützern über die Lehren wacht, hört mich an!
>
> Von diesem Augenblick an bis Samsara ein Ende gefunden hat, werde ich, ..., immer wieder aufs Neue den Vorsatz fassen, mich Schritt für Schritt in den sechs Paramitas und den vier Mitteln, Schüler zu sammeln, zu üben, sie anzuwenden und zu vervollkommnen. So wie die Buddhas und alle Bodhisattvas vergangener Zeiten, aufgrund ihrer vollkommenen Kenntnis der Pfade und Bhumis, mit den Haupt- und Nebengelübden betraut wurden, ebenso will ich mich darin üben, sie anwenden und vervollkommnen. Ich bitte Euch, seht mich von nun an als einen Bodhisattva an!

Danach spricht der Meister die Worte: «So sei es!» und der Schüler sagt: «Ich danke Euch.» Nachdem man dies zum dritten Mal wiederholt hat, hat man das Bodhicitta-Gelübde empfangen.

Damit von nun an die Reinheit des Bodhicitta-Gelübdes nicht beeinträchtigt wird, sollte der Meister seinen Schüler in den Regeln unterweisen, die zu beachten sind. Der Schüler überreicht ihm daraufhin ein Geschenk und führt die ausführliche Opferzeremonie der Danksagung aus.

Von diesem Zeitpunkt an ist es von allergrößter Bedeutung, beständig wie das Dahinströmen eines Flusses Bodhicitta in sich zu entwickeln und die Übungen in Bodhicitta auszuführen.

7. Lohn der Übung

Der Gewinn aus Bodhicitta, dieser uneigennützigen Geisteshaltung, ist: Erhaben über Shravakas und Pratyeka-Buddhas, gehörst du der Gemeinschaft des Mahayana an. Geistesgifte, üble Handlungen und Verdunkelungen werden von der Wurzel her ausgemerzt. Alle tugendhaften Handlungen, die du mit Körper, Rede und Geist ausführst, werden Ursachen für etwas Sinnvolles und eine unermessliche Ansammlung von Verdienst wird in dir entstehen.

Die Buddhas, Bodhisattvas und großen Schützer des Dharma werden stets über dich wachen. Alle Lebewesen werden deinen Anblick erfreulich finden und dich wie ihr eigenes Kind lieben. Niemals wirst du die Verbindung zu den Lehren des Mahayana verlieren.

Kurz, du wirst rasch die erhabenen Eigenschaften der Buddhaschaft erlangen und zur wahren und vollkommenen Erleuchtung erwachen. Der Gewinn, den die Übung in Bodhicitta mit sich bringt, ist unermesslich. Übe also beharrlich und ausdauernd!

8. Warum man sich in Bodhicitta übt

Es könnte doch genügen, für sich allein Befreiung zu erlangen. Warum denn alle anderen Lebewesen aus Samsara befreien? Weil alle Wesen irgendwann einmal deine Eltern waren, bist du ihnen unermesslich viel Dank schuldig. Um ihnen ihre Güte entgelten zu können, musst du dich in Bodhicitta üben.

Deine Eltern zeigten dir insofern Güte, als sie die Grundlage deines Lebens und deines Körpers geschaffen haben; du wurdest von frühester Kindheit an mit der besten Nahrung aufgezogen. Deinetwegen haben sie alle möglichen Anstrengungen und Schwierigkeiten auf sich genommen, dich höher geschätzt als sich selbst, dich sogar wichtiger genommen als ihr eigenes Herz.

Sie haben dich mit Besitz und Güte ausgestattet, dich erzogen, dich mit dem erhabenen Dharma in Berührung gebracht und so fort. Da du dies alles der unermesslichen Herzensgüte der Eltern verdankst, musst du sie aus Samsara befreien. Alle Lebewesen tragen die Essenz der Erleuchtung, die Buddha-Natur in sich. Du bist also mit ihnen verbunden und musst sie auch von daher aus Samsara befreien.

Tsogyal, wenn du Glück nur für dich allein erstrebst, gibt es keine Möglichkeit, vollkommene Buddhaschaft zu erlangen.

9. Was für Nachteile es hat, Bodhicitta nicht zu entwickeln

Die Mängel, die sich daraus ergeben, nicht Bodhicitta zu üben, sind folgende: Zunächst wirst du auf die Ebene der Shravakas und

Pratyeka-Buddhas zurückfallen und folglich entstehen Hindernisse für das Erlangen der großen Erleuchtung. Alle deine Handlungen verlieren ihren Sinn und Wert.

Das Verdienst, das du in der Vergangenheit angesammelt hattest, erschöpft sich. Du wirst fortwährend von Geisterwesen belästigt. Andere Menschen zeigen sich dir gegenüber feindselig und lehnen dich ab. Kurz, deine Wünsche finden keine Erfüllung. So ergeben sich also zahllose Nachteile und Mängel.

Tsogyal, wie unsinnig ist es zu erwarten, dem Mahayana anzugehören, ohne Bodhicitta zu üben!

10. Die Regeln

Es gibt zwei Arten von Regeln, die zu beachten sind. Was das Bodhicitta der Absicht betrifft, gilt: Du musst dich immer wieder mit dem Vorsatz, die Lebewesen niemals im Stich zu lassen, in Bodhicitta üben.

Das Bodhicitta der Absicht ist verletzt:

– wenn du, mit der Absicht, ein anderes Lebewesen aus deinem Bodhicitta auszuschließen, zornig wirst oder jemanden schlägst und danach einen ganzen Tag verstreichen lässt, ohne das Gegenmittel anzuwenden;

– wenn du die Absicht hegst, deinen Meister, Lehrer, Vajra-Freunde oder andere verehrungswürdige Personen zu täuschen, dies in die Tat umsetzt und danach einen ganzen Tag verstreichen lässt, ohne das Gegenmittel anzuwenden;

– wenn du jemanden veranlasst, etwas zu bereuen, was die Wurzel von Verdienst ist und somit Anlass zu Freude und nicht zu Bedauern. Das ist der Fall, wenn du mit der Absicht, jemanden dazu zu bringen, sein Verhalten zu bedauern, sagst: «Es gibt viel Besseres als das! Was du getan hast, ist nichts Besonderes!»;

– wenn du etwas aus Ärger äußerst und einen Bodhisattva, jemanden, der Bodhicitta entwickelt hat, kritisierst;

– wenn du mitleidlos ein Lebewesen täuschst und betrügst.

Begehst du eine dieser Taten und lässt einen Tag verstreichen, ohne der Tat durch das entsprechende Mittel entgegenzuwirken, werden daraus die sogenannten fünf abartigen Handlungen. Kehre dich von ihnen ab, denn sie sind Ursache dafür, das Bodhicitta-Gelübde der Absicht zu verlieren.

Tsogyal, wenn du gelobst, viele Regeln zu beachten, sie dann aber brichst, kann das dein Untergang sein.

An fünf Dinge solltest du dich halten:

1. Als Gegenmittel gegen das Auslassen deines Ärgers an anderen oder das Schlagen anderer verhalte dich stets sanft und friedfertig und versuche, anderen zu helfen.
2. Als Gegenmittel gegen das Täuschen von Menschen, die der Verehrung würdig sind, sei gewissenhaft und lüge niemals, nicht einmal um den Preis deines Lebens.
3. Als ein Mittel dagegen, jemanden zu veranlassen, etwas zu bedauern, was nicht zu bedauern ist, festige alle Wesen in der Tugend, die zur vollkommenen Erleuchtung der Buddhas führt.
4. Als ein Mittel dagegen, andere aus Ärger zu kritisieren, lobe alle, die dem Weg des Mahayana folgen und betrachte sie als deine Lehrer.
5. Als ein Gegenmittel gegen das Betrügen anderer nimm deinen Geist zum Zeugen und folge mit reinen Absichten denen, die innere Beständigkeit haben.

Befolge dies und du wirst trotz der Nachteile, die sich dir in der Wiedergeburt als Frau entgegenstellen, zum Halter der Lehren Shakyamunis werden.

Was die Regeln für das Bodhicitta der Anwendung betrifft, so werde ich sie in drei Abschnitten erläutern:

1. Die zehn untugendhaften Handlungen, die zu meiden sind;
2. Die zehn tugendhaften Handlungen, die als Gegenmittel wirken;
3. Die zehn Paramitas, die es anzuwenden gilt.

1. *Die zehn untugendhaften Handlungen*

Die ersten drei werden mit dem Körper begangen: Töten; Nehmen, was einem nicht gegeben wurde; ungebührliches sexuelles Verhalten.

TÖTEN

Töten bedeutet, den Lebensfluss eines Wesens zu unterbrechen. Man unterscheidet drei verschiedene Arten, je nachdem, welches Geistesgift den Akt des Tötens motiviert:

– Töten, das durch Begierde motiviert wird, heißt Tiere schlachten, weil man ihr Fleisch, ihr Fell und so weiter begehrt.

– Töten, das durch Hass motiviert wird, heißt zum Beispiel jemanden in bösartiger Absicht ermorden.

– Aus Unwissenheit töten heißt ohne Absicht töten, wie zum Beispiel ein Kind einen Vogel tötet oder man versehentlich auf eine Ameise tritt.

Wesen, die im Bann der drei Geistesgifte sind, können nicht glücklich werden.

Der Akt des Tötens ist vollgültig, wenn ihn die folgenden vier Merkmale kennzeichnen:

– die Absicht: «Ich werde diese üble Tat begehen!»
– die Vorbereitung, die zielstrebig durchgeführt wird;
– der tatsächliche Akt des Tötens, der bewusst erlebt wird;
– die Befriedigung nach der Tat, ohne Reue darüber zu fühlen.

Die Auswirkung des Aktes des Tötens äußert sich in dreifacher Weise:

– Die heranreifende Wirkung: Die Wirkung, die durch Töten aus Begierde heranreift, ist meist Wiedergeburt als Hungriger Geist. Töten aus Hass bewirkt Wiedergeburt als Höllenwesen und Töten aus Unwissenheit meist eine Wiedergeburt als Tier.

– Die prägende Wirkung: Selbst wenn du eine Wiedergeburt als Mensch erlangst, wird dein Leben—auf Grund der früher begangenen üblen Tat—von kurzer Dauer und von vielen Krankheiten begleitet sein.

– Die der Ursache entsprechende Wirkung: Da du diese Neigung einmal gebildet hast, wirst du weiterhin Gefallen am Akt des Tötens finden.

Tsogyal, aus diesen Gründen sollte man diese Taten nicht begehen. In den Sutras wird gelehrt, dass—vorausgesetzt man bemüht sich, solches Handeln zu unterlassen—die heranreifende Wirkung, die prägende Wirkung und die der Ursache entsprechende Wirkung abgewandelt werden können. Dann wird man die Fülle des Glücks der Menschen- und Götterwelt erlangen.

Nehmen, was nicht gegeben wurde

Die zweite untugendhafte Handlung, die mit dem Körper verübt wird, bedeutet im Wesentlichen, sich den Besitz anderer Menschen anzueignen.

Es beinhaltet beispielsweise gewaltsamen Raub bei hellem Tage, heimlichen Gelegenheitsdiebstahl oder Betrug, zum Beispiel mittels falscher Gewichte und Maßeinheiten.

Tsogyal, Menschen, die ihre Gier nicht aufgeben, können nicht glücklich werden.

Wie zuvor ist auch hier der Akt vollgültig, wenn ihn vier Merkmale kennzeichnen und auch hier äußert sich die Wirkung in dreifacher Weise:

– Die Wirkung, die durch diese Handlungen heranreift, ist—je nachdem, welches Ausmaß die Tat hatte—der Sturz in einen der drei niederen Daseinsbereiche, besonders aber in jenen der Hungrigen Geister.

– Die prägende Wirkung äußert sich darin, dass du—selbst wenn du eine Wiedergeburt als Mensch erlangst—nur über wenig Hab und Gut verfügen und oft Räubern und Dieben zum Opfer fallen wirst.

– Die der Ursache entsprechende Wirkung besteht darin, dass du—wenn du einmal diese unheilsamen Neigungen im Allurgrund gespeichert hast—auch in zukünftigen Leben Gefallen daran finden wirst zu nehmen, was nicht dir gegeben wurde.

Tsogyal, wenn du dieses Verhalten aufgibst, wird das Gegenteil dieser drei Auswirkungen eintreten. Du wirst Wiedergeburt in den Bereichen der Götter oder Menschen erlangen, über großen Reichtum verfügen und so fort.

Ungebührliches sexuelles Verhalten

Die dritte untugendhafte Handlung, die mit dem Körper begangen wird, ist Geschlechtsverkehr mit jemandem, ohne das Recht dazu zu haben.

Es ist ungebührlich für den Untertan, mit jemandem, dem es durch den König untersagt ist, Verkehr zu haben, zum Beispiel mit der Königin.

Es ist ungebührlich, mit jemandem, dem es das Gesetz verbietet, Verkehr zu haben.

In Indien ist es ungebührlich, Verkehr mit jemandem zu haben, der unter der Vormundschaft der Eltern steht, denn wer noch keinen eigenen Hausstand hat, untersteht dem Schutz der Eltern.

Es ist ungebührlich, mit jemandem Verkehr zu haben, wenn es den Grundsätzen einer zivilisierten Gesellschaft zuwiderläuft—also Geschlechtsverkehr mit Mutter, Vater, Geschwistern oder anderen, mit denen er schändlich wäre.

Es ist ungebührlich, mit jemandem Verkehr zu haben, der in der Obhut des erhabenen Dharma steht, zum Beispiel mit der Gefährtin des Guru oder einem Ordinierten.

Lüsterne Menschen treten nicht in den Weg zur Befreiung ein. Tsogyal, wende die Gegenmittel an!

Es gibt außerdem Umstände, in denen es selbst mit dem rechtmäßigen Partner unpassend ist, Verkehr zu haben:

– ungeeignete Tage, zum Beispiel am Vollmond, Neumond oder am achten Tag des Mondmonats;

– ungeeignete Orte, zum Beispiel dort, wo sich ein Schrein der Drei Kostbarkeiten befindet;

– ungeeignete Körperöffnungen, zum Beispiel bei einem Geschlechtsverkehr, dessen Stellung dem der Tiere ähnelt.

Tsogyal, im Allgemeinen bleiben Menschen, die das weltliche Leben nicht aufgeben, in Maras Kerker gefangen.

Wie zuvor ist der Akt vollgültig, wenn ihn vier Merkmale kennzeichnen und wiederum gibt es drei verschiedene Wirkungen:

– Die heranreifende Wirkung ist Wiedergeburt in den drei niederen Daseinsbereichen. Selbst wenn du in den höheren Daseinsbereichen geboren werden solltest, wirst du zum Beispiel viel mit deinem Partner streiten.

– Die prägende Wirkung äußert sich darin, dass in zukünftigen Leben deine Partner und die Menschen, die für dich arbeiten, sich dir gegenüber gleichgültig und auf vielfache Weise undankbar zeigen.

– Die der Ursache entsprechende Wirkung besteht darin, dass dieses Verhalten zu einer unheilsamen gewohnheitsbedingten Tendenz wird und du fortan Gefallen an ungebührlichem sexuellem Verhalten finden wirst.

Tsogyal, wenn man diese Handlungen unterlässt, wird man das Gegenteil dieser Wirkungen erzielen. Es ist daher wichtig, sie zu meiden.

Nun zu den untugendhaften Handlungen, die mit der Rede begangen werden.

Lügen

Das Wesen des Lügens ist, etwas als wahr hinzustellen, was nicht wahr ist.

Man unterscheidet zwischen:

– Lügen, die weder Nutzen noch Schaden bringen, wie zum Beispiel die eines Greises, der an Altersschwachsinn leidet.

– Lügen, die Nutzen und Schaden bringen, zum Beispiel eine Lüge, die dem einen hilft, während sie dem anderen schadet.

– «Die Lüge, übermenschliche Fähigkeiten zu besitzen», was bedeutet zu behaupten, über höhere Wahrnehmung zu verfügen, obwohl dies nicht zutrifft.

Tsogyal, vermeide unbedachte Worte.

Wie zuvor ist der Akt vollgültig, wenn vier Merkmale auf ihn zutreffen. Es ergeben sich wiederum drei verschiedene Wirkungen:

– Die heranreifende Wirkung ist der Fall in die niederen Daseinsbereiche.

– Die prägende Wirkung besteht darin, dass deine Worte kraft- und wirkungslos sind, wenn du als Mensch wiedergeboren werden solltest.

– Die der Ursache entsprechende Wirkung äußert sich darin, dass du auch in zukünftigen Leben Gefallen daran finden wirst zu lügen.

Tsogyal, wenn du diese Handlungen unterlässt, wirst du das Gegenteil dieser drei Wirkungen erzielen. Es ist daher wichtig, sie nicht zu begehen.

Zwietracht säen

Die zweite untugendhafte Handlung, die mit der Rede begangen wird, besteht darin, Freunde durch Zwist verursachendes Gerede zu entzweien.

Man unterscheidet folgende Arten:

– Zwietracht säende Worte, die man offen jemandem ins Gesicht spricht.

– Indirekt Zwietracht säende Worte, die in Andeutungen und Umschreibungen gekleidet sind.

– Verstohlen Zwietracht säende Worte, die jeweils nur zu einer Person gesprochen werden.

Tsogyal, wer seine Zunge nicht zähmen kann, wird nicht glücklich werden.

Wie zuvor ist der Akt vollgültig, wenn vier Merkmale auf ihn zutreffen. Es ergeben sich wiederum drei verschiedene Wirkungen:

– Die heranreifende Wirkung ist der Sturz in die drei niederen Daseinsbereiche.

– Die prägende Wirkung: Wenn du Wiedergeburt als Mensch erlangen solltest, wirst du wenig Freunde und viel Streit und Auseinandersetzungen haben. Du wirst oft verklagt werden, unbeliebt sein und deine Worte werden wirkungslos sein.

– Die der Ursache entsprechende Wirkung: Auch in deinen späteren Leben wirst du wieder Gefallen daran finden zu intrigieren.

Tsogyal, wenn du diese Handlungen unterlässt, wirst du das Gegenteil dieser Auswirkungen erzielen. Daher ist es wichtig, sie aufzugeben.

Unnützes Geschwätz

Die dritte untugendhafte Handlung besteht darin, Zeit mit nutzlosem Gerede zu vergeuden. Es gibt folgende Arten:

- schamanische Beschwörungen;
- Geschichtenerzählen und Wortspiele;
- albernes Geschwätz.

Wie zuvor ist der Akt vollgültig, wenn vier Merkmale auf ihn zutreffen und es ergeben sich drei verschiedene Wirkungen:

– Die heranreifende Wirkung ist der Sturz in die niederen Daseinsbereiche.

– Die prägende Wirkung: Selbst wenn du Wiedergeburt als Mensch erlangst, wird es deinen Worten an Autorität mangeln und deine Rede wird unzusammenhängend sein und wenig Sinn machen.

– Die der Ursache entsprechende Wirkung: Auch in deinen späteren Leben wirst du wieder Gefallen an nutzlosem Geschwätz finden.

Tsogyal, wenn du dieses Verhalten aufgibst, wirst du das Gegenteil dieser Auswirkungen erzielen; du solltest deshalb kein Vergnügen an sinnlosem Geschwätz haben!

Verletzende Worte

Unter der vierten untugendhaften Handlung, die mit der Rede begangen wird, sind Worte zu verstehen, die einem anderen wehtun.

Man unterscheidet folgende Arten:

- die Fehler eines anderen öffentlich bloßlegen;

– jemanden auf indirekte Weise verletzen;

– etwas in kleinem Kreis äußern, das einen anderen treffen wird.

Tsogyal, das Feuer verletzender Worte verbrennt sowohl dein eigenes Herz wie das der anderen. Mit der Waffe verletzender Worte tötet man die Lebenskraft der Befreiung.

Wie zuvor ist der Akt vollgültig, wenn ihn vier Merkmale kennzeichnen und wiederum hat er drei verschiedene Wirkungen zur Folge:

– Die heranreifende Wirkung ist der Fall in die niederen Daseinsbereiche.

– Die prägende Wirkung: Selbst wenn du eine Wiedergeburt als Mensch erlangen solltest, werden deine Worte stets als beleidigend empfunden und ein Ärgernis sein.

– Die der Ursache entsprechende Wirkung: Auch in deinen späteren Leben wirst du wieder Gefallen daran finden, verletzende Worte zu äußern.

Tsogyal, wenn du dieses Verhalten aufgibst, wirst du das Gegenteil dieser Auswirkungen erzielen.

Die Wesen des dunklen Zeitalters können nicht glücklich werden.

Als drittes folgen nun die drei Laster des Geistes.

Habsucht

Die erste dieser untugendhaften Handlungen ist das Begehren schöner, erstrebenswerter Dinge.

Man unterscheidet folgende Arten:

– das, was man besitzt, nicht mit anderen teilen zu wollen;

– das begehren, was andere besitzen;

– das Begehren schöner, erstrebenswerter Dinge, die niemandem gehören.

Tsogyal, sehne dich nicht nach materiellem Besitz. Dharma-Praktizierende, die nicht um Vergänglichkeit wissen, können nicht glücklich werden.

Wie zuvor ist der Akt vollgültig, wenn ihn vier Merkmale kennzeichnen. Die Wirkung ist wieder dreifach:

– Die heranreifende Wirkung ist der Sturz in die niederen Daseinsbereiche.

– Die prägende Wirkung: Selbst wenn du eine Wiedergeburt als Mensch erlangen solltest, wirst du stets in einer unangenehmen Umgebung leben, wo man unter Hunger und Durst leidet.

– Die der Ursache entsprechende Wirkung: In deinen späteren Leben wirst du wieder einen Hang zur Habsucht haben.

Tsogyal, es ist deshalb unbedingt notwendig, diese Einstellung aufzugeben.

Boshaftigkeit

Die zweite untugendhafte Handlung des Geistes besteht im Wesentlichen darin, eine feindselige Einstellung zu haben.

Es gibt folgende Arten:

- Boshaftigkeit aus Hass;
- Boshaftigkeit aus Groll;
- Boshaftigkeit aus Eifersucht.

Tsogyal, verübe keine geistige Handlung, die dir wehtut und anderen schadet.

Wie zuvor ist der Akt vollgültig, wenn die vier Merkmale auf ihn zutreffen. Er hat drei verschiedene Wirkungen zur Folge:

– Die heranreifende Wirkung ist der Sturz in die niederen Daseinsbereiche.

– Die prägende Wirkung: Selbst wenn du eine Wiedergeburt als Mensch erlangen solltest, werden andere sich dir gegenüber ohne Grund ablehnend verhalten; es werden Klagen gegen dich erhoben und du wirst ständig mit Feindschaft konfrontiert sein.

– Die der Ursache entsprechende Wirkung: Du wirst eine zunehmend bösartige Geisteshaltung entwickeln.

Tsogyal, wenn du Boshaftigkeit nicht überwindest, kannst du weder die Hinayana- noch die Mahayana-Lehren ausüben.

Falsche Sichtweise

Die dritte untugendhafte Handlung des Geistes besteht darin, die Wirklichkeit zu entstellen, indem ihr etwas hinzugefügt oder ihr etwas abgesprochen wird.

Es gibt drei Arten:

– Der Glaube an etwas Unvergängliches, ewig Bestehendes, oder nihilistische Anschauungen, die mit der buddhistischen Sicht unvereinbar sind.

– Rituale für das Wichtigste zu halten, wie zum Beispiel in der «Askese von Hunden und Hühnern».[17]

– Der Glaube an die «vergängliche Anhäufung»[18].

Tsogyal, nur wenige Menschen können den Unterschied zwischen Dharma und dem, was nicht Dharma ist, erkennen. Wie zuvor ist der Akt vollgültig, wenn ihn vier Merkmale kennzeichnen und es ergeben sich auch hier wieder drei verschiedene Wirkungen:

– Die heranreifende Wirkung ist der Sturz in die niederen Daseinsbereiche.

– Die prägende Wirkung: Selbst wenn du ein Leben als Mensch erlangst, wirst du unter barbarischen Stämmen in den Grenzbereichen geboren werden, wo man nicht einmal die Namen der Drei Kostbarkeiten kennt.

– Die der Ursache entsprechende Wirkung: Die Tendenzen, falsche Sichtweisen zu vertreten, werden sich im Allurgrund verdichten und du wirst fortan falsche Anschauungen anziehend finden.

Alle edlen Menschen ächten die zehn untugendhaften Handlungen. Wer gelehrt und klug ist entsagt ihnen. Auch die Wesen, deren Ziel es ist, die Reichtümer und die Pracht der Götter- und Menschenwelt

---

[17] Ein hinduistisches Lehrsystem, in dem behauptet wird, man könne Erleuchtung erlangen, indem man das Verhalten von Tieren nachahmt.

[18] Die falsche Anschauung, dass ein Ego oder ein Selbst eine eigenständige, ihm innewohnende Existenz innerhalb der Kontinuität der fünf Aggregate (Anhäufungen) besitzt.

zu erlangen, begehen sie nicht. Tsogyal, kehre auch du dich von ihnen ab!

Viele können das Gute nicht vom Bösen unterscheiden. Wer jedoch dazu imstande ist, hat den Weg des Dharma betreten. Wenn man untugendhaft handelt, obgleich man das Gesetz von Ursache und Wirkung kennt, unterscheidet man sich kaum von einem Tier.

Yeshe Tsogyal fragte: Welche Wirkung ergibt sich aus dem Unterlassen dieser Taten?

Der Meister erwiderte: Die heranreifende Wirkung wird eine Wiedergeburt unter den Menschen oder Göttern sein. Deine Stimme wird melodisch sein wie die von Brahma; dein Körper wird, wie der des Indra, schöner als alle anderen sein; du wirst wie ein Weltenherrscher über großen Reichtum verfügen.

Die prägende Wirkung besteht darin, dass du gelehrt und intelligent sein, auf die Lehren des Buddha-Dharma treffen und schließlich die drei Ebenen der Erleuchtung erlangen wirst.

Die der Ursache entsprechende Wirkung äußert sich darin, dass du dich in all deinen späteren Leben ebenfalls bemühen wirst, die zehn untugendhaften Handlungen zu meiden.

Yeshe Tsogyal fragte: Gibt es, was die zehn untugendhaften Handlungen betrifft, Unterschiede im Schweregrad des Übels?

Der Meister erwiderte: Ja, es gibt diese Unterschiede. Sie ergeben sich ganz allgemein aus den verschiedenen Geistesgiften, die der Tat zugrunde liegen:

– Werden die zehn untugendhaften Handlungen aus Hass verübt, führt dies zu einer Wiedergeburt in den Höllenbereichen.

– Werden die zehn untugendhaften Handlungen aus Begierde verübt, führt dies zur Wiedergeburt als Hungriger Geist.

– Werden die zehn untugendhaften Handlungen aus Unwissenheit verübt, führt dies zur Wiedergeburt als Tier.

Ferner ergeben sich Unterschiede daraus, gegen wen die Tat gerichtet ist:

– Richtet sie sich gegen etwas Heiliges, führt dies zur Wiedergeburt in den Höllenbereichen.

– Richtet sie sich gegen etwas Gewöhnliches, führt dies zur Wiedergeburt als Hungriger Geist.

– Richtet sie sich gegen etwas Niederes, führt dies zur Wiedergeburt als Tier.

Im Einzelnen gilt:

– Die schlimmste Form des Tötens ist der Mord an einem Bodhisattva, an einem Wesen, das Bodhicitta entwickelt hat.

– Die schlimmste Form des Stehlens ist, das zu entwenden, was den Drei Kostbarkeiten gestiftet wurde.

– Die schlimmste Form der sexuellen Verfehlung ist erzwungener Geschlechtsverkehr mit einem Arhat.

– Die schlimmste Form des Lügens ist, einen spirituellen Meister oder ein ehrwürdiges Mitglied der Sangha zu täuschen.

– Die schlimmste Form des Zwietrachtsäens ist, ein Schisma, eine Spaltung der Sangha hervorzurufen.

– Die schlimmste Form verletzender Rede ist, in unschöner Weise zu Mitgliedern der Sangha zu sprechen.

– Die schlimmste Form des unnützen Geschwätzes ist, einen Mönch oder jemanden, der über das Wesen der Nicht-Zweiheit meditiert, zu stören.

– Die schlimmste Form der Habsucht ist, gierig nach dem den Drei Kostbarkeiten gestifteten Besitz zu schielen.

– Die schlimmste Form von Boshaftigkeit ist, das Begehen der «fünf Freveltaten mit sofortigen Folgen» zu planen.

– Die schlimmste Form der falschen Sicht besteht darin, den wahren Sinn gering zu schätzen.

Tsogyal, du darfst, selbst um den Preis deines Lebens, keine dieser Handlungen begehen!

Die zehn untugendhaften Handlungen unterscheiden sich außerdem in folgender Hinsicht:

– Töten, Zwietracht säen, verletzende Worte und Boshaftigkeit führen zur Wiedergeburt als Höllenwesen.

– Ungebührliches sexuelles Verhalten, Stehlen und Habsucht führen zur Wiedergeburt als Hungriger Geist.

– Lügen, unnützes Geschwätz und falsche Sicht führen zur Wiedergeburt als Tier.

2. Die zehn tugendhaften Handlungen

Yeshe Tsogyal fragte den Meister: Wie sollten wir die zehn tugendhaften Handlungen, die als Gegenmittel angewandt werden, praktizieren?

Der Meister antwortete ihr: Die zehn tugendhaften Handlungen kann man unter vier Gesichtspunkten sehen:

1. Die Essenz der tugendhaften Handlungen ist jenes makellose Verhalten mit Körper, Rede und Geist, das zum wahrhaft Hohen[19] führt.

2. Was sind tugendhafte Handlungen? Sie sind Verhaltensweisen, die—von jemandem, der die notwendigen Freiheiten und Vorteile besitzt, in rechter Weise angewandt—zum erwünschten Glück führen.

3. Die verschiedenen Arten der tugendhaften Handlungen sind das Gegenteil der zehn untugendhaften Handlungen, nämlich: Leben retten; überragende Großzügigkeit zeigen; ein reiner Lebenswandel; die Wahrheit sprechen; Zerstrittene versöhnen; sanft und maßvoll reden; Sinnvolles sagen; freundlich zu allen Wesen sein; frei von Anhaften bleiben; keinen Zweifel am Gesetz von Ursache und Wirkung und am wahren, endgültigen Sinn haben.

4. Zehn Stützen, die dir helfen, die tugendhaften Handlungen in deinem Bewusstseinskontinuum zu verankern: Vertrauen in die wahre Lehre; Selbstachtung und ein reines Gewissen wahren; Glücksspiel und Gezänk meiden; sich von geschäftigem Markttreiben fernhalten; stets gewissenhaft handeln; Trägheit abstreifen; sich nicht mit skrupellosen Menschen anfreunden; Körper, Rede und Geist zum gefügigen Werkzeug machen; die Meditation üben, die

[19] «Wahrhaft Hohes» bezieht sich auf eine Wiedergeburt in den drei höheren Daseinsbereichen Samsaras, d.h. die der Menschen, Halbgötter und Götter.

zur Verwirklichung der vier Sphären der Welt ohne Form führt; und insbesondere den Geist auf den Weg der edlen Wesen ausrichten.

Tsogyal, wenn du dich so verhältst, gibt es keinen Zweifel, dass du als Frucht das wahrhaft Hohe erlangen wirst.

3. Die zehn Paramitas

Die Erklärungen zu den zehn Paramitas gliedern sich in fünf Abschnitte:

1. Im Wesentlichen sind die zehn Paramitas das, was den Weg ausmacht, der zur unübertrefflichen Erleuchtung führt.

2. Als *Paramita* wird bezeichnet, was die Ursachen dafür schafft, das andere Ufer *(param)* des samsarischen Ozeans, das große Nirvana, zu erreichen *(ita).*

3. Ihre Aufgabe ist, die zwei Ansammlungen zu vervollkommnen und das Wohlergehen aller Lebewesen zu bewirken.

4. Es gibt zwei Gliederungen: Die erste ist die Unterteilung in die sechs Paramitas der Freigebigkeit, Disziplin, Geduld, Tatkraft, Meditation und Weisheit.

Die Untergliederung bezieht sich auf die einzelnen Paramitas und ist dreifach:

– Die drei Arten der Freigebigkeit sind: das Geben von Dharma-Belehrungen; das Geben von materiellen Gütern; jemandem Schutz gewähren, der in Angst ist.

– Die drei Formen der ethischen Disziplin sind: die Disziplin, die darin besteht, schlechte Taten zu unterlassen; die Disziplin, tugendhafte Eigenschaften zu mehren; die Disziplin, anderen Lebewesen zu helfen. Anders ausgedrückt: Die drei Formen der Disziplin werden dadurch geübt, dass die zehn untugendhaften Handlungen vermieden, die sechs Paramitas ausgeübt und die vier Mittel, Schüler um sich zu sammeln, angewandt werden.

– Die drei Arten der Geduld sind: Nachdem man Samsara entsagt hat, alle Leiden mit Gleichmut zu ertragen; Entbehrungen auf sich zu nehmen, um anderen von Nutzen zu sein; Vertrauen in den Dharma aufrechtzuerhalten, was bedeutet, seine Angst vor dem tiefgründigen, wahren Sinn zu überwinden.

– Die drei Formen der Tatkraft sind: die Tatkraft, die Mahayana-Lehren anzuwenden; die Tatkraft, die einer Rüstung gleicht, welche die Widrigkeiten abwehrt; unnachgiebige Tatkraft, um die Buddhaschaft der vollkommenen Allwissenheit zu erlangen.

– Die drei Formen der Meditation sind: Meditation, die auf den weltlichen spirituellen Pfad gerichtet ist; Meditation, die auf den überweltlichen spirituellen Pfad gerichtet ist; Meditation, die beides umfasst.

– Die drei Formen der höchsten Weisheit sind: die Weisheit, die erkennt, dass bedingte, relative Dinge die Grenzen dualistischer Vorstellungen transzendieren; die Weisheit, die erkennt, dass die wahre, absolute Natur der Dinge die Grenzen dualistischer Vorstellungen transzendiert; die Weisheit, die erkennt, dass alle Phänomene Dualismus, Worte, Gedanken und Benennung transzendieren.

Wisse, dass in diesen sechs Paramitas die nächsten vier bereits in vollkommener Weise enthalten sind, denn:

– Geiz und Armut mit Hilfe der Freigebigkeit überwinden, die keine Belohnung erwartet, gilt als Paramita der Stärke.

– Geben und dabei frei von den Absichten gewöhnlicher Menschen und des Hinayana sein gilt als Paramita der geeigneten Mittel und Wege.

– Geben mit dem Wunsch: «Möge meine Armut und die aller Wesen ein Ende finden!» gilt als Paramita des Wunsches.

– Geben und dabei die drei Kreise[20] vollkommen rein von dualistischen Vorstellungen halten gilt als Paramita der ursprünglichen Weisheit.

---

[20] Die dualistische Vorstellung von Subjekt, Objekt und Tat.

Untugendhaftes Handeln dadurch überwinden, dass man die Disziplin übt, auf die Früchte des Samsara zu verzichten, ist die Paramita der Stärke.

Die Gelübde halten, ohne sich von den acht weltlichen Anliegen beeinflussen zu lassen, ist die Paramita der geeigneten Mittel und Wege.

Zu wünschen: «Möge das zerstörerische Verhalten der Lebewesen ein Ende finden!», statt für sich allein das angenehme Dasein der Götter und Menschen zu ersehnen, ist die Paramita des Wunsches.

All dies ohne dualistische Vorstellungen in Bezug auf die drei Kreise üben ist die Paramita der ursprünglichen Weisheit.

Hass überwinden, indem man sich ohne Vorurteil allen Wesen gegenüber gleich verhält, ist die Paramita der Stärke.

Nicht heuchlerisch oder scheinheilig sein, um weltliche Interessen durchzusetzen, ist die Paramita der geeigneten Mittel und Wege.

Zu wünschen: «Möge niemand mehr durch Hässlichkeit verunstaltet werden!», anstatt für sich allein Wiedergeburt in einem schönen Körper der Götter- oder Menschenwelt zu begehren, ist die Paramita des Wunsches.

All dies ohne dualistische Vorstellungen in Bezug auf die drei Sphären üben ist die Paramita der ursprünglichen Weisheit.

Trägheit überwinden, indem man sich stets Fehler und Qualitäten vor Augen führt, ist die Paramita der Stärke.

Unbeeinflusst von den acht weltlichen Anliegen zu bleiben, wie etwa der Hoffnung, von anderen bewundert zu werden, ist die Paramita der geeigneten Mittel und Wege.

Zu wünschen: «Mögen alle Wesen ihre Trägheit überwinden und voller Eifer dem wahren Weg folgen!» ist die Paramita des Wunsches.

All dies ohne dualistische Vorstellungen in bezog auf die drei Kreise üben ist die Paramita der ursprünglichen Weisheit.

Zerstreutheit mit Hilfe der Meditation überwinden, die die Welt ohne Form transzendiert, ist die Paramita der Stärke.

Sich der spirituellen Übung widmen, um die Qualitäten der unübertrefflichen Erleuchtung zu erringen—und nicht aus dem Verlangen nach den Daseinszuständen der Götter oder Menschen—, ist die Paramita der geeigneten Mittel und Wege.

Zu wünschen: «Möge der zerstreute Geisteszustand der Wesen ein Ende finden!» ist die Paramita des Wunsches.

All dies ohne dualistische Vorstellungen in Bezug auf die drei Kreise üben ist die Paramita der ursprünglichen Weisheit.

Die gedankliche Konstruktion einer eigenständigen Identität der Dinge mittels jener Weisheit auslöschen, die Leerheit als untrennbar von Mitgefühl erkennt, ist die Paramita der Stärke.

Davon in den drei Zeiten niemals getrennt sein ist die Paramita der geeigneten Mittel und Wege.

Zu wünschen: «Mögen ich und alle anderen Wesen den wahren, unverhüllten Sinn erkennen!» ist die Paramita des Wunsches.

Erkennen, dass das wahre Wesen des Geistes von jeher eins mit dieser höchsten Weisheit ist, ist die Paramita der ursprünglichen Weisheit.

Tsogyal, übe dich darin, ohne dich ablenken zu lassen!

5. Die Frucht: Die Ausübung der zehn Paramitas führt zur Befreiung aus den niederen Daseinsbereichen. Du erreichst die besonderen Ebenen der Menschen oder Götter und wirst die fünf Pfade vollenden und rasch zur Buddhaschaft gelangen. Du wirst ein großer Wegführer, der die Lebewesen aus Samsara befreit.

11. Ab wann ist das Gelübde wirksam und wann ist es gebrochen?

Erwacht, nachdem du eine gewaltige Ansammlung von Verdienst zusammengetragen hast, der Gedanke in dir, du müssest das wahre Wohlergehen der Lebewesen dadurch bewirken, dass du deinen Geist vollständig läuterst, so wird in dem Augenblick, da du zum dritten Mal die Worte der Zeremonie wiederholt hast, das Bodhicitta-Gelübde wirksam.

Das Bodhicitta-Gelübde wird gebrochen, sobald du falschen Sichtweisen unterliegst oder die Drei Kostbarkeiten verleugnest und so die Regeln brichst, die du zu achten gelobt hast. Es ist deshalb entscheidend, während deiner Bemühungen stets Achtsamkeit und geistige Präsenz zu wahren.

12. Mittel und Wege, ein übertretenes Gelübde zu erneuern
Wenn du gegen die Hauptregeln verstoßen hast, muss das Gelübde in der bereits beschriebenen Weise erneut abgelegt werden. Hast du gegen die Nebenregeln verstoßen, musst du dies in der Gegenwart des Meisters oder der Drei Kostbarkeiten bekennen.

Die innere Übung in Bodhicitta

Yeshe Tsogyal fragte den Meister: Wie entwickelt man Bodhicitta mit Hilfe der inneren Übung?

Der Meister antwortete ihr: Auch hier gibt es eine Gliederung in zwölf Punkte:

1. Die Essenz
Die Essenz ist, den Vorsatz zu fassen, allen Lebewesen zu helfen, die noch nicht erkannt haben, dass das wahre Wesen der Dinge, der wahre Sinn, frei von gedanklichen Konstruktionen ist.

2. Was ist die innere Übung in Bodhicitta?
Diese Übung wird als «innere Übung in Bodhicitta» bezeichnet, weil sie nicht von den «äußeren» Handlungen des Körpers oder der Rede abhängt, sondern allein auf geistige Weise vollzogen wird.

3. Die verschiedenen Arten
Es gibt eine zweifache Unterteilung: Absicht und Anwendung:

Die Absicht ist der Wunsch, dass alle Wesen, die ihr wahres Wesen noch nicht erkannt haben, es erkennen mögen. Da es nicht genügt, diesen Wunsch nur vor sich hinzumurmeln, musst du dich anstrengen, alle Methoden anzuwenden, die den anderen zu dieser Erkenntnis verhelfen.

Tsogyal, die Anwendung jedoch ist sehr schwierig, solange du dich nicht von dualistischer Anhaftung befreit hast.

4. Eigenschaften des Übenden

Zusätzlich zu den zuvor bereits erwähnten Eigenschaften sollte der, der diese Übung ausführt, sich dadurch auszeichnen, dass sein Geist nur wenig von gedanklichen Konstruktionen und dualistischen Konzepten beherrscht wird. Tsogyal, lass deinen Geist zur Ruhe kommen!

5. Von wem das innere Bodhicitta-Gelübde zu nehmen ist

Du solltest es von einem Meister empfangen, der das Wesen des zweifachen Nicht-Selbst *(anatman)* mit Hilfe der Schulung in den drei Arten der Weisheit erkannt hat und somit nicht mehr dem Einfluss der acht weltlichen Anliegen unterliegt.

6. Die Zeremonie

Löse dich von den dualistischen Konzepten der drei Kreise, lasse weltliche Geschäftigkeit ruhen. Dann bitte um die wahren, unverhüllten Kernunterweisungen.

7. Lohn der Übung

Du wirst dich weit über alle Irrwege und über die Lehren des Hinayana erheben, denn diese Übung bewirkt, dass du von selbstsüchtigen Gedanken und Anhaften im Dualismus frei wirst und das Wesen des Nicht-Selbst erkennst.

8. Warum man sich darin übt

Alle Lebewesen auf den wahren Weg zur Erkenntnis des zweifachen Nicht-Selbst führen zu können, das ist der Grund, weshalb man mit Hilfe der inneren Übung Bodhicitta entwickelt.

9. Was für Nachteile es hat, Bodhicitta nicht zu entwickeln

Wenn du dich nicht in Bodhicitta übst, entfernst du dich vom Wesen des Nicht-Selbst.

Gewöhnliche Menschen, deren Geist sich noch nicht mit Hilfe der Hinayana- und Mahayana-Lehren gewandelt hat, und Menschen, die einer irrigen philosophischen Richtung anhängen, glauben an die Existenz eines Selbst im Individuum, welches die bedingten fünf Aggregate, zwölf Sinnesquellen und achtzehn Elemente steuert und erfährt. Dadurch, dass sie es für unvergänglich und real halten, verfestigt es sich zu Freund und Feind, zu «Ich» und der «Andere».

Tsogyal, diesen Glauben musst du ganz und gar aufgeben!

Die Gefahr, die in der Vorstellung eines Selbst im Individuum liegt, ist, dass mit der Annahme eines Ich als unabhängiger Wesenheit jedes wahrgenommene Objekt ganz selbstverständlich zum «Anderen» wird. Aufgrund dieses Dualismus erscheint alles, was dem Ich nützlich ist, als Freund, während alles, was dem Ich schadet, als Feind angesehen wird. Sich hingezogen oder abgestoßen fühlen wird zur Ursache für viele schlechte Taten; diese wiederum führen dich in die niederen Daseinsbereiche, in Samsara.

Tsogyal, nur wenn du diesen bösen Geist austreibst, kannst du glücklich werden.

Wer lehnt die Vorstellung der Existenz eines Selbst ab? Im Allgemeinen verwerfen alle Buddhisten, insbesondere die Shravakas, den Glauben an die Existenz eines Selbst im Individuum. Selbstverständlich sollten auch wir, die das Tor zum Mahayana durchschritten haben, nicht an dieser Vorstellung festhalten.

Es heißt, dass die Shravakas die Nicht-Existenz des Selbst in den Phänomenen nur zu einem Teil erkennen und dass auch die Pratyeka-Buddhas sie nicht vollkommen realisiert haben.

Da es den Shravakas an der vollkommenen Einsicht in die Nicht-Existenz eines Selbst in den Phänomenen fehlt, halten sie an der falschen Anschauung fest, dass Materie wirklich existiert. Die Pratyeka-Buddhas erkennen, dass äußere Phänomene keine ihnen innewohnende Existenz besitzen, sie halten jedoch, da sie den wahren Sinn nicht erfassen können, an der Vorstellung des Geistes als existent fest.

Tsogyal, solange du nicht von der Sicht der niederen philosophischen Schulen frei geworden bist, wirst du den wahren Sinn nicht erfassen können.

Welche Gefahr birgt das Festhalten an der Vorstellung eines Selbst in den Phänomenen? Aufgrund dieser falschen Annahme und der Fixierung darauf werden die Geistesgifte in dir aufsteigen und dies wiederum hat zur Folge, dass du in Samsara umherirren musst. Auch wenn du viele Äonen lang in dieser Richtung Anstrengungen unternimmst, werden sie zu nichts führen.

Wer lehnt die Behauptung ab, dass Phänomene eine ihnen innewohnende Existenz, ein Selbst, besitzen? Im Allgemeinen alle Anhänger des Mahayana. Es wäre ein besonders schlechtes Zeichen, wenn wir, die wir das Tor zum Geheimen Mantrayana durchschritten haben, an einseitigen Sichtweisen festhalten würden, die auch von Anhängern des Mittleren Weges abgelehnt werden.

10. Was beachtet werden muss

Mache dich vertraut mit dem, was Nicht-Selbst bedeutet. Die Übungen dafür sind zweifach, diejenigen der Absicht und diejenigen der Anwendung:

Was die Absicht betrifft, beachte diese drei Übungen:

– Halte unablässig den Wunsch in dir wach: «Mögen alle Lebewesen stets den wahren Sinn des Nicht-Selbst erkennen!»

– Übe dich dreimal während des Tages und dreimal des Nachts darin, Freude darüber zu empfinden, dass andere über den wahren Sinn des Nicht-Selbst meditieren.

– Achte sorgfältig darauf, nicht die Einsicht in den wahren Sinn des Nicht-Selbst zu verlieren.

Was die Anwendung betrifft, so gibt es die innere und die äußere Übung.

Die vier äußeren Übungen sind:

– Trenne dich nicht von dem Meister oder spirituellen Freund, der dich den wahren Sinn des Nicht-Selbst lehrt, bis du diesen verwirklicht hast.

– Gib jede Voreingenommenheit, was Wohnort, Land und Umgebung, Kaste, Feind und Freund angeht, auf.

– Studiere, denke nach und meditiere über Unterweisungen, die das Nicht-Selbst und die Leerheit veranschaulichen.

– Sieh deinen Namen, deine Familie, deinen Körper nicht als etwas an, was deine Identität ausmacht.

Die vier inneren Übungen sind:

– Glaube nicht daran, dass Namen etwas Wirkliches sind, denn alle Etikettierung und Benennungen äußerer Dinge haben keine eigenständige Existenz.

– Begreife, dass alles, was die Welt und die darin befindlichen Wesen ausmacht, zwar als Erscheinung da ist, aber keine unabhängige, innewohnende Existenz besitzt. Sie gleichen einem Traum oder einer magischen Illusion.

– Dreimal am Tag und dreimal des Nachts erforsche deinen Geist, der, obwohl nichts eigenständig existiert, an den verschiedenen Objekten festhält.

– Entferne dich nicht vom wahren Sinn, der ohne Namen und frei von Einseitigkeit ist. Auch wenn du überall nach deinem Geist suchst—da ist nichts zu finden.

Es ist wichtig, dass du dich hierin mit Eifer übst. So wirst du die bösen Kräfte zunichte machen und dich von Samsara abwenden.

11. Ab wann ist das Gelübde wirksam und wann ist es gebrochen?

In dem Augenblick, da du die Kernunterweisungen von deinem Meister erhältst, wird das innere Bodhicitta-Gelübde wirksam.

Gebrochen ist es in dem Augenblick, da du in dualistisches Anhaften fällst und dir das Verständnis der Nicht-Existenz des Selbst verlorengeht. Wende deshalb unbedingt die Gegenmittel an!

12. Mittel und Wege, ein überschrittenes Gelübde zu erneuern
Wenn du ohne Unterbrechung die Erkenntnis des wahren Sinnes bewahrst, der eben erläutert wurde, wird sich der Knoten des Anhaftens im Dualismus ganz von allein lösen.

Die geheime Übung in Bodhicitta

Yeshe Tsogyal fragte den Meister: Wie entwickelt man Bodhicitta mit Hilfe der geheimen Übung?

Der Meister antwortete ihr: Die geheime Übung in Bodhicitta umfasst elf Punkte:

1. Die Essenz
Die Essenz ist die Erkenntnis der uranfänglichen Reinheit des Nicht-Entstandenen, von Jeher jenseits aller Anstrengung und Begrenztheit durch Denken und Beschreiben.

2. Was ist die geheime Übung?
Die geheime Übung bleibt für die niederen Fahrzeuge ganz von selbst geheim, da sie jenseits dessen liegt, was mit Worten oder Gedanken erfasst werden kann.

3. Die verschiedenen Arten
Die zweifache Unterteilung bezieht sich auf zwei Standpunkte: die Behauptung, dass Nicht-Meditation der uranfänglichen Reinheit gleichkommt, und die Behauptung, dass die spontane Präsenz von jeher als Nicht-Meditation vervollkommnet ist. Du solltest in dieser Hinsicht unvoreingenommen bleiben.[21]

[21] Dies bezieht sich auf die beiden Hauptaspekte der Dzogchen-Praxis: die ursprüngliche Reinheit des *Trekchö* und die spontane Präsenz des *Thögal*. Diese beiden Übungen können nur mit Hilfe der Kernunterweisungen eines Dzogchen-Meisters erlernt werden.

4. Eigenschaften des Übenden

Wer die geheime Übung in Bodhicitta praktizieren will, muss über höchste Fähigkeiten verfügen; sein Geist muss es müde sein, an eine Konkretheit der Phänomene zu glauben.

Tsogyal, hierzu ist nur jemand fähig, der sich bereits in früheren Leben darin geschult hat.

5. Von wem das geheime Bodhicitta-Gelübde zu nehmen ist

Es sollte von jemandem empfangen werden, der den Alleinigen Kreis des Dharmakaya verwirklicht hat und daher im Zustand der unbegrenzten Offenheit jenseits aller Anstrengung verweilt.

Tsogyal, dies kann nur ein Meister sein, der die Große Vollkommenheit (Dzogchen) verwirklicht hat.

6. Die Zeremonie

Die Zeremonie besteht darin, die Initiation in die natürlich schöpferische Energie des reinen Gewahrseins zu empfangen.

Lass ab von unreinen, weltlichen Beschäftigungen wie auch von reinen, tugendhaften Handlungen. Verweile wie ein Mensch, der sein Werk vollbracht hat.

Lass ab von unreinen, unheilsamen Worten wie auch vom Rezitieren und Singen heiliger Worte. Verweile wie ein Stummer, der den Geschmack von Zucker auf der Zunge spürt.

Lass ab von deinem unreinem, samsarischen Denken wie auch von deiner reinen, auf Nirvana ausgerichteten Denktätigkeit. Verweile wie jemand, dem das Herz herausgenommen wurde.

Durch die bloßen Hinweise deines Meisters wirst du so den ursprünglichen Dharmakaya deines Geistes jenseits von Wort und Name erfahren.

Tsogyal, diese meine Kernunterweisungen sind eine Lehre, bei der Verstehen gleichzeitig Befreiung bedeutet.

7. Lohn der Übung

Sich hierin zu üben bewirkt, dass Samsara, ohne aufgegeben werden zu müssen, aus sich selbst befreit wird, wonach die Geistesgifte spontan als die verschiedenen Formen der Weisheit erscheinen. Diese Übung hat also die Kraft, hier und jetzt zur Erleuchtung zu führen.

8. Warum man sich übt

Um völlig offen und weit, frei von jeder Einseitigkeit und Voreingenommenheit zu werden.

9. Was für Nachteile es hat, sich nicht zu üben

Wenn du dich nicht in dieser Weise übst, besteht die Gefahr, in die Einseitigkeit philosophischer Anschauungen zu fallen und dadurch eingeengt zu werden.

Tsogyal, wenn deine spirituelle Praxis zu Einseitigkeit führt, ist das nicht die Große Vollkommenheit.

10. Was zu beachten ist

Untersuche alles Relative und erkenne, dass der Ursprung, die Wurzel aller Phänomene in deinem reinen Bodhicitta-Gewahrsein, der uranfänglichen Reinheit des Nicht-Entstandenen, liegt.

Erkenne, dass dieses reine Bodhicitta-Gewahrsein seit Anbeginn erleuchtet ist, frei von künstlich geschaffenen, dualistischen Vorstellungen, wie die eines Beobachters und eines zu beobachtenden Objekts.

Erkenne, dass jede Art von Gedanke oder Vorstellung, die im Zustand dieses reinen Gewahrseins aufsteigt, seit jeher die leere, leuchtend klare Bewusstheit selbst ist.

Erkenne, dass alle äußeren Phänomene von dem Augenblick an, da sie in Erscheinung treten, keine unabhängige, ihnen innewohnende Existenz besitzen und nichts anderes sind als das Spiel der Energie der Dharmata.

Erkenne die Nicht-Zweiheit von Geist und Wahrnehmungsobjekten als die große Glückseligkeit der absoluten Natur aller Dinge, frei von annehmen und ablehnen, bejahen und verneinen.

Insbesondere solltest du die Geistesgifte und alle Leiden als den heiligen und erhabenen Weg zur Erleuchtung erfahren.

Erkenne, dass alle Lebewesen von dem Augenblick an, da sie in Erscheinung treten, keine unabhängige, ihnen innewohnende Existenz besitzen, Samsara daher die uranfängliche Reinheit des Nicht-Entstandenen ist und man sich nicht davon abwenden muss.

Erkenne, dass der eigene Geist alles, was als Kayas und Weisheiten erfahren wird, beinhaltet und Buddhaschaft daher nichts ist, was erlangt werden müsste.

Befolge dies und du wirst zum Linienhalter des glorreichen Samantabhadra.

11. Wann das Gelübde wirksam und wann es gebrochen ist sowie Mittel und Wege, ein verletztes Gelübde zu erneuern

Hier entfällt jede derartige Anstrengung, denn du bist von Anbeginn und alle drei Zeiten hindurch niemals davon getrennt.

Epilog

Tsogyal, ich habe die Bedeutung aller Sutras, Tantras, Schriften und Kernunterweisungen in diesen Unterweisungen über die äußere, innere und geheime Übung in Bodhicitta zusammengefasst.

Praktiziere sie!
Mache sie zu deinem Weg!
Nimm sie dir zu Herzen!
Lebe im Einklang mit ihrem Sinn!
Sie sind die Grundlage aller Mahayana-Lehren.

So sprach der Meister.

Dies waren die Mahayana-Lehren über «Das Erwecken von Bodhicitta als spiritueller Weg». Sie wurden niedergeschrieben im Monkha Senge Dzong.[22]

Vollendet.
Siegel des Schatzes.
Siegel der Verborgenheit.
Siegel des Anvertrauens.

---

[22] In den letzten Zeilen dieses Textes in der Version des *Lama Kongdü*, der die Belehrungen über Zuflucht und Bodhicitta kombiniert, heißt es:

Diese Anleitungen zu Zuflucht und Bodhicitta, bekannt als das Fundament aus reinem Gold, sind die Grundlage jeder Dharmapraxis. Sie sind für alle geeignet, die Dharma üben, und sollten, da es sich um besondere Instruktionen handelt, hoch geschätzt werden.

Den Kernunterweisungen des Meisters aus Oddiyana, Padmasambhava, die dem Wohl aller Wesen dienen, folgend, schrieb ich, die Prinzessin von Kharchen, dies nieder und verbarg es als einen kostbaren spirituellen Schatz. Mögen alle Wesen der Nachwelt, die dieser Lehren würdig sind, auf sie treffen!

SAMAYA

4. Die zehn Grundlagen des Geheimen Mantrayana

und andere ausgewählte Unterweisungen, der Lehrzyklus tiefgründiger Ratschläge anhand von Fragen und Antworten

NAMO GURU

Der erhabene Meister Padmakara wurde aus einer Lotusblüte geboren, unberührt von einem menschlichen Schoß. Er unterzog sich vielerlei asketischer Übungen, um schließlich die Vidyadhara-Ebene der Macht über die Lebensspanne zu erlangen, wo er frei von der Begrenztheit durch Geburt und Tod verweilt.

Er lehrte die 84 000 Tore zum Dharma und versteht die Sprachen der sechs Klassen von Lebewesen und der acht Klassen von Göttern und Dämonen. Seine Stimme, die der von Brahma gleicht, erwirkt das Wohl aller Wesen.

Sein Geist ist allumfassende Erkenntnis. Er hat die jenseits von Entstehen und Vergehen liegende absolute Natur der Dinge erkannt und engt sie, da er unparteilich und ohne Voreingenommenheit ist, nie ein.

Da alle erstrebenswerten Eigenschaften aus ihm entspringen, ist er Urgrund und Quelle all dessen, was gut ist. Er beherrscht die Mittel und Wege, den Lebewesen zu ihrem Wohl zu verhelfen.

Sein Wirken aktiviert den Weisheitsgeist der Sugatas. Die acht Klassen von Göttern und Dämonen haben ihm ihr Herz entblößt und sich ihm unterworfen.

Geboren auf einer Insel inmitten des Dhanakosha-Sees, war Padmakara später Herrscher über das Königreich von Oddiyana.

Seine spirituelle Praxis übte er an den acht großen Leichenstätten. Nach langer asketischer Übung in Indien führte ihn sein großes Mitgefühl nach Tibet. Er erfüllte die Bitten des dortigen Königs und brachte Frieden in die Königreiche von Indien und Tibet.

Dieser gütige Meister hat mich, Yeshe Tsogyal, Prinzessin von Kharchen, von meinem dreizehnten Lebensjahr an als spirituelle Gefährtin angenommen. Ich war nichts als ein Mädchen, das Vertrauen, großes Mitgefühl, eine uneigennützige Geisteshaltung, Beständigkeit und einen klaren Verstand hatte.

Während der einhundertelf Jahre,[23] die der Meister in Tibet verbrachte, diente ich ihm zu seinem Wohlgefallen. Er gewährte mir die Gesamtheit seiner Kernunterweisungen, die Essenz seines Geistes. Ich sammelte alle Unterweisungen, die er während dieser Zeit gab, stellte sie zusammen, schrieb sie nieder und verbarg sie als Schatztexte.[24]

---

23 Es muss sich hier um Halbjahre handeln, da die meisten anderen Quellen belegen, dass Padmakara sich 55 Jahre in Tibet aufhielt. Es wird ebenfalls erwähnt, wie viele Monate er jeweils an verschiedenen Orten weilte.

24 Die genaue Zahl der Unterweisungen in jedem der Abschnitte sollte nicht zu wörtlich genommen werden. Einige Zeilen sind, da sie von Hand kopiert wurden, im Laufe der Jahrhunderte anscheinend verlorengegangen.

Zehn Grundlagen der Geistesschulung

Der Meister sprach: Wenn du dich im Dharma übst, musst du die zehn Grundlagen für die geistige Schulung legen.

Yeshe Tsogyal fragte: Worin bestehen diese zehn Grundlagen?

Der Meister sprach: Du musst mit Hilfe der Sicht untrügliche Gewissheit finden und—wie ein Garuda, der hoch am Himmel fliegt—ein alles überblickendes Verständnis der Lehren gewinnen.

Du musst mit Hilfe des Verhaltens Überzeugung gewinnen und dich—wie ein Elefant, der ins Wasser strebt—durch nichts einschüchtern lassen.

Du musst mit Hilfe des Samadhi meditieren und—so als würde eine Lampe im dunklen Raum angezündet—die Finsternis der Unwissenheit auflösen.

Du musst das Ziel mit Hilfe der Unterweisungen erreichen und alle Phänomene in ihr wahres Wesen befreien—so als fändest du einen wunscherfüllenden Edelstein.

Ohne Angst in Samsara zu fallen, musst du mit Hilfe der Initiationen stufenweise voranschreiten—wie ein Prinz, der zum Königsthron aufsteigt.

Du musst die Grundlage mit Hilfe der Samayas wahren; keine deiner Taten darf umsonst sein—so wie fruchtbare Erde nicht vergeudet werden darf.

Du musst—wie ein edles Ross, von seinen Fesseln befreit—deinen Geist durch Lernen und Meistern aller Aspekte der Lehre befreien.

Du musst—wie die Biene, die einen Bienenstock sucht—alle Wissensquellen miteinander vergleichen und alle philosophischen Schulen der Dharma-Lehre verstehen.

Du musst sie im Kern zusammenfassen können und—wie ein Händler, der seinen Gewinn zusammenzählt—erkennen, dass all die zahlreichen Lehren gleich schmecken.

Du musst Überlegenheit des Wissens erreichen und—als hättest du die Spitze des Berges Meru erklommen—klar und deutlich den Sinn der Lehren überschauen.

Die Menschen in Tibet, die gelehrt sein möchten und sich nicht in diesen zehn Grundlagen schulen, wissen nichts vom wahren Sinn. Sie werden den Dharma mit einer sektiererischen Einstellung ausüben.

Zehn Mängel

Der Meister sprach: Wenn du die zehn Grundlagen der Geistesschulung nicht gelegt hast, werden dir die zehn Mängel erfolgloser Dharma-Praxis anhaften.

Yeshe Tsogyal fragte: Welches sind diese Mängel?

Der Meister erwiderte: Der Mangel, dir nicht im klaren zu sein, was zu tun ist, entsteht, wenn du nicht mit Hilfe der Sicht untrügliche Gewissheit erreicht hast.

Der Mangel, Sicht und Verhalten nicht vereinen zu können, entsteht, wenn du mit Hilfe des Verhaltens nicht Überzeugung gewinnst.

Wenn du nicht weißt, wie man mit Samadhi meditiert, wirst du das Wesen der Dharmata nicht erkennen.

Wenn du mit den Kernunterweisungen nicht das Ziel erreichst, weißt du nicht, wie man den Dharma praktiziert.

Wenn du mit Hilfe der Initiationen nicht stufenweise Fortschritte machst, eignest du dich nicht dafür, den Dharma zu üben.

Wenn du die Grundlage mit Hilfe der Samayas nicht bewahrst, wirst du die Saat für die Höllenbereiche säen.

Wenn du dich nicht durch Lernen befreist, wirst du nicht vom eigentlichen Geschmack des Dharma kosten.

Wenn du nicht alle Quellen des Wissens miteinander vergleichst, wirst du das Sektierertum der verschiedenen Lehrtraditionen nicht durchbrechen können.

Wenn du sie nicht alle im Kern zusammenfassen kannst, wirst du nicht begreifen, was die Wurzel des Dharma ist.

Wenn du den Gipfel des Wissens nicht erreichst, wirst du das Wesen des Dharma nicht erkennen.

Sogenannte spirituelle Meister, die nicht wirklich praktiziert haben, begreifen nicht, dass der Dharma frei von sektiererischer Begrenztheit ist. Erfüllt von Vorurteilen bekämpfen sie einander. Jede der buddhistischen Lehrtraditionen hat ihre Berechtigung, lass dich nicht in solches Gezänk verstricken!

Zehn Kernpunkte

Padmasambhava sprach: Zehn Kernpunkte dürfen bei der Übung des Dharma nicht fehlen.

Yeshe Tsogyal fragte: Welches sind diese zehn Kernpunkte?

Der Meister erwiderte: Der Kernpunkt des Vertrauens, das so beständig sein soll, wie das Strömen eines Flusses.

Der Kernpunkt des Mitgefühls, das der Sonne gleich, ohne Feindseligkeit sein soll.

Der Kernpunkt der Freigebigkeit, die ohne Parteilichkeit sein soll, gleich einem Wasser spendenden Brunnen.

Der Kernpunkt der Samayas, die so makellos rein sein müssen wie eine Kristallkugel.

Der Kernpunkt der Sicht, die wie der Himmelsraum, frei von Einseitigkeit und Begrenztheit sein sollte.

Der Kernpunkt der Meditation, die wie der Morgenhimmel sein soll, ohne Aufhellung, ohne Verdunkelung.

Der Kernpunkt des Verhaltens, das ähnlich wie Hunde und Schweine, nichts bevorzugen und nichts zurückweisen soll.

Der Kernpunkt der Frucht, die weder erlangt noch aufgegeben werden soll, so, als landete man auf einer Insel aus reinem Gold.

Der Kernpunkt der Sehnsucht: Du musst nach dem Dharma das gleiche Verlangen haben wie ein Verhungernder nach Nahrung oder ein Verdurstender nach Wasser.

Der Kernpunkt der Konzentration auf das Wesentliche: Ein Hauptanliegen der Menschen scheint zu sein, die Ausübung des Dharma zu vermeiden. Sie geben sich stattdessen ganz dem Anhäufen von Besitztümern hin. Diese kannst du jedoch nicht mitnehmen, wenn du stirbst. Sei also vorsichtig, um später nicht in die niederen Daseinsbereiche wandern zu müssen!

Zehn Möglichkeiten, oberflächlich zu sein

Padmasambhava sprach: Bei vielen Menschen bleibt die Dharma-Praxis oberflächlich.

Yeshe Tsogyal fragte: Wie kommt es dazu?

Der Meister erwiderte: Es ist oberflächlich, die Schriften laut zu rezitieren, ohne dabei Vertrauen in sie zu haben.

Es ist oberflächlich, sich selbstlos zu verhalten, solange dies ohne wirkliches Mitgefühl geschieht.

Es ist oberflächlich, Freigebigkeit zu üben, solange man sich nicht von seinem Geiz befreit hat.

Es ist oberflächlich, Tantra zu üben, ohne die Samayas zu achten.

Es ist oberflächlich, ein Mönch zu sein, der seine Gelübde nicht hält.

Es ist oberflächlich, edelmütig sein zu wollen, ohne Meditation zu üben.

Es ist oberflächlich, gelehrsam zu sein, sich aber nicht im Dharma zu üben.

Es ist oberflächlich, sich täglich der spirituellen Übung zu widmen, wenn die essentielle Erfahrung der Meditationspraxis fehlt.

Es ist oberflächlich, anderen Belehrungen zu geben, sich selbst aber nicht im Einklang mit dem Dharma zu verhalten.

Auf jeden Fall sind meine Ohren es müde, sogenannten Gelehrten zuzuhören, die Wissen angehäuft haben, ihren Geist aber nicht mit Hilfe des Dharma zähmen, sondern zulassen, dass ihre Geistesgifte sich verstärken. Alles, was solche Menschen äußern, ist nichts als oberflächliches Gerede.

Zehn Übertreibungen

Padmasambhava sprach: Wenn man sich im Dharma übt, kann man auf zehn Weisen übertreiben.

Yeshe Tsogyal fragte: Was ist damit gemeint?

Der Meister erwiderte: Es ist eine Übertreibung zu behaupten, den Dharma zu kennen, wenn man den Belehrungen nicht zugehört hat.

Es ist eine Übertreibung zu behaupten, Wunderkräfte zu besitzen, wenn man die Sadhana nicht ausgeübt hat.

Es ist eine Übertreibung zu behaupten, den Segen zu empfangen, wenn man keiner verehrenden Hingabe fähig ist.

Es ist eine Übertreibung zu behaupten, man könne Buddhaschaft erlangen, ohne meditiert zu haben.

Es ist eine Übertreibung zu behaupten, man hätte einen Meister gefunden, wenn man ihm nicht dient.

Es ist eine Übertreibung zu behaupten, man könne Befreiung mit Hilfe einer Lehre erlangen, für die es keine Übertragungslinie gibt.

Es ist eine Übertreibung zu behaupten, man könne spirituelle Verwirklichung ohne die Kernunterweisungen erreichen.

Es ist eine Übertreibung zu behaupten, man könne Befreiung ohne spirituelle Praxis erlangen.

Es ist eine Übertreibung zu behaupten, Dharma zu praktizieren und dabei keinen Eifer zeigt.

Es ist eine Übertreibung zu behaupten, man hätte den Vorteil günstiger Umstände, wenn man die Samayas nicht hält.

Menschen, die meinen, die Dharma-Praxis wäre einfach und die nicht bereit sind, dafür Entbehrungen auf sich zu nehmen, sind Unglücksraben, die nichts erreichen.

Zehn Fehler, die zu vermeiden sind

Padmasambhava sprach: Wenn du dich im Dharma übst, musst du zehn Fehler vermeiden.

Yeshe Tsogyal fragte: Welches sind diese zehn Fehler?

Der Meister erwiderte: Wenn du Meditation übst, diese aber nicht als Heilmittel gegen die Geistesgifte und begriffliches Denken wirkt, dann haftet dir der Fehler an, die Kernunterweisungen nicht wirkungsvoll umgesetzt zu haben.

Wenn du dich nicht von Einseitigkeit und Begrenztheit befreien kannst, obgleich du die wahre Natur deines Geistes erkannt hast, dann haftet dir der Fehler an, noch nicht auf die besonderen Unterweisungen gestoßen zu sein.

Wenn du den Segen nicht empfängst, obgleich du tiefe verehrende Hingabe empfindest, dann haftet dir der Fehler an, noch keinen verwirklichten Meister gefunden zu haben.

Wenn du in der Übung keine Fortschritte machst, obgleich du dich sehr bemühst, dann haftet dir der Fehler an, deinen Geist noch nicht völlig geläutert zu haben.

Fühlst du dich müde, immer wenn du deine spirituelle Praxis übst, dann haftet dir der Fehler an, den natürlichen Zustand des reinen Gewahrseins noch nicht erkannt zu haben.

Wenn dein Geist zerstreut bleibt, obwohl du meditierst, dann haftet dir der Fehler an, kein sicheres Vertrauen durch die Meditation gewonnen zu haben.

Wenn keine unmittelbaren meditativen Erfahrungen in dir aufsteigen, dann haftet dir der Fehler an, dich ausschließlich in Shamatha-Meditation geübt zu haben.

Wenn sich die Kraft des reinen Gewahrseins nicht in dir entfaltet, dann haftet dir der Fehler an, nicht zu wissen, dass alle Phänomene dem spirituellen Weg dienen können.

Wenn es dir schwerfällt, von deinem Haften an den Geistesgiften zu lassen, dann haftet dir der Fehler an, nicht zu wissen, wie die fünf Gifte als spiritueller Pfad genutzt werden können.

Wenn du mit Leiden und Schwierigkeiten nicht umgehen kannst, dann haftet dir der Fehler an, nicht zu wissen, wie du deinen Geist von Samsara abwendest.

Wenn du innerlich voller Fehler bist, obwohl du behauptest, den Dharma zu üben, wie kannst du da erwarten, jemals günstige Bedingungen zu finden?

Zehn tugendhafte Eigenschaften

Padmasambhava sprach: Das Auftreten zehn tugendhafter Eigenschaften ist ein Zeichen dafür, dass du den Dharma wirkungsvoll geübt hast.

Yeshe Tsogyal fragte: Was ist damit gemeint?

Der Meister erwiderte: Begriffliches Denken überwinden zu können ist ein Zeichen dafür, dass du die Zitadelle der wahren Natur des Geistes erobert hast.

Manifestiert sich die ursprüngliche Weisheit des Geistes ohne Einseitigkeit, ist das ein Zeichen dafür, dass die Kernunterweisungen wirksam geworden sind.

Siehst du deinen Meister als einen wahren Buddha, ist das ein Zeichen dafür, dass du verehrende Hingabe entwickelt hast.

Empfängst du den Segen ungehindert, ist das ein Zeichen dafür, dass die Übertragungslinie der Siddhas nicht unterbrochen ist.

Wenn du durch das Üben von Bewusstheit deinen Geisteszustand ohne Schwierigkeiten ändern kannst, ist dies die tugendhafte Eigenschaft, die Kraft der Bewusstheit voll entfaltet zu haben.

Wenn du nicht müde wirst, obwohl du dich Tag und Nacht übst, ist das ein Zeichen, dass du den Kernpunkt von Prana und Geist gemeistert hast.

Besteht kein Unterschied mehr in deiner geistigen Klarheit, ganz gleich, ob du meditierst oder nicht, ist das ein Zeichen dafür, dass du begriffen hast, was Meditation ist.

Trägt alles das Siegel der Dharmata, egal, welche Gedanken und Erscheinungsformen auftreten, ist das ein Zeichen dafür, dass du alle Phänomene als spirituellen Weg nutzen kannst.

Wenn das Ungeheuer der Geistesgifte sich nicht mehr aufrichtet oder, sollte dies geschehen, umgehend befriedet werden kann, ist dies ein Zeichen dafür, dass die fünf Gifte ganz von allein überwunden sind.

Lässt du dich nicht mehr von Leiden und Schwierigkeiten überwältigen, ist das die Tugend, die daraus erwächst, dass man Vergänglichkeit als das Merkmal des Samsara erkennt.

Eines ist sicher: Die Tugenden entstehen in dir, sobald der Dharma in dir aufscheint. In den Menschen von Tibet, die weder Vertrauen noch Eifer noch Intelligenz besitzen, wird kaum eine Tugend erwachen.

Zehn Zeichen

Padmasambhava sprach: Wenn du dir den Dharma zu eigen gemacht hast, treten zehn Zeichen auf.

Yeshe Tsogyal fragte: Welches sind diese Zeichen?

Der Meister erwiderte: Wenn das Hängen an den Dingen sich abschwächt, ist das ein Zeichen dafür, dass der böse Geist des Glaubens an eine reale Existenz der Dinge ausgetrieben ist.

Wenn dein Anhaften abnimmt, ist das ein Zeichen dafür, dass du von ehrgeizigem Verlangen frei geworden bist.

Wenn die Kraft deiner Geistesgifte schwächer wird, ist das ein Zeichen dafür, dass du die fünf Gifte von innen heraus befriedet hast.

Wenn die Ichsucht sich verringert, ist das ein Zeichen dafür, dass der böse Geist des Glaubens an eine reale Existenz des Ich ausgetrieben ist.

Wenn du frei von Kompliziertheit geworden bist und keinerlei Bezugspunkt mehr benötigst, ist das ein Zeichen dafür, dass deine verfälschte Art der Wahrnehmung zusammengebrochen ist.

Wenn du die dualistische Vorstellung eines Meditierenden und eines Objekts der Meditation fallengelassen hast und niemals mehr dein wahres Wesen vergisst, ist das ein Zeichen dafür, dass du mit der Mutter-Dharmata[25] zusammengetroffen bist.

Wenn Wahrnehmung immer als die eigene individuelle Wahrnehmung erkannt wird, ist das ein Zeichen dafür, zum Kern von Sicht und Meditation vorgedrungen zu sein.

Wenn du mit Sicherheit Samsara und Nirvana als nicht zweierlei erkannt hast, ist das ein Zeichen dafür, dass volle Verwirklichung in dir erwacht ist.

Kurz, wenn du an nichts mehr hängst, auch nicht an deinem Körper, ist das ein Zeichen dafür, dass du vollkommen vom Verhaftetsein frei geworden bist.

Wenn dir Leiden und Schwierigkeiten nichts mehr anhaben, ist das ein Zeichen dafür, dass du alle Erscheinungsformen als Illusion erkennst.

Wenn dich die acht weltlichen Anliegen kaum noch berühren, ist das ein Zeichen dafür, dass du die wahre Natur des Geistes erkannt hast.

Allgemein gilt: Wenn die inneren Zeichen nach außen hin sichtbar werden, gleicht dies einem Baum, dessen Blätter ausschlagen. Werden die äußeren Zeichen von anderen bemerkt, entspricht das den Früchten, die reif sind und verzehrt werden können.

Viele derjenigen, die den Dharma üben, haben keine einzige tugendhafte Eigenschaft. Kaum jemand erlangt spirituelle Verwirklichung. Es ist also von entscheidender Bedeutung, dich mit all deiner Kraft der spirituellen Praxis zu widmen.

---

25 Das «Klare Licht der Mutter» *(Ma'i Od gSal)*—das Klare Licht des Grundes, der ursprüngliche, natürliche Zustand, der jedem Lebewesen als Essenz der Erleuchtung, als Buddha-Natur, innewohnt.

Zehn Tatsachen

Padmasambhava sprach: Für alle, die den Dharma üben, gelten zehn Tatsachen.

Yeshe Tsogyal fragte: Was ist damit gemeint?

Der Meister erwiderte: Wenn jemand einen menschlichen Körper erlangt hat und gleichzeitig die Lehre Buddhas in der Welt besteht und zugänglich ist, ist es eine Tatsache, dass dieser Mensch in seinen früheren Leben die zwei Ansammlungen vermehrt hat.

Wenn jemand, der sich zum Dharma hingezogen fühlt, auf einen Meister trifft, der über die Kernunterweisungen verfügt, ist es eine Tatsache, dass dies so ist, als fände ein blinder Mann ein wunscherfüllendes Juwel.

Wenn man einen unversehrten, kostbaren menschlichen Körper erlangt und dazu noch Vertrauen in die Lehre und Intelligenz hat, ist es eine Tatsache, dass die karmische Kontinuität früherer spiritueller Übung sich fortsetzt.

Wenn du wohlhabend bist und dann auf Bettler triffst, ist es eine Tatsache, dass der Zeitpunkt gekommen ist, Freigebigkeit zu vervollkommnen.

Wenn das Meer des Elends zu der Zeit überfließt, da du versuchst, dich den spirituellen Übungen zu widmen, ist es eine Tatsache, dass dein schlechtes Karma und deine Verdunkelungen geläutert werden.

Wenn zu der Zeit, da du versuchst, deinen Geist dem Dharma zuzuwenden, dir unerwartete Feindseligkeit entgegenschlägt, ist es eine Tatsache, dass dir damit ein Führer erschienen ist, um dich auf den Weg der Geduld zu leiten.

Wenn du die Vergänglichkeit aller zusammengesetzten Dinge erkennst, vollkommenes Vertrauen in die Lehre hast und dies damit zusammenfällt, dass du die tiefgründigen Unterweisungen erhältst, ist es eine Tatsache, dass die Zeit gekommen ist, dich vom Leben eines weltlichen Menschen abzukehren.

Wenn deine Angst vor dem Tod mit dem Tod eines anderen, dir nahestehenden Menschen zusammenfällt, ist es eine Tatsache, dass es Zeit geworden ist, die große Zuversicht in dir zu erwecken.

Wenn du dich der Übung des Dharma erst widmen willst, nachdem du deine weltlichen Ziele und Wünsche verwirklicht hast, wäre es ein Wunder, wenn du je dazu kommst!

Darum ist es eine Tatsache: Nur wenige werden befreit aus Samsara.

Sieben Möglichkeiten, verdorben zu werden

Padmasambhava sprach: Wenn man sich im Dharma übt, kann man auf siebenfache Weise verdorben werden.

Yeshe Tsogyal fragte: Wie ist das gemeint?

Der Meister antwortete: Wenn dein Vertrauen in den Dharma gering, deine Intelligenz dagegen groß ist, kannst du dadurch verdorben werden, dass du dich für einen Lehrer hältst.

Wenn deine Zuhörerschaft zahlreich ist und dein Selbstbewusstsein groß, kannst du dadurch verdorben werden, dass du dich für einen spirituellen Meister hältst.

Wenn sich bei dir zwar eindrucksvolle Eigenschaften zeigen, du dir den Dharma aber nicht zu eigen gemacht hast, kannst du dadurch verdorben werden, dass du dich für einen Führer auf dem Weg hältst.

Wenn du die Kernunterweisungen erteilst, sie selbst aber nicht beherzigst, wirst du verdorben und ein gefühlloser «Dharma-Experte» werden.

Wenn du eine Vorliebe für nutzloses Geschwätz hast und dein Herz nicht vom Dharma erfüllt ist, wirst du verdorben und ein gieriger Scharlatan-Yogi werden.

Wenn du nur wenig Wissen hast und dir die Kernunterweisungen fehlen, wirst du verdorben und dich nicht von gewöhnlichen Menschen unterscheiden, auch wenn deine Gläubigkeit noch so groß ist.

Ein echter Dharma-Praktizierender, der in Einklang mit den wahren Lehren handelt, sollte seine Intelligenz dazu benutzen, sich zu befreien und sein Vertrauen in die Lehre dazu, seinen Geist zu zähmen. Er sollte sich durch das Hören der Belehrungen von falschen Ansichten befreien, das Streben nach weltlichen Zielen aufgeben und seinen Geist mit dem Dharma vereinen. Er sollte sein Wissen durch Lernen und Nachsinnen vervollkommnen, aufgrund der Kernunterweisungen Gewissheit über die wahre Natur des Geistes gewinnen und durch Sicht und Meditation letzte Sicherheit erlangen. Dies alles ist jedoch nicht einfach.

Die Gefahr von Missverständnissen

Padmasambhava sprach: Menschen, die das Tor zum Dharma durchschritten haben, können vielerlei Missverständnissen unterliegen. Gib acht!

Yeshe Tsogyal fragte: Wie ist das gemeint?

Der Meister erwiderte: Es ist möglich, einen Lehrer, der klug und gelehrt ist, für einen spirituellen Meister zu halten, der durch Studium und Übung Befreiung erlangt hat.

Man kann einen gefühllosen «Dharma-Experten», der den Dharma selbst nicht praktiziert, mit jemandem verwechseln, der persönliche Erfahrung durch die spirituellen Übungen gewonnen hat.

Man kann einen betrügerischen Scheinheiligen für ein edles Wesen halten, dessen Geist durch das Üben des Dharma verwandelt ist.

Man kann nichtssagende Worte von oberflächlicher Bedeutsamkeit für die spirituelle Verwirklichung von jemandem, der über die Kernunterweisungen verfügt, halten.

Es ist möglich, das Salbadern eines Wichtigtuers über die Lehre mit der verehrenden Hingabe eines wirklich Praktizierenden zu verwechseln.

Eines ist sicher: Du musst deinen Geist vom Dharma durchdringen lassen. Menschen, die behaupten, den Dharma zu üben, zwischen sich und den Lehren aber einen Abstand halten und nur den Dharma der Lippenbekenntnisse ausüben, werden keinen Erfolg in ihrer Übung haben.

Vier Dharmas

Padmasambhava sprach: Achte darauf, dass deine Übung zum wahren, echten Dharma wird. Achte darauf, dass dein Dharma der wahre, echte Weg wird. Achte darauf, dass dein Weg alle Verwirrung beseitigen kann. Achte darauf, dass Verwirrung als Weisheit aufsteigt.

Yeshe Tsogyal fragte: Wie ist das zu verstehen?

Der Meister erwiderte: Wenn du alle Lehren in ein einziges Fahrzeug zusammenfassen kannst, dein Verständnis also frei von Bevorzugen und Ablehnen geworden ist, dann wird deine Übung zum wahren, echten Dharma.

Wenn die drei meditativen Erfahrungen der Vipassana-Meditation — Glückseligkeit, Klarheit und der Zustand ohne Gedankentätigkeit — in dir aufdämmern, ist dies der Dharmakaya selbst.

Eines ist sicher: Viele Menschen belassen ihren Geist in einem trägen Shamatha-Meditationszustand. Dadurch werden sie entweder in den Dhyana-Bereichen der Götter wiedergeboren oder werden unfähig sein, anderen zu helfen, selbst wenn sie sich nicht in den samsarischen Daseinsbereichen inkarnieren.

Die Gelübde

Padmasambhava sprach: Zufluchtnehmen und das Halten der Gelübde ist die Grundlage für die Ausübung des Dharma.

Yeshe Tsogyal fragte: Zu welchem Zeitpunkt werden das Zufluchtsgelübde und die anderen Gelübde in uns wirksam?

Der Meister erwiderte: In dem Augenblick, da Angst vor den niederen Daseinsbereichen in dir aufsteigt und du Vertrauen in die Drei Kostbarkeiten verspürst, wird das Zufluchtsgelübde in dir wirksam.

Das Laiengelübde wird wirksam in dem Augenblick, da man von der Wirksamkeit des Gesetzes von Ursache und Wirkung in Bezug auf seine Handlungen überzeugt ist.

Das Gelübde des Novizen wird wirksam in dem Augenblick, da dieser sich von Samsara abwendet.

Das Gelübde voll ordinierter Mönche und Nonnen wird wirksam in dem Augenblick, da sie sich aller üblen Handlungen enthalten.

Das Bodhicitta-Gelübde der Absicht wird wirksam in dem Augenblick, da du aus Mitgefühl andere für gleich wichtig wie dich selbst hältst.

Das Bodhicitta-Gelübde der Anwendung wird wirksam in dem Augenblick, da du andere als wichtiger als dich selbst ansiehst.

Wenn du jede spirituelle Praxis zusammen mit Zuflucht und Bodhicitta übst und Entwicklungs- und Vervollkommnungsstufe sowie die geeigneten Methoden mit Weisheit vereint hast, dann wird dein Dharma der wahre Weg.

Wenn du Sicht, Meditation, Verhalten und Frucht auf deinem Weg miteinander verbindest, wird jede Verwirrung ausgeräumt.

Wenn du klare Gewissheit in Sicht und Meditation erreicht hast und dich mit Eifer der spirituellen Übung widmest, kann deine Verwirrung als Weisheit aufsteigen.

Eines ist sicher: Ganz gleich, um welche Übung es sich handelt — wenn es dir nicht gelingt, Entwicklungs- und Vervollkommnungsstufe, Sicht und Verhalten sowie Methode und Weisheit als Einheit zu praktizieren, ist es, als würdest du versuchen, auf nur einem Bein zu gehen.

Die Dhyana-Reiche vermeiden

Padmasambhava sprach: Es ist wichtig zu verhindern, dass deine Übung zu der der niederen Fahrzeuge wird.

Yeshe Tsogyal fragte: Wie ist das zu verstehen?

Der Meister erwiderte: Es ist überaus wichtig, sich nicht an die drei Erfahrungen der Shamatha-Meditation—Glückseligkeit, Klarheit und Abwesenheit von Gedanken—zu klammern. Klammerst du dich an sie, wirst du zwangsläufig ein Shravaka oder Pratyeka-Buddha werden.

Das Volk von Tibet hält das Zufluchtnehmen für eine der unwichtigsten Lehren. Mönche und Nonnen bewahren nicht ihre Selbstdisziplin. Die, die behaupten, Mahayana zu üben, sind ohne Bodhicitta. Die Tantriker achten ihre Samayas nicht und die Yogis üben nicht die wahre Meditation.

Hier in Tibet wird es schwerlich Siddhas geben.

Die Samayas von Körper, Rede und Geist

Padmasambhava sprach: Wenn du dich im Dharma übst, musst du die Samayas halten, doch das ist nicht einfach.

Yeshe Tsogyal fragte: Wie hält man die Samayas?

Der Meister erwiderte: Wenn du den Meister als einen wirklichen Buddha siehst, hältst du den Samaya des erleuchteten Körpers.

Wenn seine Worte und Lehren für dich das wunscherfüllende Juwel sind, hältst du den Samaya der erleuchteten Rede.

Wenn du seine Kernunterweisungen als Nektar ansiehst, hältst du den Samaya des erleuchteten Geistes.

Wenn du aufhörst, für die Yidam-Gottheit Zuneigung oder Abneigung zu fühlen, hältst du den Samaya des Körpers.

Wenn du keine Zweifel am Geheimen Mantrayana hast, hältst du den Samaya der Rede.

Wenn du den natürlichen Zustand des Geistes erkennst, hältst du den Samaya des Geistes.

Eines ist sicher: Die Samayas sind rein, wenn dein Geist rein ist.

Fünfzehn ungünstige Umstände

Padmasambhava sprach: Für den, der sich im Dharma übt, gibt es fünfzehn ungünstige Umstände, die abgewendet werden müssen.

Yeshe Tsogyal fragte: Was ist damit gemeint?

Der Meister erwiderte: Nutzloses Gerede, neckisches Geschäker und Leichtfertigkeit sind die drei Hemmnisse, die dich von der Meditation abhalten. Gib sie auf!

Verwandte, Freunde und Schüler sind die drei Ablenkungen, die dich vom Üben des Dharma abhalten. Gib sie auf!

Materieller Besitz, Geschäfte und Vergnügen sind die drei Zerstreuungen, die dich vom Üben des Dharma wegführen. Gib sie auf!

Gewinn, Ruhm und Ansehen sind die drei Fesseln der Dharma-Praxis. Gib sie auf!

Schlaf, Trägheit und Faulheit sind die drei Erzfeinde der Übung. Gib sie auf!

Der gefährlichste dieser ungünstigen Umstände ist, wenn einem von der Übung des Dharma abgeraten wird.

Zwölf günstige Bedingungen

Padmasambhava sprach: Wenn du dich im Dharma übst, müssen zwölf günstige Bedingungen gegeben sein.

Yeshe Tsogyal fragte: Was ist damit gemeint?

Der Meister erwiderte: Lernen, Nachdenken und Meditation sind das Grundgerüst.

Tatkraft, Vertrauen und Zuversicht sind die Lebensader.

Wissen, Disziplin und ein gutes Herz sind die drei Merkmale der Dharma-Praxis.

An nichts haften, nichts festhalten, auf nichts fixiert sein, das sind die drei förderlichen Faktoren für die Dharma-Übung.

Eines ist sicher: Man findet hier in Tibet nicht einen Dharma-Übenden, der auch nur drei dieser Bedingungen erfüllt. Es ist schwer, mit den Hauptgrundsätzen des Dharma in Übereinstimmung zu sein.

Zwanzig widersinnige Verhaltensweisen

Padmasambhava sprach: Wenn du dich im Dharma übst, kannst du dich auf zwanzig Arten widersinnig verhalten.

Yeshe Tsogyal fragte: Wie ist das gemeint?

Der Meister erwiderte: Es ist widersinnig Bodhicitta zu entwickeln, wenn du nicht davon ablässt, anderen Lebewesen Schaden zuzufügen.

Es ist widersinnig Initiationen zu erhalten, wenn du die Samayas nicht achtest.

Es ist widersinnig viele Lehren zu studieren, wenn sich dadurch dein Geist nicht ändert.

Es ist widersinnig die zum Heilsamen führenden Handlungen auszuführen, wenn sie mit zerstörerischem Handeln vermischt sind.

Es ist widersinnig einem Meister zu folgen, wenn du gleichzeitig schlechte Taten begehst.

Es ist widersinnig ein spiritueller Lehrer zu werden, der aufhört zu praktizieren und schlechte Taten begeht.

Es ist widersinnig etwas zu unternehmen, was die acht weltlichen Anliegen fördert.

Es ist widersinnig einem Lehrer zu folgen, der sich feindselig gegenüber den Lebewesen verhält, die alle unsere Eltern waren.

Es ist widersinnig immer wieder zu sagen, dass du dich vor den Höllen fürchtest, wenn du dich andauernd zerstörerischem Handeln überlässt.

Es ist widersinnig Freigebigkeit zu üben, wenn du dabei nicht von Bodhicitta durchdrungen bist und kein Vertrauen in die Lehre hast.

Es ist widersinnig Gelübde abzulegen, wenn dir die Entschlossenheit fehlt, sie zu halten.

Es ist widersinnig Geduld üben zu wollen, gegen deinen Ärger aber nicht das richtige Gegenmittel anzuwenden.

Es ist widersinnig Meditation zu üben, wenn dein Geist ständig zwischen Dumpfheit und Aufgeregtheit schwankt.

Es ist widersinnig Tatkraft zu steigern, die nicht für den Weg der Erleuchtung eingesetzt wird.

Es ist widersinnig solches Wissen zu entwickeln, das zu Neid und den anderen fünf Giften führt.

Es ist widersinnig eine Mahayana-Lehre zu praktizieren, wenn einem der Weg des Mitgefühls fehlt.

Es ist widersinnig zu meditieren, wenn man die wahre Natur des Geistes nicht erkennt.

Es ist widersinnig die Kernunterweisungen zu erhalten, sie aber nicht in die Tat umzusetzen.

Es ist widersinnig zum Wohl anderer zu handeln, wenn du dabei nicht von Bodhicitta durchdrungen bist.

Obwohl all diese Verhaltensweisen widersinnig sind und man gut daran täte, sie zu unterlassen, werden unreife Menschen nicht darauf hören—auch das ist widersinnig.

Vier Möglichkeiten, Rückfall zu vermeiden

Padmasambhava sprach: Wenn du dich im Dharma übst, musst du die vier verschiedenen Arten kennen, Rückfall zu vermeiden.

Yeshe Tsogyal fragte: Was ist damit gemeint?

Der Meister erwiderte: Dadurch, dass du dich an den Tod erinnerst, wirst du nicht in die Beschäftigung mit den Angelegenheiten dieses Lebens zurückfallen.

Dadurch, dass du die Wurzeln der zehn Tugenden schaffst, wirst du nicht in die drei niederen Daseinsbereiche zurückfallen.

Dadurch, dass du liebevolle Hinwendung entwickelst, wirst du nicht auf die Ebene der niederen Fahrzeuge zurückfallen.

Dadurch, dass du über Leerheit meditierst, wirst du nicht mehr in Samsara zurückfallen.

Eines ist sicher: Wenn du den Dharma praktizierst, musst du dich von der Beschäftigung mit den Angelegenheiten dieses Lebens zurückziehen.

Vier Dinge, die nicht sein dürfen

Padmasambhava sprach: Wenn du dich im Dharma übst, gibt es vier Dinge, die nicht sein dürfen.

Yeshe Tsogyal fragte: Was ist damit gemeint?

Der Meister erwiderte: Wenn du dich nicht an den Tod erinnerst, wirst du niemals Zeit für die Übung finden.

Wenn du üble Handlungen nicht aufgibst, weil du nicht an das Gesetz des Karma glaubst, gibt es keine Möglichkeit, höhere Daseinsbereiche oder die Befreiung zu erlangen.

Wenn du nicht Furcht vor dem Elend des Samsara verspürst und keine Entsagung hast, werden deine spirituellen Übungen ohne Erfolg sein.

Wenn du nur für dich allein nach Freiheit und Erlösung strebst, ohne die Absicht in dir zu entwickeln, die Erleuchtung zum Wohle der anderen zu erreichen, besteht keine Aussicht darauf, vollständige Buddhaschaft zu erlangen.

Eines ist sicher: Wenn man nicht aufhört, Ziele zu verfolgen, die allein auf dieses Leben begrenzt sind, bewirkt die Übung des Dharma rein gar nichts. Es gibt hier kaum jemanden, der sich nicht von den weltlichen Anliegen beherrschen ließe.

Vorteile nutzen

Padmasambhava sprach: Wenn du dich im Dharma übst, musst du Vorteile aus vier nichtigen Dingen ziehen.

Yeshe Tsogyal fragte: Was sind diese Dinge?

Der Meister erwiderte: Um Vorteil aus dem nichtigen Körper zu ziehen, halte die Disziplin ohne Fehl.

Um Vorteil aus deinen nichtigen Besitztümern zu ziehen, übe Freigebigkeit und halte dabei Bodhicitta in dir wach.

Um Vorteil aus nichtigen günstigen Umständen zu ziehen, mehre die Ansammlung von spirituellem Verdienst als Ursache und die Ansammlung von Weisheit als Wirkung.

Um Vorteil aus nichtigem Lernen zu ziehen, bemühe dich mit Eifer in sinnvoller, spiritueller Übung.

Solange du nicht weißt, wie du dir diese Vorteile nutzbar machen kannst, ist alles, was du tust, nur weltliches Tun.

Fünf Dinge, die ohne Fehl sein sollen

Padmasambhava sprach: Wenn du dich im Dharma übst, müssen fünf Dinge ohne Fehl sein.

Yeshe Tsogyal fragte: Was ist damit gemeint?

Der Meister sprach: Du musst die Regeln und Gelübde, die du übernommen hast, ohne Fehl einhalten.

Du musst dich ohne Fehl in Liebe, Mitgefühl und Bodhicitta üben.

Nachdem du über das Gesetz von Ursache und Wirkung nachgedacht hast, musst du dich ohne Fehl der kleinsten schlechten Tat enthalten.

Wenn du über deinen Meister als einen Buddha meditierst, musst du ihn stets ohne Fehl über deinem Scheitel visualisieren.

Eines ist sicher: Deine Meditation über die Leerheit aller Phänomene muss ohne Fehl sein.

Die Übung der sechs Paramitas

Padmasambhava sprach: Wenn du dich im Dharma übst, musst du dies mit Hilfe der sechs Paramitas tun.

Yeshe Tsogyal fragte: Wie werden die Paramitas geübt?

Der Meister erwiderte: Weder Geiz noch Vorurteile zulassen—so übst du die Paramita der Freigebigkeit.

Dich deiner Geistesgifte auf kluge Weise entledigen—so übst du die Paramita der Disziplin.

Dich völlig von Hass und Groll befreien—so übst du die Paramita der Geduld.

Trägheit und Faulheit nicht nachgeben—so übst du die Paramita der Tatkraft.

Frei sein von Zerstreutheit und dem Haften am Geschmack der Meditation—so übst du die Paramita der Meditation.

Frei sein von dualistischen Vorstellungen und gedanklichen Konstruktionen—so übst du die Paramita der Weisheit.

Drei Ziele

Padmasambhava sprach: Bei der Übung des Dharma kann man drei Ziele verfolgen.

Yeshe Tsogyal fragte: Welches sind diese Ziele?

Der Meister erwiderte: Menschen mit geringeren Fähigkeiten gehen den Aktivitäten nach, die ihren zukünftigen Leben zugute kommen und bemühen sich um nichts anderes. Auf diese Weise werden sie unweigerlich die höheren Daseinsbereiche erreichen.

Menschen mit mittleren Fähigkeiten, die aller Daseinsbereiche überdrüssig sind, widmen sich ausschließlich tugendhaften Aktivitäten. Auf diese Weise werden sie unweigerlich die Befreiung erlangen.

Menschen mit den höchsten Fähigkeiten gehen zum Wohl aller Lebewesen ausschließlich der Übung von Bodhicitta nach. Auf diese

Weise werden sie unweigerlich die vollkommene Erleuchtung erreichen.

Im Allgemeinen sind alle Ziele, die die Menschen vom frühen Morgen bis zum späten Abend verfolgen, lediglich auf Vergnügen und Befriedigung in diesem Leben gerichtet. In diesem Leben von den Geistesgiften beherrscht, werden sie in ihren zukünftigen Leben unausweichlich in die niederen Daseinsebenen fallen.

Sechs Dinge, die zu betrauern sind

Padmasambhava sprach: Wenn Menschen, die den Dharma üben, beim Tod eines Verwandten sehr klagen und trauern, ist dies nicht angemessen. Für den, der den Dharma übt, gibt es fünf Dinge, über die man wirklich trauern sollte.

Yeshe Tsogyal fragte: Was ist damit gemeint?

Der Meister erwiderte: Wenn du von einem erhabenen Meister scheiden musst, solltest du trauern, indem du Opfergaben bei der Bestattung darbringst.

Wenn du von einem engen Dharma-Freund scheiden musst, solltest du trauern, indem du die zwei Ansammlungen mehrst.

Wenn du gegen die Weisungen deines Meisters verstößt, solltest du trauern, indem du dies voller Reue bekennst.

Wenn du deine Gelübde verletzt oder brichst, solltest du trauern, indem du sie reinigst und erneuerst.

Wenn du für lange Zeit die spirituellen Übungen vernachlässigt hast, solltest du trauern, indem du einem Meister folgst.

Wenn dein Geist sich von den acht weltlichen Anliegen ablenken lässt, solltest du trauern, indem du den tiefen Wunsch nach Entsagung in dir weckst.

Eines ist sicher: Wenn ein Mensch nicht begreift, dass alle zusammengesetzten, bedingten Dinge der Vergänglichkeit unterworfen sind, werden sein Kummer und sein Leiden niemals ein Ende nehmen.

Vier Wege, sein Feld zu bestellen

Padmasambhava sprach: Wenn du dich im Dharma übst, musst du auf vierfache Art dein Feld bestellen.

Yeshe Tsogyal fragte: Wie wird dies getan?

Der Meister erwiderte: Du musst die grobe Erde deines Geistes mit dem festen Vertrauen der Zuversicht lockern.

Du musst den reichen Dünger deiner durch Meditationspraxis gewandelten inneren Einstellung anwenden.

Du musst die gute Saat der Taten, die zum Heilsamen führen, säen und sie mit Bodhicitta durchdringen.

Du musst die fünf Gifte und das begriffliche Denken ausrotten, indem du dem Pflüger der Tatkraft die Pflugschar der Weisheit an dem Gespann von Methode und Weisheit festmachen lässt.

Wenn du dies befolgst, kann nichts den Keim der Erleuchtung daran hindern, zur Frucht der Buddhaschaft heranzureifen.

Eines ist sicher: Es gibt zu viele Menschen, die den Ackerbau der Befreiung nicht beherrschen und gleichzeitig des weltlichen Ackerbaus niemals müde werden. Diese armen Wesen!

Acht Arten der Stille

Der Meister sprach: Wenn du dich im Dharma übst, bewahre die acht Arten des Schweigens.

Yeshe Tsogyal fragte: Was ist damit gemeint?

Der Meister erwiderte: Um die Stille des Körpers zu wahren, halte dich an abgeschiedenen Orten auf und du wirst den Extremen von Leidenschaft und Aggression widerstehen können.

Um die Stille der Rede zu wahren, sei wie jemand, der stumm ist und du wirst nicht mehr durch das Schwatzen mit anderen von der spirituellen Übung abgelenkt.

Um die Stille des Geistes zu wahren, lass dich nicht von Gedanken und Zerstreutheit beherrschen und du wirst in der absoluten Natur des Dharmakaya, jenseits von Gedanken verweilen.

Um die Stille der Sinne zu wahren, gib die Vorstellung von reiner und unreiner Nahrung auf, so wird dein Leben einfach und die Dakinis versammeln sich.

Um die Stille der Kernunterweisungen zu wahren, gib sie nicht ungeeigneten Menschen preis und du wirst den Segen der Übertragungslinie empfangen.

Um die Stille des Verhaltens zu wahren, handle natürlich und ohne Heuchelei, so wirst du Fortschritte machen und davor bewahrt, Verdunkelungen anzuhäufen.

Um die Stille der meditativen Erfahrung zu wahren, lass dich weder von Erfahrungen faszinieren noch halte an ihnen fest, erzähle sie auch nicht anderen und du wirst die Siddhi der Mahamudra in diesem Leben erlangen.

Um die Stille der spirituellen Verwirklichung zu wahren, sei ohne Ehrgeiz und falle nicht in Einseitigkeit und du wirst im Augenblick der Verwirklichung Befreiung erlangen.

Eines ist sicher: Menschen, die nicht in der Lage sind, sich solange ihrer Übung zu widmen, wie es dauert, ein Mahl zu essen, die nicht einmal für die Dauer einer Rezitation still sein können und die ihre geschwätzige Zunge nicht zügeln können, werden nicht erfolgreich Schweigen wahren können.

Die Verführungen durch Mara

Padmasambhava sprach: Dharma-Praktizierende merken oft nicht, wenn sie von Mara getäuscht und verführt werden.

Yeshe Tsogyal fragte: Wie ist das gemeint?

Der Meister erwiderte: Menschen, die Macht haben, werden vom Mara des Hochmuts und der Eitelkeit verführt.

Würdenträger werden vom Mara der Beredsamkeit und Selbsttäuschung verführt.

Einfache Leute werden vom Mara der Unwissenheit und Dummheit getäuscht.

Reiche Leute werden vom Mara wichtiger Geschäftigkeit und der Vermehrung ihres Vermögens verführt.

Dharma-Übende werden vom Mara des Anhäufens materieller Besitztümer verführt.

Sie werden verführt vom Mara des Kinderaufziehens — Wesen, bei denen sie karmische Schulden haben.

Sie werden verführt vom Mara der ehrfürchtigen Schüler. Sie werden verführt vom Mara der hingebungsvollen Diener und Begleiter.

Sie werden getäuscht vom Mara der verhassten Feinde. Sie werden getäuscht vom Mara liebevoller Worte von Verwandten.

Sie werden getäuscht vom Mara schöner Dinge, die den Körper schmücken.

Sie werden getäuscht vom Mara sanfter Stimmen und süß klingender Worte.

Sie werden getäuscht vom Mara ihres eigenen Anhaftens. Sie werden verführt vom Mara der Schönheit und der Sehnsucht nach Zuneigung.

Alle Energie, die du in verblendete Handlungen steckst, ist die Versuchung von Mara.

Die fünf Gifte in dir sind der Mara deines Geistes. Die sechs Sinnesobjekte, die als gewohnheitsbedingte Tendenzen verbleiben, sind der Mara der äußeren Objekte.

Haften am Geschmack der Erfahrung des Samadhi ist der Mara innerer Phänomene.

Im Dzogchen auf die Frucht hoffen ist der Mara der Sicht. Auch alle erhabenen Eigenschaften sind Mara. Alle Unwissenheit und Verblendung ist ebenfalls Mara. Der größte Mara ist deshalb der Glaube an ein Ich. Mara existiert nirgendwo außerhalb deiner selbst, er ist in dir. Du musst diesen Dämon von innen her vernichten. Wenn du das tust, wird er dir nicht im Außen entgegentreten.

Es gibt nur zu viele Menschen, die diesen Mara nicht erkennen!

Vier grundlegende Eigenschaften

Padmasambhava sprach: Wenn du dich im Dharma übst, musst du vier grundlegende Eigenschaften besitzen.

Yeshe Tsogyal fragte: Was sind diese Eigenschaften?

Der Meister erwiderte: Jemand, der großes Mitgefühl hat, wird den selbstlosen Erleuchtungsgeist besitzen.

Jemand, der frei von Heuchelei ist, wird fähig sein, die Regeln zu beachten.

Jemand, der ohne Falschheit ist, wird reine Samayas haben.

Jemand, der ohne Affektiertheit ist, wird keine falsche Scham haben und ein Freund nicht nur in guten Zeiten sein.

Eines ist sicher: Wenn du tiefes Vertrauen hast, wirst du auch Erfolg in der Dharma-Praxis haben und wenn du Entschlossenheit besitzt, wirst du die Gelübde halten können. Um den Dharma zu üben, musst du achtgeben, stark und fest sein, als würde dein Herz von einem Knochen gestützt.

Die Fünf Gifte an der Wurzel abschneiden

Padmasambhava sprach: Wenn du dich im Dharma übst, musst du die fünf Gifte an ihren Wurzeln abschneiden.

Yeshe Tsogyal fragte: Was heißt das?

Der Meister erwiderte: Menschen mit viel Hass sind den stärksten Leiden unterworfen.

Der Mensch, dessen Unwissenheit groß ist, gleicht einem Tier und kann den Dharma nicht verstehen.

Der Mensch, der sehr hochmütig ist, kann keine Tugenden in sich entwickeln und hat stets viele Feinde.

Der Mensch, dessen Begierde groß ist, kann seine Gelübde nicht halten und wird oft verleumdet.

Der Mensch mit viel Neid hat starken Ehrgeiz und findet Gefallen an Intrigen.

Folge den fünf Giften nicht. Vernichte sie von innen heraus, indem du sie im gleichen Augenblick befreist, da sie in dir aufwallen!

Menschen, die sich hemmungslos den fünf Giften überlassen, beschwören ihr eigenes Elend herauf.

Den eigenen Geist zähmen

Padmasambhava sprach: Wenn du dich im Dharma übst, musst du als erstes deinen eigenen Geist zähmen.

Yeshe Tsogyal fragte: Was ist damit gemeint?

Der Meister erwiderte: Lösche die lodernden Flammen des Hasses mit dem Wasser der liebevollen Hinwendung.

Überquere den reißenden Strom der Begierde auf der Brücke wirksamer und mächtiger Gegenmittel.

Entzünde die Fackel der Weisheit im Dunkel der Unwissenheit.

Stampfe mit dem Mörser der Tatkraft den Berg des Hochmuts in Grund und Boden.

Widerstehe dem Sturm des Neides, indem du die warme Kleidung der Geduld anlegst.

Eines ist sicher: Wenn du diesen fünf Giften, deinen alten Erzfeinden, ungehemmt nachgibst, werden sie dir in den drei niederen Daseinsbereichen[26] des Samsara Verderben bringen. Es ist gefährlich, ihnen freien Lauf zu lassen!

Fünf Dinge, die man sehen sollte

Padmasambhava sprach: Wenn du dich im Dharma übst, musst du fünf Zeichen des Sehens besitzen.

---

[26] Höllenbereich: Hass, Hungrige Geister: Gier, Bereich der Tiere: Dumpfheit, Unwissenheit.

Yeshe Tsogyal fragte: Was ist damit gemeint?

Der Meister erwiderte: Du musst über die Worte des erhabenen Dharma hinaus die immaterielle Natur des Geistes sehen können.

Du musst sehen können, dass diese vorhandenen Erscheinungsformen von selbst befreit sind, wenn man nicht an ihnen haftet.

Du musst sehen können, dass—ganz gleich, welche Erfahrung auftritt—alles die große Glückseligkeit ist.

Du musst den Meister voll Ehrfurcht und verehrender Hingabe als einen Buddha sehen.

Allgemein gilt: Wenn du den Dharma übst, musst du alles ohne Anhaften sehen.

Fünf Dinge, die man erreichen sollte

Padmasambhava sprach: Wenn du dich im Dharma übst, musst du fünf Dinge erreichen.

Yeshe Tsogyal fragte: Was ist damit gemeint?

Der Meister erwiderte: Dadurch, dass du die mündlichen Unterweisungen deines Meisters nicht aus Faulheit beiseite lässt, musst du das tatsächliche Ausführen der Übungen erreichen.

Dadurch, dass du dich den spirituellen Übungen widmest, musst du dein eigenes Wohlergehen erreichen.

Dadurch, dass du den Segen empfängst, musst du zum Wohl der anderen fähig werden, geistige Führung zu geben.

Dadurch, dass du alle Phänomene in die Dharmata befreist, musst du ungekünstelte Natürlichkeit erreichen.

Dadurch, dass du dein wahres Antlitz erblickst, musst du die Erkenntnis, dass dein Geist Buddha ist, erreichen.

Die Dharma-Praktizierenden hier in Tibet erreichen nicht eines dieser Dinge und daher wird auch keiner ihrer Wünsche Erfüllung finden.

Fünf Arten der Fülle

Padmasambhava sprach: Wenn du dich im Dharma übst, müssen fünf Arten der Fülle gegeben sein.

Yeshe Tsogyal fragte: Was ist damit gemeint?

Der Meister erwiderte: Du musst einen spirituellen Meister haben, der die Fülle der Kernunterweisungen besitzt.

Die Kernunterweisungen müssen mit der Fülle des tiefgründigen Weges der geeigneten Mittel und Weisen ausgestattet sein.

Du selbst musst über die Fülle der Standhaftigkeit im Erdulden von Entbehrungen verfügen.

Du musst die Fülle des Strebens nach dem wirklichen Üben des Dharma besitzen.

Du musst die Erhabenheit der zielstrebigen Entschlossenheit zur Ausübung des Dharma besitzen.

Nur von diesen fünf Arten der Fülle bereichert, wird dein Streben, dich aus Samsara zu befreien, Erfolg haben.

Fünf Formen des Meisterns

Padmasambhava sprach: Wenn du dich im Dharma übst, musst du fünf Formen der Meisterschaft erlangen.

Yeshe Tsogyal fragte: Was ist damit gemeint?

Der Meister erwiderte: Du musst die Dharma-Übung auf natürliche Weise meistern und so in den Besitz des Wissens über «das Eine, das alles befreit» gelangen.

Du musst die Verwirklichung der Dharmata und so das Aufscheinen des Nichterzeugten im Strom deines Bewusstseins erreichen.

Du musst die Samayas auf natürliche Weise meistern und so die Makellosigkeit des Geistes erlangen.

Du musst dich bemühen, die Pranas zu meistern und dadurch fähig werden, Entbehrungen zu ertragen.

Du musst die Kernunterweisungen meistern und dadurch die Fähigkeit erlangen, in Übereinstimmung mit den jeweiligen Bedürfnissen der Wesen zu lehren.

Fünf unnütze Dinge

Padmasambhava sprach: Wenn du dich im Dharma übst, sind fünf Dinge nutzlos.

Yeshe Tsogyal fragte: Was sind diese Dinge?

Der Meister erwiderte: Es nützt nichts, verehrende Hingabe zu entwickeln, wenn du Samsara nicht wirklich entsagt hast.

Es nützt nichts, über Leerheit zu meditieren, wenn du die Phänomene weiterhin als real ansiehst.

Es nützt nichts, Meditation zu üben, wenn du Verlangen nicht aufgegeben hast.

Es nützt nichts, die Kernunterweisungen zu lehren, wenn du nicht von Anhaften und Aggression lässt.

Es nützt nichts, wortgewandte Ratschläge zu geben, wenn sie nicht mit der relativen Wahrheit übereinstimmen.

Fünf notwendige Dinge

Padmasambhava sprach: Wenn du dich im Dharma übst, sind fünf Dinge notwendig.

Yeshe Tsogyal fragte: Was sind diese Dinge?

Der Meister erwiderte: Es ist notwendig, dass ein edler Meister dich als Schüler annimmt, damit du die Essenz der mündlichen Unterweisungen erhältst.

Es ist notwendig, stets unerschütterliche und tiefe Hingabe für den Meister zu empfinden, damit der Segen dir ganz von allein zuteil wird.

Es ist notwendig, die zwei Ansammlungen zumindest teilweise angehäuft zu haben, damit dein Geist zu einem fähigen Werkzeug werden kann.

Es ist notwendig, einen fähigen Geist zu haben, damit Samadhi in dir erwachen kann.

Dass Samadhi in dir erwacht, ist notwendig, um rasch die allumfassende Erkenntnis der Buddhaschaft zu erlangen.

Fünf Lügen

Padmasambhava sprach: Wenn man behauptet, ein Dharma-Übender zu sein, können fünf Dinge zu Lügen werden.

Yeshe Tsogyal fragte: Welches sind diese Lügen?

Der Meister erwiderte: Es ist eine Lüge zu sagen, du hättest Angst davor, wiedergeboren zu werden, wenn du gleichzeitig in dieses Leben verliebt bist.

Es ist eine Lüge zu sagen, du würdest Zuflucht nehmen, wenn du gleichzeitig ungute Handlungen begehst, ohne dich im Geringsten vor dem Fallen in die drei niederen Daseinsbereiche zu fürchten.

Es ist eine Lüge zu sagen, du würdest Meditation üben, wenn sich dein Geist nicht vom Begehren abgewandt hat.

Es ist eine Lüge zu sagen, du hättest die Sicht verstanden, wenn du nichts vom Gesetz von Ursache und Wirkung weißt.

Es ist eine Lüge zu sagen, du wärest ein Buddha, wenn du den Abgrund der samsarischen Existenz noch nicht überquert hast.

Es gibt viele Menschen, die behaupten, den Dharma zu üben und gleichzeitig sich selbst und anderen gegenüber unaufrichtig sind. Zum Zeitpunkt ihres Todes werden all diese Lügen auf sie selbst zurückfallen.

Fünf Dinge, die gewiss sind

Der Meister sprach: Wenn du den Dharma übst, brauchst du die Unterweisungen über die fünf Dinge, die gewiss sind.

Yeshe Tsogyal fragte: Wie lauten diese Unterweisungen?

Der Meister erwiderte: Ohne Meditation wird weder meditative Erfahrung noch Verwirklichung erreicht. Das ist gewiss.

Wenn bei der Ausübung des Mahayana Methode und Weisheit nicht zusammen praktiziert werden, wirst du auf die Ebene der Shravakas zurückfallen. Das ist gewiss.

Wenn du nicht weißt, wie Sicht und Verhalten vereint werden, wirst du auf einen falschen Weg geraten. Das ist gewiss.

Solange die Erkenntnis des wahren Wesens des Geistes nicht vollkommen verwirklicht ist, gibt es weiterhin gute Taten und schlechte Taten. Das ist gewiss.

Ohne erkannt zu haben, was dein Geist ist, wirst du nicht Buddhaschaft erlangen. Das ist gewiss.

Fünf Dinge, die zu nichts führen

Der Meister sprach: Wenn du dich im Dharma übst, gibt es fünf Dinge, die fruchtlos sind.

Yeshe Tsogyal fragte: Was ist damit gemeint?

Der Meister erwiderte: Es ist fruchtlos, einem Meister zu folgen, der nicht über die Essenz der Unterweisungen verfügt.

Es ist fruchtlos, einem Schüler Belehrungen zu geben, der seine Verpflichtungen nicht einhält.

Es ist fruchtlos, Lehren zu kennen, die man nicht anwendet und aus denen man keinen Nutzen zieht.

Es ist fruchtlos, Meditationen zu üben, die deinen Geist nicht verändern.

Es ist fruchtlos, an Belehrungen teilzunehmen, die nur aus leeren Worten bestehen und die dich nicht weiterbringen.

Eines ist sicher: Viele Menschen praktizieren, was fruchtlos ist. Ihre Unwissenheit hindert sie daran zu erkennen, was sinnvoll und was sinnlos ist.

Sechs edle Eigenschaften

Padmasambhava sprach: Wenn du dich im Dharma übst, musst du sechs edle Eigenschaften haben.

Yeshe Tsogyal fragte: Was sind diese Eigenschaften?

Der Meister erwiderte: Wenn du die Sicht meistern willst, musst du erkennen, dass alles Geist ist.

Wenn du die Regeln und die Disziplin ohne Heuchelei und Scheinheiligkeit einhalten willst, musst du deinen Geist von allen Verunreinigungen läutern.

Wenn du vorurteilslose Freigebigkeit üben willst, darfst du weder Dankbarkeit noch Belohnung erwarten.

Wenn du Schwierigkeiten mit Geduld begegnen willst, musst du dich von Hass gegen deine Feinde befreien.

Wenn du deinen Geist durch Studium und Nachdenken schulen willst, musst du die Geistesgifte und schmerzliche Erfahrungen als spirituellen Pfad nutzen können.

Wenn du Meditation üben willst, musst du verhindern, dich vom «Mara verdienstvoller Taten»[27] wegreißen zu lassen.

Das Verhalten mancher Dharma-Praktizierenden hier in Tibet ist nicht im Einklang mit dem Dharma.

---

[27] Die Versuchung, die spirituelle Praxis zu eigennützigen Zwecken zu betreiben. Dies geschieht zum Beispiel, wenn verdienstvolle Handlungen nicht von Entsagung, d.h. dem Wunsch nach Befreiung, und nicht von Bodhicitta, dem uneigennützigen Erleuchtungsgeist, motiviert sind.

Vier Schwächen

Padmasambhava sprach: Wenn du dich im Dharma übst, musst du dich von vier Schwächen befreien.

Yeshe Tsogyal fragte: Welches sind diese?

Der Meister erwiderte: Es reicht nicht aus, nach Lust und Laune zu praktizieren; die spirituelle Übung muss stetig, wie das Strömen eines Flusses, sein.

Es reicht nicht aus, meditative Erfahrungen wie das Sehen von Geisterwesen zu erlangen; die Ausübung des Dharma muss deinen Geist befreien.

Ein Verhalten, das scheinheilig ist, genügt nicht; dein Verhalten muss natürlich und spontan sein.

Es reicht nicht aus, Respekt zu zeigen und Versprechungen zu machen; du musst dem Meister tatsächlich dienen.

Die Dharma-Praktizierenden hier in Tibet können sich nicht von diesen vier Schwächen befreien. Wenn ihr Tod naht, werden sie wie gewöhnliche Menschen sterben und die Folgen davontragen.

Dünkelhaftigkeit

Padmasambhava sprach: Die Dharma-Praktizierenden hier sind eingebildete Aufschneider, die sich selbst überschätzen. Sie sind schlimmer als gewöhnliche Menschen.

Yeshe Tsogyal fragte: Wie ist das zu verstehen?

Der Meister erwiderte: Sie geben vor, den Dharma zu üben und einem Meister zu folgen. Sie täuschen vor, Lehrer zu sein und viele Mönche zu haben, die auf sie hören. Sie behaupten, große Anstrengungen in der spirituellen Praxis zu unternehmen und über höhere Wahrnehmung zu verfügen. Sie geben vor, in strikter Klausur zu verweilen und die höchsten Lehren zu kennen. Wenn man andere durch das Vollbringen scheinheiliger Taten zu täuschen versucht und es nicht schafft, weltlichen Dünkel abzulegen, wird man das in seiner Todesstunde bereuen.

Vierzehn Dinge, die man hinter sich lassen muss

Padmasambhava sprach: Wenn du den Dharma aus ganzem Herzen üben willst, musst du vierzehn Dinge hinter dir lassen.

Yeshe Tsogyal fragte: Welche Dinge sind damit gemeint?

Der Meister erwiderte: Sei ein Kind des scheuen Wildes und lebe an verborgenen Plätzen in der Einsamkeit der Berge.

Faste, übe die Askese des «Gewinnens der Essenzen»[28].

Mische dich nicht unter die höheren Kreise der städtischen Gesellschaft, verhalte dich unauffällig.

Handle so, dass es deine Gegner nicht verärgert und brich alle Brücken zu deiner Heimat hinter dir ab.

Kleide dich mit dem, was andere weggeben und sei bescheiden.

Gib das Hängen an Freunden und Verwandten auf und löse dich von allem, was dich bindet.

Versuche den Buddhas nachzufolgen und widme dich der geistigen Übung.

Vertraue aus ganzem Herzen in die Kernunterweisungen und setze sie in die Tat um.

Nimm deine Yidam-Gottheit als Quintessenz an und rezitiere ihr Mantra.

Empfinde ungutes Handeln als das schlimmste Übel und unterlasse es.

Sei freigebig gegenüber deinem Meister und opfere ihm, was dir möglich ist.

Kehre dich ab von Samsara und lass dein Interesse daran erlöschen.

---

[28] Skrt. *Rasayana*, eine yogische Übung, die es ermöglicht, sich nur von der Essenz von Heilpflanzen und Mineralien und von der Energie der fünf Elemente zu ernähren.

Überlasse anderen deinen Sieg und wetteifere nicht mit denen, die Macht haben.

Nimm du die Niederlage auf dich und decke deine eigenen Fehler auf.

Wenn du dich so verhältst, wird aus deiner Übung wahres Dharma werden und du wirst Samsara hinter dir zurücklassen.

Drei Krankheiten, von denen man sich befreien muss

Padmasambhava sprach: Wenn du dich im Dharma übst, musst du dich von drei Krankheiten befreien.

Yeshe Tsogyal fragte: Welches sind diese Krankheiten?

Der Meister erwiderte: Solange du deine Heimat nicht aufgegeben hast—die Krankheit des Heimatlandes—, werden die fünf Gifte dich gefangen halten und du wirst in die niederen Daseinsbereiche wandern.

Solange du dem Haften an Haus und Besitz nicht aufgegeben hast—die Krankheit des Wohnorts—, wirst du im Kerker des Habenwollens und des Glaubens an ein Ich gefangen bleiben und den Mara des Verhaftetseins nicht überwinden können.

Solange du deinen Sinn für Familie, Kinder und Nachfahren nicht aufgegeben hast—die Krankheit der Verwandten—, wirst du im schlammigen Sumpf des Samsara steckenbleiben und keine Möglichkeit finden, dich zu befreien.

Man muss wirklich sehr dickhäutig sein, um im Haus des Samsara mit diesen drei Krankheiten zu leben und nicht zu merken, wie man vom Leiden der drei Gifte gequält wird.

Der Weg zur Befreiung aus Samsara

Padmasambhava sprach: Wenn man den Dharma übt, gibt es Mittel und Wege, Befreiung aus Samsara zu finden.

Yeshe Tsogyal fragte: Was sollten wir tun?

Der Meister erwiderte: Wenn du besonders tiefe verehrende Hingabe entwickeln möchtest, sieh dir die äußeren und inneren Tugenden des Meisters an.

Wenn du möchtest, dass dein Handeln mit allem in Einklang ist, lasse nicht nach in deinem Bemühen, anderen zu helfen.

Wenn du den Weisheitsgeist des Meisters verwirklichen möchtest, wende seine Kernunterweisungen an.

Wenn du rasch Siddhis erlangen möchtest, halte deine Samayas ohne Fehl.

Wenn du von den vier Flutwellen—Geburt, Alter, Krankheit und Tod—befreit werden möchtest, weile unaufhörlich in untrüglicher Gewissheit des ungeschaffenen Allurgrunds[29].

Wenn du möchtest, dass in deiner spirituellen Übung keine Hindernisse aufkommen, lass alle weltlichen Zerstreuungen beiseite.

Wenn du das Wohlergehen anderer mühelos erreichen möchtest, übe deinen Geist im Bodhicitta grenzenloser Liebe und Barmherzigkeit.

Wenn du dich davor fürchtest, dich im nächsten Leben in den niederen Daseinsbereichen wiederzufinden, gib in diesem Leben die zehn untugendhaften Handlungen auf.

Wenn du in diesem und in späteren Leben glücklich sein möchtest, bemühe dich, die zehn tugendhaften Handlungen zu fördern.

Wenn du möchtest, dass dein Geist ganz vom Dharma durchdrungen wird, sei auch zu Zeiten der Entbehrung und des Elends beharrlich in deiner spirituellen Praxis.

Wenn du dich von Samsara abwenden möchtest, suche die unübertreffliche Erleuchtung in deinem eigenen Geist.

---

29 *Kun gZhi;* Skrt.: *alaya,* hier ein Synonym für Dharmakaya.

Wenn du die Frucht der drei Kayas erlangen möchtest, bemühe dich, die zwei Ansammlungen zu mehren.

Wenn du dich in dieser Weise übst, wirst du Glück finden. Menschen, die ihren Geist nicht von Samsara abkehren, können nicht glücklich werden.

Den Dharma mit Aufrichtigkeit üben

Padmasambhava sprach: Wenn du den Dharma aus innerstem Herzen praktizieren möchtest, so gibt es einen Weg dazu.

Yeshe Tsogyal: Wie ist das gemeint?

Der Meister erwiderte: Während deiner Sadhana sei frei von Verhaftetsein und Abneigung.

Während des Studiums der Lehre lege die Rüstung der Geduld an.

Während du dich an abgeschiedenen Orten aufhältst, hänge weder an Nahrung noch an Besitz.

Wenn du dich nach einer Dharma-Übung sehnst, mit der du Siddhi erlangen kannst, folge einem Meister, der bereits Siddhi erlangt hat.

Wenn du einen erhabenen Meister getroffen hast, wende dich niemals gegen ihn, sondern tu dein Bestes, ihm zu genügen.

Wenn du Zweifel am Dharma hast, frage deinen Meister um Rat.

Wenn Verwandte sich gegen dich wenden, durchtrenne die Bande des Anhaftens.

Lass nicht zu, dass Hindernisse oder Geisterwesen dich von deiner Übung ablenken.

Praktiziere jetzt, schiebe die Übung nicht auf.

Sehne dich nicht nach Gesellschaft, ziehe dich in die Einsamkeit zurück.

Freunde, Verwandte, Besitz und alle materiellen Dinge sind Illusionen. Gib sie auf!

Begierde und Abneigung wallen auf, sobald du dich zu anderen gesellst.

Lebe allein und widme dich der spirituellen Übung.

Unterhaltung und Vergnügen nachzugehen unterbricht nur deine Übung. Wende dich davon ab!

Eines ist sicher: Menschen, die nicht fähig sind, sich der spirituellen Übung zu widmen, werden kein wahres Glück finden.

Die Samayas einhalten

Padmasambhava sprach: Wenn du dich im Dharma übst, musst du die Samayas halten. Die Menschen tun jedoch anscheinend nichts anderes, als ihre Samayas zu brechen, weil sie nicht fähig sind Härten zu ertragen.

Yeshe Tsogyal fragte: Was bedeutet das?

Der Meister erwiderte: Einige von denen, die die Samayas brechen, halten geheim, dass sie einen Meister haben und geben sich selbst als Gelehrte aus. Sie legen es nur darauf an, ihre eigene Großartigkeit hervorzuheben.

Es gibt unter ihnen solche, die die Absicht hatten, dem Meister eine Opfergabe darzubringen, es sich dann aber anders überlegten und diese Opfergabe unredlicherweise als Teil des eigenen Besitzes einbehielten.

Es gibt unter ihnen solche, die sowohl ihren Meister als auch ihre Dharma-Freunde täuschen und betrügen.

Es gibt solche, die ihren Meister schlechtmachen und mit ihrem eigenen Ansehen protzen.

Es gibt solche, die ihre eigenen Fehler dem Meister zuschreiben und so tun, als wären ihre Samayas rein.

Es gibt solche, die glauben, die Lebensweise des Meisters, die sich der Beurteilung entzieht, beurteilen zu können.

Und es gibt solche, die die Tugenden ihres Meisters zwar anderen gegenüber rühmen, im Grunde aber mit ihm konkurrieren wollen.

Es gibt viele engstirnige Menschen, die den Unterweisungen nicht beiwohnen und trotzdem behaupten, Wissen zu haben; die die

Initiationen nicht empfangen, aber behaupten, spirituelle Reife erlangt zu haben; die die mündlichen Unterweisungen nicht erhalten, aber behaupten, sie hätten sie erhalten. So sind es nur wenige, die den Segen und die Kraft wirklich empfangen.

Festes Vertrauen in die Lehre

Padmasambhava sprach: Wenn man sich im Dharma übt, ist unerschütterliches Vertrauen in die Lehre das Entscheidende. Es gibt zehn Ursachen für das Erwachen dieses Vertrauens.

Yeshe Tsogyal fragte: Welches sind diese?

Der Meister erwiderte: Erkenne, dass in all deinen gegenwärtigen Beschäftigungen sowie in Erfolg und Ruhm kein wahres Glück zu finden ist.

Baue darauf, dass gute und schlechte Taten die ihnen entsprechenden karmischen Folgen nach sich ziehen.

Entwickle Samsara gegenüber ein Gefühl des Überdrusses, indem du dich an den Tod erinnerst.

Begreife, dass Besitz, Kinder, Ehepartner und Verwandte dich nicht über den Tod hinaus begleiten können.

Erkenne, dass es nicht in deinem Belieben steht, die Umstände und die Umgebung für dein zukünftiges Leben zu wählen. Es ist ungewiss, wo man wiedergeboren wird.

Erkenne, dass du dieses Leben mit leeren Händen verlassen wirst, wenn du dich nicht jetzt, da du einen unversehrten menschlichen Körper erlangt hast, der Übung des Dharma widmest.

Sei dir darüber im Klaren, dass du immer Leiden ausgesetzt bist, in welchem der sechs Daseinsbereiche des Samsara du auch geboren wirst.

Höre dir an, welche erhabenen Eigenschaften den Drei Kostbarkeiten eigen sind.

Sieh eigenartige Handlungsweisen eines großen spirituellen Meisters als Ausdruck seiner Tugenden an.

Umgib dich mit guten Dharma-Freunden, die sich an das Heilsame halten.

Ein Mensch, der sich dieser Dingen erinnert oder sie neu entdeckt, wird sich von Samsara abkehren. Doch es scheint schwierig zu sein, auch nur ein wenig davon zu befolgen.

Dreizehn Arten der Entsagung

Padmasambhava sprach: Wenn du mit ganzem Herzen den Dharma praktizieren möchtest, musst du die dreizehn Arten der Entsagung besitzen.

Yeshe Tsogyal fragte: Was sind diese?

Der Meister erwiderte: Solange du deinem Heimatland nicht entsagt hast, kannst du den Mara des Stolzes nicht besiegen.

Solange du die Beschäftigungen des weltlichen Lebens nicht aufgibst, wirst du nie Zeit finden, den Dharma zu üben.

Wenn du dich dem Dharma nicht dann widmest, wenn du Vertrauen in ihn hast, wirst du dein Karma nicht erschöpfen.

Wenn du selbst kein Vertrauen hast, unterlasse es, andere gering zu schätzen.

Solange du dich nicht von deinem Besitz lösen kannst, wirst du dich auch nicht von weltlicher Geschäftigkeit befreien können.

Wenn du es nicht fertigbringst, innere Unabhängigkeit gegenüber deinen Angehörigen zu wahren, wirst du den ständigen Wellengang von Zuneigung und Abneigung nicht brechen können.

Wenn du den Dharma nicht jetzt übst, wird es ungewiss sein, wo du in deinem nächsten Leben wiedergeboren wirst.

Wenn du etwas auf die Zukunft verschiebst, statt es jetzt zu tun, da du die Möglichkeit dazu hast, wird fraglich sein, ob du jemals dazu kommen wirst.

Mache dir selbst nichts vor; lass von deinen falschen Wünschen und Zielen und übe den erhabenen Dharma.

Gib Verwandte und Freunde, Liebespartner und deinen Besitz auf. Je eher du es tust, um so besser.

Bemühe dich nicht um eine Stellung in der Gesellschaft, die Unheilsames mit sich bringt und dir im Tod nichts nützen wird. Fördere tugendhafte Handlungen, sie sind ganz sicher nützlich.

Vergeude keine Zeit mit Vorbereitungen für den morgigen Tag; wer weiß, ob sie nötig sind. Bereite dich lieber mit Hilfe der spirituellen Übung auf den Tod vor, dies ist ganz sicher nötig.

Wenn du dich ganz der Dharma-Praxis widmest, brauchst du dich nicht um Nahrung oder Kleidung sorgen: Sie werden sich von selbst einstellen. Ich habe noch nie von jemandem gehört oder jemanden gesehen, der während der Ausübung des Dharma verhungert wäre.

Dreizehn wichtige Dinge

Der Meister sprach: Um den Dharma aus ganzem Herzen praktizieren zu können, musst du dreizehn wichtige Dinge tun.

Yeshe Tsogyal fragte: Was sind diese?

Der Meister erwiderte: Es ist wichtig, auf einen Meister zu hören, der gute Eigenschaften besitzt.

Es ist wichtig, über lange Zeit hinweg einem Meister zu folgen, der im Besitz der Kernunterweisungen ist.

Es ist wichtig, beständige, verehrende Hingabe für die Drei Kostbarkeiten zu empfinden.

Es ist wichtig, auch die allerkleinste ungute Tat zu unterlassen.

Es ist wichtig, dreimal während des Tages und dreimal während der Nacht sich der Vergänglichkeit zu erinnern.

Es ist wichtig, den heilsamen Dharma mit Eifer zu üben.

Es ist wichtig, zu jeder Zeit Liebe und Mitgefühl für alle Wesen zu entwickeln.

Es ist wichtig, auf kluge Weise das Haften an den materiellen Dingen und allen Phänomenen zu lösen.

Es ist wichtig, sicheres Vertrauen in die unfehlbaren Kernunterweisungen zu gewinnen.

Es ist wichtig, die Samayas und Gelübde in der rechten Weise zu halten.

Es ist wichtig, Klarheit darüber zu gewinnen, was dein Geist ist.

Es ist wichtig, die geheimen Unterweisungen nicht ungeeigneten Personen weiterzugeben.

Während du praktizierst, ist es wichtig, voller Eifer zu sein und dich an abgeschiedenen Orten aufzuhalten.

Wenn du all dies befolgst, wird deine Dharma-Praxis erfolgreich sein.

Der Weg des Dharma

Padmasambhava sprach: Wenn du den Wunsch hast, den Dharma zu üben—hier ist der Weg dazu.

Yeshe Tsogyal fragte: Was ist zu tun?

Der Meister erwiderte: Ist es dein Wunsch, den wahren Sinn der Dharmata zu erfassen, so musst du einem Meister folgen.

Ist es dein Wunsch, dich aus Samsara zu befreien, musst du das Leben eines weltlichen Menschen aufgeben.

Wenn du erkennst, dass auch du sterben wirst, musst du dich im Dharma üben.

Ist es dein Wunsch, über Nicht-Zweiheit zu meditieren, musst du alle Beschäftigungen aufgeben.

Ist es dein Wunsch, gute Eigenschaften zu vervollkommnen, musst du die spirituellen Übungen ausführen.

Ist es dein Wunsch, Trübsal loszuwerden, musst du auf Anhänger und Diener verzichten.

Ist es dein Wunsch, innere Erfahrungen zu machen, musst du dich in Bergklausur begeben.

Ist es dein Wunsch, dich vom Anhaften zu lösen, musst du dein Heimatland aufgeben.

Ist es dein Wunsch, ein unterhaltendes Schauspiel zu sehen, musst du in den klaren, leuchtenden Spiegel deines Geistes blicken.

Ist es dein Wunsch, Siddhis zu erlangen, musst du Guru, Yidam und Dakini über deinem Scheitel visualisieren und ihnen Verehrung darbringen.

Es scheint, dass die Lehren, die zur Freiheit führen, von niemandem wirklich geübt werden.

Standhaftigkeit

Padmasambhava sprach: Wenn du den Dharma aus ganzem Herzen praktizieren möchtest, darf es dir nicht an Standhaftigkeit fehlen.

Yeshe Tsogyal fragte: Wie ist das gemeint?

Freunde und Familie, Nahrung und Reichtum sind allesamt Illusionen. Gib sie auf!

Unterhaltsamer Zeitvertreib, Ehrungen und glückliche Umstände sind allesamt schwerwiegende Hemmnisse. Gib sie auf!

Geselligkeit, Verwandte und Bedienstete sind die Wurzel des Samsara und Anlass für Ärger und Anhaften. Gib sie auf!

Jahre und Monate, Tage und Augenblicke vergehen—die Zeitspanne bis zu deinem Tod wird immer kürzer. Beeile dich, deine Praxis auszuüben.

Menschen ohne Standhaftigkeit und ohne wahres Ziel messen ihren Verwandten, ihrem Vermögen, Essen und Trinken besondere Bedeutung bei. Sie halten Zerstreuungen für etwas Günstiges und Geselligkeit für etwas Vergnügliches. Sie bauen auf ein langes Leben und merken nicht, wie die Jahre, die Monate und die Tage verfliegen. In ihrer Todesstunde wird niemand ihnen den Weg zeigen.

Von der Schwierigkeit, den Dharma zu üben

Padmasambhava sprach: Es ist tatsächlich schwierig, den Dharma zu üben.

Yeshe Tsogyal fragte: Wie ist das gemeint?

Der Meister erwiderte: Es besteht stets die Gefahr einer falschen Sichtweise.

Die Meditation kann durch gedankliche Konstruktionen und dualistische Vorstellungen verfälscht werden.

Der schlimmste Feind sind gebrochene Samayas.

Das rechte Verhalten kann durch ungutes Handeln von Körper, Rede und Geist verdorben werden.

Die Lehren werden durch zu großen Ehrgeiz zerstört.

Der Dharma schwindet, wenn man es auf Reichtum abgesehen hat.

Die Gelübde nehmen Schaden, wenn man andere kritisiert.

Der spirituelle Weg wird nicht verstanden, wenn man an eine reale Existenz des Leidens glaubt.

Bescheidenheit geht durch das Verlangen nach angenehmen Dingen verloren.

Das Ziel geht verloren durch den Erfolg und Ruhm dieses Lebens.

Lehrer, die den Dharma nicht ausüben, sind etwas Beschämendes, derartige Meditierende etwas Trauriges.

Darüber, wie alles einfach werden kann

Der Meister sprach: Vieles wird einfach, wenn du weißt wie.

Yeshe Tsogyal fragte: Wie ist das zu verstehen?

Der Meister erwiderte: Wenn du die Subjekt-Objekt-Spaltung überwindest, fällt die wahre Sicht leicht.

Wenn du dich von Dumpfheit, Aufgeregtheit und Zerstreutheit befreist, fällt die Meditation leicht.

Wenn Anhaften so rein wird wie offener Raum, fällt das rechte Verhalten leicht.

Wenn du deinen Geist von Verdunkelungen läuterst, fällt meditative Erfahrung leicht.

Wenn du deinen Geist von Kummer und Sorge befreist, fällt es leicht, dich wohl zu fühlen, wo immer du bist.

Wenn du dich von Voreingenommenheit und Parteilichkeit befreist, fällt Mitgefühl leicht.

Wenn du von innen heraus vom Festhalten ablässt, fällt Freigebigkeit leicht.

Wenn du Besitz und Nahrung als Illusion erkennst, fällt es leicht, sich an etwas zu freuen.

Halte dich nicht für etwas Besseres und deine alltäglichen Aufgaben fallen dir leicht.

Wenn du die Last eines weltlichen Lebens nicht auf dich nimmst, fällt es dir leicht, dein Auskommen zu finden.

Wenn du nicht mit anderen um herausragende Eigenschaften wetteiferst, fällt der Umgang mit ihnen leicht.

Wenn du dich von unreifem, kindischem Verhalten und vom Glauben an ein Ich befreist, wird alles einfach.

Wenn du einem edlen Meister folgst, der Mitgefühl hat und die Kernunterweisungen besitzt, wird alles einfach.

Wenn du erkennst, dass jedem Wesen die Essenz der Sugatas, die Buddha-Natur, innewohnt, fällt es leicht, sich mit allen verbunden zu fühlen.

Durchtrenne dein Anhaften und was immer du tust, wird dir leicht fallen.

Wenn die Gesamtheit der Phänomene und alles Existierenden sich aus sich selbst befreit, fällt es leicht, die große Glückseligkeit zu entdecken.

Wenn du erkennst, dass alle Formen und Klänge illusorisch sind, fällt es leicht, Unangenehmes zu ertragen.

Wenn du dein wahres Wesen erkennst, fällt es leicht, ohne Anstrengung und Kampf zu leben.

Wenn du Gedanken als die Dharmata erkennst, fällt jede Meditation leicht.

Wenn du dies verstehst, wird alles einfach, was immer du auch tust.

Die Lebewesen des dunklen Zeitalters, die sich nicht vom Haften am Ich lösen können, kennen kein wahres Glück. Sie sind zu bemitleiden.

Wege zum Glück

Der Meister sprach: Wenn du imstande bist, diesen Anweisungen zu folgen, kannst du zum Glück finden.

Yeshe Tsogyal fragte: Wie sollten wir uns verhalten?

Der Meister erwiderte: Der Sumpf des Anhaftens und Festhaltens ist bodenlos. Du wirst erst dann Glück finden, wenn du dein Heimatland aufgibst.

Studium und Nachsinnen können endlos fortgesetzt werden. Du wirst erst dann Glück finden, wenn du die wahre Natur deines Geistes erkennst.

Gewöhnliches, leeres Gerede erschöpft sich nie. Du wirst erst dann Glück finden, wenn du Schweigen wahren kannst.

An weltlichen Zerstreuungen kann man nie genug haben. Du wirst erst dann Glück finden, wenn du dich in die Einsamkeit zurückziehst.

Geschäftiges Tun nimmt nie ein Ende. Du wirst erst dann Glück finden, wenn du alles Tun aufgeben kannst.

Mit dem Wohlstand, den man erreicht hat, ist man nie zufrieden. Du wirst erst dann Glück finden, wenn du dich von deinem Anhaften lösen kannst.

Deine verhassten Widersacher können niemals ganz unterworfen werden. Du wirst erst dann Glück finden, wenn du deine eigenen Geistesgifte überwinden kannst.

Verwandte, an denen du hängst, können niemals zufriedengestellt werden. Du wirst erst dann Glück finden, wenn du deine Sehnsucht überwinden kannst.

Da die Wurzel des Samsara niemals durchschnitten ist, wirst du erst dann Glück finden, wenn du das Haften am Ich durchtrennen kannst.

Da Gedanken und dualistische Vorstellungen unerschöpflich sind, wirst du erst dann Glück finden, wenn du die ständige Denktätigkeit durchbrechen kannst.

Im Allgemeinen können die Wesen nicht glücklich werden, solange sie am Glauben an ein Ich festhalten. Sie werden lange Zeit in den Daseinsbereichen des Samsara leiden.

Vom Weg abkommen

Padmasambhava sprach: Es gibt viele Yogis, die vom Weg abkommen und sich nicht mehr von gewöhnlichen Menschen unterscheiden.

Yeshe Tsogyal fragte: Wie ist das gemeint?

Der Meister erwiderte: Der Yogi ist vom Weg abgekommen, wenn er über die Sicht redet, ohne die wahre Natur des Geistes erkannt zu haben, und meint, die Sicht anderswo finden zu können.

Der Yogi ist vom Weg abgekommen, wenn er seinen Geist einengt und ohne wahres Verständnis eine «Verbohrtheits-Meditation» übt.

Der Yogi ist vom Weg abgekommen, wenn er feststellt, dass alles nur Geist ist und sich daraufhin leichtfertiges Verhalten gestattet.

Yeshe Tsogyal fragte: Wie kann man verhindern, auf Abwege zu geraten?

Der Meister erwiderte: Der Yogi ist auf dem rechten Weg, wenn er Phänomene als Geist erkennt und der Dharmakaya sein Pfad wird.

Der Yogi ist auf dem rechten Weg, wenn er alle Gedankengebäude und dualistischen Vorstellungen aufgibt und die untrügliche Gewissheit der Sicht hat.

Der Yogi ist auf dem rechten Weg, wenn er dies in seiner Meditation anwendet und das reine Gewahrsein als Pfad nimmt.

Der Yogi ist auf dem rechten Weg, wenn er versteht, dass die Phänomene Helfer auf dem Weg sind und wenn er sich von Anhaften und Festhalten befreit hat.

Eines ist sicher: Im dunklen Zeitalter kommen fast alle Yogis vom Weg ab. Es sind wenige, bei denen dies nicht geschieht.

Was unweigerlich eintreten wird

Padmasambhava sprach: Manches wird unweigerlich geschehen, wenn man sich im Dharma übt.

Yeshe Tsogyal fragte: Was ist damit gemeint?

Der Meister erwiderte: Wenn du die gleichzeitig entstehende Weisheit in deinem eigenen Innern erkennst, wirst du unweigerlich Erleuchtung erlangen.

Wenn du erkennst, dass immerwährendes Elend das Merkmal von Samsara ist und dich davon abkehrst, wirst du unweigerlich Befreiung finden.

Wenn du keine Vorurteile gegenüber den verschiedenen philosophischen Schulen hast, wirst du unweigerlich grenzenloses Wissen ansammeln.

Wenn du dich nicht von Greifen und Anhaften lösen kannst, wirst du unweigerlich in Samsara zurückfallen.

Weisheit ist nicht festgelegt; wenn du weißt, wie sich die fünf Gifte ganz von selbst klären, werden dir die Höllenbereiche unweigerlich verschlossen bleiben.

Es gibt hier keinen, der diese Methoden kennt und so werden alle für lange Zeit in Samsara irren.

Fruchtloses Üben

Padmasambhava sprach: Die Art und Weise, wie die Menschen den Dharma praktizieren, wird zu nichts führen.

Yeshe Tsogyal fragte: Wie ist das zu verstehen?

Der Meister erwiderte: Wenn sie die Belehrungen geben, fügen sie ihnen etwas hinzu oder lassen etwas aus.

Wenn sie studieren, geraten sie in Hoffnung oder Furcht.

Wenn sie ein sakramentales Festmahl darbringen, können sie sich nicht von den Speisen und Getränken lösen.

Während der Meditation verlieren sie sich in Aufgeregtheit oder Schläfrigkeit.

Wenn sie Verdienstvolles tun, halten sie dabei nach Würdigung und materiellem Gewinn Ausschau.

Sowie sie großes Wissen besitzen, wollen sie immer mehr davon haben.

Sobald ihnen viele Schüler folgen, geizen sie mit den Belehrungen.

Im allgemeinen gilt: Es gibt viel zu viele Praktizierende, deren Tun stets in Widerspruch zum Dharma steht.

Hochmut

Padmasambhava sprach: Diese sogenannten Dharma-Praktizierenden haben in ihrem Hochmut und ihrer Arroganz großen Ehrgeiz.

Yeshe Tsogyal fragte: Wie ist das gemeint?

Der Meister erwiderte: Einige sind eingebildet, weil sie glauben, Erfahrung im Studium und im Geben von Belehrungen zu haben.

Einige sind eingebildet, weil sie meinen, fromm zu sein und den Dharma zu praktizieren.

Andere sind eingebildet, weil sie in abgeschiedener Bergklausur meditieren.

Einige sind eingebildet, weil sie sich für mächtig und im Besitz großer Fähigkeiten halten.

Andere verfallen in Gier, wenn sie Reichtum oder einen begehrenswerten Gegenstand sehen, wie Raubtiere, die Blut riechen.

Sehen sie etwas, das abstoßend oder gefährlich ist, rennen sie davon, wie ein wildes Yak, das freigelassen wird.

Sie sind von ihren eigenen Tugenden so entzückt, als würden sie das Auge einer Pfauenfeder bestaunen.

Sie neiden anderen ihre Tugenden, wie ein Hund eifersüchtig sein Gelände bewacht.

Eines ist sicher: Diese eingebildeten Dharma-Praktizierenden sind sich selbst der ärgste Feind. Wie leid es mir tut, diese unwissenden Menschen im Griff von Mara zu sehen!

Den Dualismus von Gut und Böse überwinden

Padmasambhava sprach: Bei der Ausübung des Dharma muss der Dualismus von guten und schlechten Taten überwunden werden.

Yeshe Tsogyal fragte: Wie ist das zu verstehen?

Der Meister sprach: Wenn begriffliches, dualistisches Denken, das mit der Vorstellung eines Ich verbunden ist, sich erschöpft hat, gibt es keinen Dharma mehr, keine schlechten Taten, kein Karma und keine Auswirkungen des Karma. Dann hast du den Dualismus von Gut und Böse überwunden.

Da dem so ist, wird durch schlechte Taten Karma angehäuft und die entsprechende Auswirkung hervorgebracht, solange du die Denkweise, die die Vorstellung eines existierenden Ich aufrecht erhält, nicht überwunden hast. Ebenso wird auch durch gute Taten Karma angehäuft und die entsprechende Auswirkung hervorgerufen.

Wenn das Subjekt-Objekt-Denken sich erschöpft hat, werden keine guten oder schlechten Taten mehr angehäuft und es gibt keine Auswirkungen mehr. Dies wird «das Sich-erschöpft-Haben von Ursachen und Bedingungen» genannt oder «auch die absolute Wahrheit.»

In der Zukunft, in den fünfhundert Jahren des Niedergangs, werden sich viele Menschen starken negativen Emotionen hingeben, weil sie ihr Haften am Ich nicht erkennen und dualistisches Denken nicht aufgeben können.

Sie werden für sich beanspruchen, die höchste Sicht zu haben und behaupten, sorgfältig auf die Folgen guter und schlechter Taten zu achten, sei Zeichen einer niederen Sicht.

Sie werden das Gesetz des Karma zu einer Nebensächlichkeit erklären und von sich behaupten, erleuchtet zu sein.

Es wird Menschen geben, die in leichtfertiger und maßloser Weise handeln werden.

Ihr Verhalten ist ungut und wird sowohl sie selbst als auch andere in eine falsche Richtung führen.

Nicht einen Augenblick lang darfst du ihrem Beispiel folgen!

Ich, Tsogyal, eine unwissende Frau, diente dem Nirmanakaya-Meister lange Zeit. Bei verschiedenen Gelegenheiten gab er Ratschläge zur Ausübung des Dharma, die ich in meinem unfehlbaren Gedächtnis bewahrte, zusammenstellte und zum Wohl späterer Generationen niederschrieb.

Da diese Lehren nicht dazu bestimmt sind, zu meiner Zeit verbreitet zu werden, habe ich sie als kostbaren spirituellen Schatz versiegelt und verborgen. Mögen die Glücklichen, die ihrer würdig sind, sie auffinden.

Dieser «Lehrzyklus tiefgründiger Ratschläge anhand von Frage und Antwort» wurde niedergeschrieben in der Oberen Höhle von Chimphu, am fünfundzwanzigsten Tage des zweiten Herbstmonats im Jahr der Sau.

Siegel des Schatzes.
Siegel der Verborgenheit.
Siegel des Anvertrauens.

5. Der Vajra-Meister und die Yidam-Gottheit

Lehren für Yeshe Tsogyal — die Kernunterweisungen zum Geheimen Mantrayana

Fragen und Antworten darüber, was einen Meister ausmacht und über Meditationsübungen, die eine Yidam-Gottheit zum Gegenstand haben

NAMO GURU

Padmakara, der erhabene Meister aus Oddiyana, aus einer Lotusblüte geboren, erreichte die Vidyadhara-Ebene der Macht über die Lebensspanne[30] und die erhabene Siddhi der Mahamudra-Ebene.[31] Er vermochte so unzählig viele Sugatas wahrzuneh-

[30] Die zweite der vier Vidyadhara-Ebenen. [31] Die dritte der vier Vidyadhara-Ebenen.

men, wie es Sterne am Firmament gibt, und beherrschte die geeigneten Mittel und Wege, sein Mitgefühl einzusetzen.

Von seinem tiefen Mitgefühl geführt, begab er sich nach Tibet, ein Land ohne Dharma, gehüllt in Dunkelheit wie in einen dichten Nebel. In Erfüllung des Wunsches von Trisong Deutsen, des Königs von Tibet, der ein Bodhisattva der achten Stufe war, errichtete Padmakara in der Nähe des Roten Felsens den glorreichen Tempel von Samye.

In der Dregu-Höhle in Chimphu verweilte er lange Zeit in Meditation. König Trisong Deutsen war ihm ein treuer Diener, ebenso wie die Prinzessin von Kharchen, Yeshe Tsogyal. Vairochana aus Pagor übersetzte seine Dharma-Belehrungen aus der Sprache Oddiyanas ins Tibetische.

Viele gelehrte und tugendhafte Tibeter baten den Meister um Unterweisungen. Insbesondere Yeshe Tsogyal fragte ihn immer wieder nach Erklärungen zu den Kernunterweisungen über die Ausübung der spirituellen Praxis und wie sie ihre Zweifel in Bezug auf den Dharma ausräumen könne.

Yeshe Tsogyal stellte dem Meister folgende Frage: Erhabener Meister, hat man einmal die Schwelle zu den Unterweisungen des Geheimen Mantrayana überschritten, ist der spirituelle Meister und Lehrer von entscheidender Bedeutung. Welche Merkmale sollte der Meister haben, der uns geistige Führung gewährt?

Padmakara erwiderte: Der spirituelle Meister und Lehrer ist von einzigartiger Bedeutung. Seine Merkmale sind diese: Er hat seinen Geist geschult und verfügt über viele Kernunterweisungen. Er besitzt großes Wissen und tiefe Erfahrung in der Meditation und in anderen Übungen. Er hat geistige Festigkeit erlangt und beherrscht die geeigneten Methoden, den Geist anderer zu wandeln. Er ist von hoher Verstandeskraft und mitfühlend, das Wohl anderer Wesen liegt ihm am Herzen. Er verfügt über verehrende Hingabe und sicheres Vertrauen in den Dharma. Hast du das Glück, einem solchen Meister zu folgen, ist das, als hättest du das wunscherfüllende Juwel gefunden—all deine Bedürfnisse und Wünsche werden Erfüllung finden.

Yeshe Tsogyal fragte den Meister: Ist es möglich, Siddhi zu erlangen, ohne Initiation von einem Meister erhalten zu haben?

Der Meister erwiderte: Ohne einem Meister zu folgen oder die Initiationen empfangen zu haben, werden deine Bemühungen im Studium und in anderen Übungen keinerlei Resultate hervorbringen. Deine Mühe wird vergeblich sein.

Die Initiationen sind die Pforte zum Geheimen Mantrayana. Es ist sinnlos, ohne Initiationen in das Geheime Mantrayana eintreten zu wollen; nichts wird erreicht und der Strom deines Bewusstseins nimmt Schaden.

Yeshe Tsogyal fragte den Meister: Wenn ein Meister einem Initiationen erteilt, ohne sie selbst empfangen zu haben, hat man dann die Initiationen erhalten oder nicht?

Der Meister erwiderte: Es ist möglich, dass ein Scharlatan jemanden zum Minister erhebt und diese Person dadurch über Macht und Rang verfügt, doch das führt zu nichts Gutem. In ähnlicher Weise kannst du zwar eine Initiation von einem Meister erhalten, der sie nicht selbst erhalten hat, aber dein Geist wird dadurch Schaden nehmen. Du wirst außerdem anderen schaden und mit ihnen in die niederen Daseinsbereiche fallen, so wie Ochsen, die dasselbe Joch tragen, zusammen in den Abgrund stürzen. Du wirst in einer verschlossenen Eisenkiste fortgetragen und zum Grund der Höllenbereiche geschickt werden.

Yeshe Tsogyal fragte den Meister: Ist der Brauch, für eine Initiation ein Geschenk darzubringen, nicht etwas, was Ihr selbst erfunden habt?

Der Meister erwiderte: In den Belehrungen und Tantras wird dazu gesagt: Zu der Zeit, da der Schüler das Glück hat, dieses kostbare menschliche Leben erlangt zu haben, nachdem er bereits undenkbar lange Zeitalter auf falschen Wegen herumgeirrt ist, sollte er, frei von den dualistischen Vorstellungen der drei Kreise, seinen Körper, sein Leben und seine Gefährtin dem Meister darbringen, der ihm den Weg zur unübertrefflichen Erleuchtung zeigt.

Yeshe Tsogyal fragte den Meister: Wie schwerwiegend ist es, gegen die Weisungen des Meisters zu verstoßen?

Padmasambhava erwiderte: Alle schlechten Taten der drei Welten kommen nicht einem Bruchteil des Übels gleich, das das Verstoßen gegen die Weisungen des Meisters mit sich bringt. Es führt zu einer Geburt in der nichtendenden Vajra-Hölle und dort gibt es keine Möglichkeit zur Befreiung.

Yeshe Tsogyal fragte den Meister: Welche Einstellung sollten wir dem Meister gegenüber haben, der im Besitz der Kernunterweisungen ist und den wir bitten, uns Belehrungen zu gewähren?

Padmasambhava antwortete in Versen:

Wisse, dass der Meister wichtiger ist
als die Buddhas der hunderttausend Äonen,
denn jeder der Buddhas dieser Äonen
wurde dadurch Buddha, dass er einem Meister folgte.
Niemals wird es einen Buddha geben,
der nicht einem Meister folgte.

Der Meister ist der Buddha, der Meister ist der Dharma,
genauso ist der Meister auch die Sangha.
Er verkörpert alle Buddhas,
seinem Wesen nach ist er Vajradhara,
in ihm sind die Drei Kostbarkeiten verwurzelt.

Halte dich an die Weisungen des Vajra-Meisters,
ohne ein einziges seiner Worte zu missachten.
Verstößt du gegen die Weisung des Vajra-Meisters,

erfolgt der Sturz in die nicht endende Vajra-Hölle,
wo keine Möglichkeit zur Befreiung besteht.
Dienst du deinem Meister, wirst du den Segen empfangen.

Yeshe Tsogyal fragte Padmasambhava: Was ist wichtiger, der Meister oder die Yidam-Gottheit?

Der Meister erwiderte: Betrachte den Meister und die Yidam-Gottheit nicht als zwei getrennte Dinge, denn der Meister ist derjenige, der dir die Yidam-Gottheit offenbart. Dadurch, dass du den Meister stets über deinem Scheitel visualisierst und ihm tiefen Respekt entgegenbringst, wirst du gesegnet und jedes Hindernis wird aus dem Weg geräumt. Es ist falsch, die Yidam-Gottheit und den Meister hinsichtlich ihrer Eigenschaften oder Bedeutung als verschieden anzusehen.

Yeshe Tsogyal fragte: Weshalb ist die Yidam-Praxis so wichtig?[32]

Der Meister erwiderte: Es ist deshalb so wichtig, sich in der Praxis einer Yidam-Gottheit zu üben, weil du dadurch die Siddhis erlangst, deine Hemmnisse schwinden, du die besonderen Kräfte entwickelst, den Segen empfängst und spirituelle Verwirklichung in dir erwachen wird. All dies ergibt sich aus der Praxis des Yidam, was heißt, dass du ohne die Yidam-Gottheit ein gewöhnlicher Mensch bleibst. Die Yidam-Praxis verleiht dir die Siddhis. Aus diesem Grund ist der Yidam von so großer Bedeutung.

Yeshe Tsogyal fragte den Meister: Wie sollten wir im Zusammenhang mit der Yidam-Praxis meditieren und üben, um die Siddhi der Gottheit zu erlangen?

Der Meister erwiderte: Um mit Hilfe von Methode und Weisheit die Siddhi des spontan gegenwärtigen Körper-, Rede- und Geistaspekts der Yidam-Gottheit zu erlangen, praktiziere eine Sadhana, die den Körper-, Rede- und Geistaspekt einschließt. Die Siddhi wird

[32] Die Frage wurde rekonstruiert, da sie im Original Manuskript fehlte.

erlangt, wenn Sadhana und Rezitation in ausreichendem Maß ausgeführt worden sind.

Yeshe Tsogyal fragte den Meister: Wie können wir uns dem Yidam-Buddha annähern?

Der Meister erwiderte: Erkenne, dass die Yidam-Gottheit und du nicht zwei unterschiedliche Dinge sind und dass es keine Yidam-Gottheit außerhalb von dir gibt. Du näherst dich dem Yidam an, sobald du erkennst, dass dein wahres Wesen der ungeschaffene Dharmakaya ist.

Yeshe Tsogyal fragte den Meister: Ist es besser, die Praxis einer friedvollen oder die einer rasenden Yidam-Gottheit zu üben?

Der Meister erwiderte: Da Methode und Weisheit darin bestehen, den spontan gegenwärtigen Körper-, Rede- und Geistaspekt mittels der Yoga-Sadhana zu praktizieren, manifestieren sich all die zahllosen Sugatas, wie es den Bedürfnissen der zu zähmenden Lebewesen entspricht—in friedvoller und rasender Form, als Hauptgottheiten und als Gefolge. Auf der Dharmakaya-Ebene jedoch sind sie alle gleich; deshalb kann jeder den Yidam für seine Praxis wählen, zu dem er sich hingezogen fühlt.

Yeshe Tsogyal fragte den Meister: Wenn man die Meditationspraxis einer Yidam-Gottheit übt, ist dies gleichbedeutend damit, die Praxis all der anderen Sugatas auszuüben?

Der Meister erwiderte: Körper, Rede und Geist aller Gottheiten manifestieren sich durch die drei Kayas in Übereinstimmung mit der Wahrnehmung und den Bedürfnissen der Lebewesen. Es ist daher im Grunde ganz gleich, unter welcher äußeren Form eine Yidam-Gottheit erscheint. Mit der Praxis einer Gottheit übst du zugleich die Praxis all der anderen Gottheiten. Wenn du eine Übung meisterst, meisterst du gleichzeitig alle anderen.

Yeshe Tsogyal fragte den Meister: Ist es ein Fehler, die Praxis einer bestimmten Yidam-Gottheit zu üben und danach die einer anderen?

Der Meister erwiderte: Obwohl die Sugatas sich als verschiedene Buddha-Familien und in unterschiedlichen Formen manifestieren — dies gehört zu den geeigneten Mitteln und Wegen, um die Lebewesen auf den Weg zur Befreiung zu führen —, sind alle Sugatas in Wirklichkeit untrennbar im Zustand der Gleichheit. Wenn du über alle Buddhas mit dem wahren Verständnis ihrer Untrennbarkeit meditieren könntest, wäre das Verdienst, das sich daraus ergibt, das allergrößte. Wenn du dabei jedoch der Ansicht wärest, dass die Yidam-Gottheiten verschiedenartige Eigenschaften besitzen, die entweder als anziehend oder abstoßend empfunden werden können, würde das deine spirituelle Praxis ungeheuer trüben. Es ist unangebracht, die Yidam-Gottheiten als gut oder schlecht zu betrachten, sie als anziehend oder abstoßend zu empfinden. Befreie dich von diesen Vorstellungen und deine spirituelle Übung wird vortrefflich sein, ganz gleich, wie viele Yidam-Meditationen du praktizierst.

Yeshe Tsogyal fragte den Meister: Kann man mit der Praxis der Annäherung[33] an einen Tathagata den Weisheitsgeist aller anderen Buddhas erlangen?

Der Meister erwiderte: Wenn du mit einer umfassenden Sicht und in Erkenntnis des wahren Wesens der Dinge praktizierst, wirst du Stabilität in der Yidam-Praxis gewinnen. Wenn du die Rezitation einer Gottheit zu Ende geführt hast, wirst du alle Aktivitäten der siegreichen Buddhas schon dadurch erfüllen, dass du sie beginnst.

Yeshe Tsogyal fragte den Meister: Kann man auf die Ausübung der Yidam-Praxis verzichten, wenn man eine sehr hohe Ebene der Sicht hat?

---

[33] Dieses Wort, *bsNyen-Pa*, bedeutet normalerweise einfach «Rezitation». Hier bezieht es sich jedoch auf den ersten Teil der vierteiligen Praxis der «Annäherung und Meisterschaft» (siehe Glossar).

Der Meister erwiderte: Das Erlangen der untrüglichen Gewissheit der Sicht ist in sich die Yidam-Gottheit. Identifiziere die Yidam-Gottheit nicht mit ihrer Form. Sowie du den Dharmakaya verwirklicht hast, hast du die Siddhi der Yidam-Gottheit erlangt.

Yeshe Tsogyal fragte den Meister: Auf welche Weise wird mein Körper zum Mandala der Gottheit und wie übe ich mich in den zwei Familien?

Der Meister erwiderte: Deinen Körper als Mahamudra[34] der Gottheit zu visualisieren, ist gleichbedeutend damit, das wahre Wesen deines Geistes in der Form der Gottheit zu visualisieren.

Das wahre Wesen deines Geistes manifestiert sich in einer Vielfalt von Formen, als Hauptgottheiten und als Gefolge. Ganz gleich, welche Form sie annehmen, sie sind nichts als die magische Entfaltung des erleuchteten Geistes des Buddhazustandes.

Yeshe Tsogyal fragte den Meister: Rasende Gottheiten treten solch edle Wesen wie Brahma, Indra und die Wächter der Himmelsrichtungen mit Füßen. Ist diese Art von Meditation nicht ein Verstoß gegen die Regeln?

Der Meister erwiderte: Es handelt sich um eine rein symbolische Darstellung, die dazu verhelfen soll, den Glauben an die reale Existenz von «Ich» und «die Anderen» fallen zu lassen und begriffliches Denken in den Dharmadhatu zu stampfen, sowie die Arroganz hochmütiger Wesen zu besiegen. Diese Versinnbildlichungen als real anzusehen, wäre unwissend und ein Missverständnis.

Yeshe Tsogyal fragte den Meister: Ergibt sich mehr oder weniger Verdienst, je nachdem, ob man die Meditationspraxis einer dreiköpfigen rasenden Gottheit mit sechs Armen oder anderen Attributen oder die einer rasenden Gottheit mit nur einem Haupt und zwei Armen übt?

---

[34] Mahamudra ist hier der «Form-Körper» der Gottheit.

Der Meister erwiderte: Bei einer rasenden Gottheit mit mehreren Häuptern und Armen versinnbildlichen die drei Köpfe die drei Kayas und die sechs Arme die sechs Paramitas. Die vier Beine symbolisieren die vier Grenzenlosen und die verschiedenen Attribute symbolisieren die Unterwerfung zerstörerischer Kräfte und zahlreiche andere Eigenschaften. In Wirklichkeit haben all diese Formen keinerlei reale Existenz. Bei einer Gottheit mit einem Haupt und zwei Armen ist das Haupt Symbol des unwandelbaren Dharmakaya, während die zwei Arme symbolisieren, dass das Wohl der Wesen durch Methode und Weisheit erreicht wird. Die zwei Beine versinnbildlichen offene Weite und ursprüngliche Weisheit. Wie auch immer du diese Gottheiten visualisierst, der Dharmakaya ist jenseits von Zahlen und Eigenschaften.

Yeshe Tsogyal fragte den Meister: Wie können wir erreichen, eine Vision der Gottheit zu erfahren?

Der Meister erwiderte: Du darfst die Yidam-Gottheit nicht mit ihrer Form identifizieren: Sie ist der Dharmakaya. Meditiere über den Yidam als einen sich aus dem Dharmakaya manifestierenden Form-Körper, dessen Farbe, Attribute, Schmuck, Aufmachung, Haupt- und Nebenmerkmale zwar sichtbar sind, zugleich aber keine wirkliche Existenz besitzen, so wie das Spiegelbild des Mondes im Wasser. Wenn du auf diese Weise praktizierst, wirst du geistige Stabilität erlangen und eine Vision der Gottheit haben, Unterweisungen von ihr empfangen und Ähnliches. Hältst du dann jedoch an diesen Erfahrungen fest, wirst du auf einen Irrweg geraten und Mara zum Opfer fallen. Sei nicht fasziniert von diesen Visionen und freue dich nicht zu sehr darüber, sie sind nichts als Manifestationen deines eigenen Geistes.

Yeshe Tsogyal fragte den Meister: Wenn wir die Vision einer Yidam-Gottheit haben, ist das das Gleiche, als würden wir der Vision aller Sugatas teilhaftig?

Der Meister erwiderte: Die Vision einer Yidam-Gottheit zu haben ist das Gleiche, wie eine Vision aller Gottheiten zu haben, denn der Dharmakaya ist jenseits von Quantität.

Du wirst die Vision der Gottheit, über die du meditierst, erfahren, wenn dein Geist geübt ist. Die Gottheit ist Manifestation unseres Geistes und existiert nirgendwo anders.

Yeshe Tsogyal fragte den Meister: Es heißt, man erreicht mit Hilfe der Yidam-Praxis die Vidyadhara-Ebene. Was bedeutet Vidyadhara in diesem Zusammenhang?

Der Meister erwiderte: Wenn du mit Hilfe der spontan erkennenden Weisheit über deinen Körper als den erhabenen Mahamudra-Körper der Gottheit meditierst, wirst du die Verwirklichung der wahren Natur des Geistes erlangen, die hier als eine Gottheit mit Haupt- und Nebenmerkmalen und im Besitz von übernatürlichen Fähigkeiten erscheint. Die Gottheit hat einen Mahamudra-Körper, der der Buddha-Familie zugehört, über die du meditiert hast. Dies ist, worauf sich Vidyadhara bezieht.

Yeshe Tsogyal fragte den Meister: Wo verweilen die Vidyadharas?

Der Meister erwiderte: Es ist dein eigener Geist, der in der Form der Gottheit verweilt. Und obwohl dieses Verweilen zugleich ein Nichtverweilen ist, heißt es, dass man nicht mehr zurückfallen kann, wenn man einmal die Vidyadhara-Ebene erreicht hat.

Yeshe Tsogyal fragte den Meister: Wie sollten wir der Yidam-Gottheit unsere Verehrung darbringen?

Der Meister erwiderte: Du bringst der Yidam-Gottheit deine Verehrung dar, indem du sie niemals aufgibst, selbst um den Preis deines Lebens nicht; indem du nie an ihr zweifelst und dich, bis du den unübertrefflichen Erleuchtungsgeist erlangt hast, nicht einen Augenblick von ihr trennst. Durch das Visualisieren der Gottheit während des Gehens, Sitzens oder Liegens werden dir die Siddhis und der Segen ganz von selbst zuteil.

Yeshe Tsogyal fragte den Meister: Ist es nötig, die Yidam-Praxis täglich, ohne Unterbrechung zu üben? Und ist es, nachdem man die Übung gemeistert hat, nötig, sie noch weiterhin zu praktizieren?

Der Meister erwiderte: Wenn du mit einer Yidam-Meditation beginnst und dem Sadhana-Text folgst, wäre es eine schwerwiegende Übertretung, deine Praxis abzubrechen, selbst wenn du eine Vision der Yidam-Gottheit haben solltest und Unterweisungen von ihr empfängst. Es ist ganz wesentlich, ohne Unterbrechung zu praktizieren.

Yeshe Tsogyal fragte den Meister: Wie wird in der Yidam-Praxis die «Annäherung» und die «Meisterschaft» geübt?

Der Meister erwiderte: Wenn du eine Yidam-Praxis übst, musst du in jeder Meditationssitzung durch die Entwicklungsstufe gehen. Rezitiere in jeder Sitzung das Mantra, bringe Opfergaben, Tormas und Ehrerbietungen dar und bitte um die Erfüllung deiner Wünsche. Schließe die Praxis mit der Vollendungsstufe ab und gib ihr das Siegel der Leerheit.

Am besten ist es, täglich acht Meditationssitzungen zu halten. Wenn dir das nicht möglich ist, zumindest vier. Eine Meditationssitzung täglich ist die unterste Grenze, weniger ist ungenügend. Übst du dich auf diese Weise, werden die Samayas erfüllt und du wirst die Siddhis erlangen.

Wenn du Stabilität in der Entwicklungs- und Vollendungsstufe erreichst, wirst du, ohne dass du deinen Körper aufgeben müsstest, zu der Gottheit heranreifen. Dies wird als Vidyadhara-Ebene der Reife bezeichnet. Obgleich dein Körper der eines gewöhnlichen menschlichen Wesens bleibt, hat dein Geist die spirituelle Reife der Gottheit erlangt, gleich einer Statue, die in der Gussform Gestalt annimmt.

Wenn du deinen Körper im Tod zurücklässt und in den Bardo-Zustand eintrittst, wirst du, wie eine Statue, die aus ihrer Gussform genommen wird, zu der Yidam-Gottheit, die Gegenstand deiner Meditationsübungen gewesen ist. Dies wird die Mahamudra-Vidyadhara-Ebene genannt. Der Körper eines Praktizierenden wird als Hülle angesehen und sobald diese abgestreift ist, wird er selbst zur Yidam-Gottheit.

Yeshe Tsogyal fragte den Meister: Warum haben einige Gottheiten Tierköpfe? Ist dies nicht, als würde man über Gottheiten meditieren, die eine konkrete Existenz besitzen?

Der Meister erwiderte: Die Gottheiten, die sich mit Tierköpfen manifestieren, versinnbildlichen die besonderen Eigenschaften des jeweiligen Tieres. Es ist nicht so, als würden real und substantiell existierende Gottheiten mit Tierköpfen von irgendwoher erscheinen. Sie sind vielmehr die Manifestationen deines eigenen Geistes.

Von den männlichen und weiblichen Gottheiten in Vereinigung strahlen als ihre Abkömmlinge die *Tramenma-Gottheiten* mit Tierköpfen aus, wie im Kilaya-Mandala die «Fresser» und «Mörder», oder die acht weiblichen *Tramenma-Gottheiten* des Yangdag-Mandala. So, wie eine Mischung aus Gold und Silber als Legierung, *tramen,* bezeichnet wird, weist der Name *Tramenma* daraufhin, dass sie den Körper einer Gottheit besitzen, ihr Haupt aber das eines Tieres ist. Sie werden aus dem großen Mitgefühl der männlichen Gottheiten und der Weisheit der weiblichen Gottheiten ausgestrahlt oder aus der Methode—dem männlichen Aspekt—und der Weisheit—dem weiblichen Aspekt. Da sie die Ausübung einer bestimmten Aktivität symbolisieren, manifestieren sie sich mit dem Kopf des Tieres, das die entsprechenden Eigenschaften besitzt.

Yeshe Tsogyal fragte den Meister: Besteht nicht ein gewisser Konflikt, wenn überweltliche Gottheit und weltliche Gottheiten nebeneinander gestellt werden, wenn zum Beispiel die Hauptgottheit in der Mitte des Mandala von einem Gefolge weltlicher Gottheiten umgeben ist?

Der Meister erwiderte: Die Gottheit im Zentrum des Mandala ist überweltlich und eine Weisheitsgottheit. Wie ein mächtiger König macht sich diese Gottheit hochmütige Wesen Untertan. Das visualisierte Gefolge aus weltlichen Gottheiten führt ihre Weisungen aus und bringt dadurch Feinde, widrige Kräfte und ähnliches zur Befreiung. Weltliche und überweltliche Gottheiten verhalten sich zueinander wie der König und seine Diener, es gibt also keinen Konflikt.

Yeshe Tsogyal fragte den Meister: Was ist in unserer täglichen Praxis wichtiger, Meditation oder Rezitation?

Der Meister erwiderte: Für das Erlangen der höchsten Siddhi, Mahamudra, gilt: Wenn dein Geist geübt ist, ist deine Sammlung geübt und du wirst die Gottheit erfahren. Durch die Erkenntnis, dass die Gottheit dein eigener Geist ist, werden dir die drei Kayas aufscheinen.

Für das Erlangen gewöhnlicher Siddhis, also der Vielzahl friedvoller, vermehrender, anziehender und unterwerfender Aktivitäten und so fort, ist die Mantra-Rezitation sehr wichtig. Deshalb sollst du die vorgeschriebene Zahl von Mantra-Rezitationen vollenden. Solange du deine Rezitation nicht beendet hast, darfst du deine Praxis nicht mit gewöhnlichem Gerede unterbrechen. Was immer auch geschieht, bleibe unermüdlich im Rezitieren des Mantra.

Yeshe Tsogyal fragte den Meister: Wenn man die Siddhi der Yidam-Gottheit, die natürlicherweise gegenwärtig ist, erlangt, kann man dann überhaupt von Erlangen sprechen?

Der Meister antwortete: Die Yidam-Gottheiten manifestieren sich als die ungehinderte Aktivität der geeigneten Mittel und Wege des Mitgefühls aller Buddhas. In dieser Funktion erscheinen sie der Wahrnehmung der zu schulenden Wesen als friedvoll und rasend, als Mandala und Buddhawelt, als weiblich und männlich, als Hauptgottheiten mit Gefolge und als einzelne Gottheit. Der Palast dieser Gottheiten, die Hauptfigur, das Gefolge und so weiter im Buddha-Gefilde Akanishtha sind daher etwas anderes als die Götterbereiche des Samsara. Die Form-Kayas manifestieren sich aus dem Zustand des ungeschaffenen Dharmakaya zum Wohle der

Wesen und werden von ihnen in Entsprechung zu ihren spezifischen Neigungen und Eigenarten wahrgenommen.

Yeshe Tsogyal fragte den Meister: Wenn man der Yidam-Gottheit Torma-Opfergaben und ähnliches darbringt, ist es nicht, wenn die Gottheit diese Gaben annimmt und über Ehrerweisungen erfreut ist, als wäre sie ein real existierender weltlicher Gott? Wenn nicht, was ist der Sinn solcher Handlungen?

Der Meister erwiderte: Die Weisheitsgottheit ist weder über Verehrung noch über Opfergaben erfreut. Du visualisierst die Gottheit, lädst sie ein, ehrst sie und bringst ihr Opfergaben dar aus einem einzigen Grund: um deinen eigenen Geist zu läutern. Indem du all dies ausführst, läutert die verehrende Hingabe, die du dabei empfindest, deinen Geist. Durch die unerschöpflichen geeigneten Mittel und Wege des Mitgefühls der Buddhas wirst du den Segen und die Siddhis empfangen. Es ist wie im folgenden Beispiel: Dadurch, dass einem wunscherfüllenden Juwel Opfergaben dargebracht werden, werden die Wünsche und Bedürfnisse der Wesen erfüllt, obwohl er nichts davon weiß, ihr Wohl zu bewirken.

Tsogyal, die Dharma-Praktizierenden in Tibet achten nicht auf die Gottheit, die in ihnen gegenwärtig ist und suchen den Buddha in den Akanishtha-Gefilden. Sie sind ohne die geringste geistige Sammlung und ihre Bemühungen verlieren sich in schamanischen Beschwörungen. Da sie nicht wissen, wie die drei Gifte auf natürliche Weise geklärt werden können, opfern sie Tormas aus Fleisch und Blut. Sie praktizieren nicht, um die höchste Siddhi zu erlangen, sondern aus dem Verlangen nach magischen Kräften, Nachkommen oder Reichtum. Sie missbrauchen das Geheime Mantrayana, indem sie dessen Geheimnisse preisgeben. Sie handeln mit den Kernunterweisungen wie mit einer Ware und geben sich der Ausübung von Magie und üblen Zaubersprüchen hin. Viele dieser Menschen werden in ihren zukünftigen Leben falsche Anschauungen haben und als Rudras, Yakshas und Rakshas wiedergeboren werden.

Bemühe dich deshalb, die Kraft der rechten Sicht zu vervollkommnen, meditiere mit gesammeltem Geist, übe als das rechte Verhalten die vier Aktivitäten aus und vollende die Frucht, die höchste Siddhi, Mahamudra.

Hiermit schließen die Kernunterweisungen zum Geheimen Mantrayana, die Meister Padmasambhava Yeshe Tsogyal, der Prinzessin von Karchen, in der Form von Frage und Antwort gab.

Siegel des Schatzes.
Siegel der Verborgenheit.
Siegel des Anvertrauens.

6. Geistesschulung im Vajrayana

Unterweisungen zur Meditation, die eine Gottheit mit Attributen zum Gegenstand hat

Namo Guru Deva Dakini Hung

Der erhabene Meister Padmakara hatte die Entwicklungs- und Vollendungsstufe gemeistert, Einweihung in die natürlich schöpferische Energie des reinen Gewahrseins und die Siddhi, im Mahamudra-Körper zu verweilen, erlangt. Im unendlichen Raum der Manifestationen war ihm die Gesamtheit der Phänomene und alles Existierenden ein Spiel. Auf das Wohlergehen des derzeitigen Königs und der Prinzen sowie auf das zukünftiger Generationen bedacht, gab er Yeshe Tsogyal, der Prinzessin von Kharchen, diese Essenz seiner Unterweisungen: Die unübertroffene Geistesschulung des Geheimen Mantrayana.

Yeshe Tsogyal sprach: Emaho, erhabener Meister! Ich bitte um die Kernunterweisung zur Meditation, die eine Gottheit mit Attributen zum Gegenstand hat. Man kann keine Siddhis erlangen, ohne sich auf die Yidam-Gottheit zu stützen. Auf welche Weise sollten wir also die Yidam-Meditation ausüben?

Der Meister sprach: Für die Meditationsübung der Yidam-Gottheit mit Attributen gibt es zwei verschiedene Methoden: Die stufenweise Meditation für Menschen mit geringeren geistigen Fähigkeiten und die Meditation der nichtdualistischen Form für Menschen mit größeren Fähigkeiten.

Die stufenweise Meditation für Menschen mit geringeren geistigen Fähigkeiten

Menschen mit geringeren Fähigkeiten müssen als erstes den kostbaren Erleuchtungsgeist, Bodhicitta, entwickeln. Wo immer du, der du diese Meditation üben willst, auch lebst, wasche zunächst Hände, Mund und Gesicht mit dem geheimen Nektar oder dem geweihten Wasser der Vase und lass dich in halber oder voller Lotushaltung auf einem bequemen Sitz nieder.

Denke an alle Lebewesen in den drei Welten des Samsara, die von Leiden gequält und an die Ursachen des Leidens gefesselt sind. Entwickle die uneigennützige Motivation des Bodhicitta: «Um alle Lebewesen aus Samsara zu befreien, werde ich die Yidam-Meditation üben.» Empfinde Mitgefühl für das Leid der Wesen, Liebe, die alle Lebewesen von Leid befreien möchte, Freude, die allen Wesen das Glück wünscht und Unparteilichkeit, die wünscht, dass keines von ihnen jemals dieses Glück verliert.

Danach sprich die drei Silben OM AH HUNG aus und sei voller Stolz, selbst der Yidam zu sein. Visualisiere die der Yidam-Gottheit eigene Keimsilbe, wie sie auf einer Lotusblüte, einer Sonnen- und einer Mondscheibe im Herzzentrum des Yidam ruht.

Als nächstes stelle dir folgendes vor: Das Aussenden zahlloser Lichtstrahlen aus der Keimsilbe bewirkt, dass alle Buddhas und Bodhisattvas der zehn Richtungen und alle Gurus, Yidams und Dakinis vor dir erscheinen. Verbeuge dich vor ihnen und bringe ihnen Opfergaben dar. Bekenne deine Fehler; freue dich an ihren Verdiensten und nimm Zuflucht zu den Drei Kostbarkeiten. Bitte sie, das Rad der Lehre in Bewegung zu setzen und beschwöre sie, nicht ins Nirvana einzugehen. Entwickle die Geisteshaltung, die voll und ganz auf das Erlangen der Erleuchtung ausgerichtet ist, und widme schließlich das durch diese Handlungen angesammelte Verdienst der Befreiung aller Lebewesen. Dann danke ihnen für ihr Erscheinen und lass die Visualisation vergehen oder sich in dich hinein auflösen.

Diese Schritte dienen alle der Ansammlung von Verdienst.

Um die Ansammlung der Weisheit zu vermehren, visualisiere Lichtstrahlen, die von der Keimsilbe im Energiezentrum deines Herzens ausstrahlen, wie sie deinen ganzen Körper erfüllen, der die Natur von Licht annimmt. Sie strahlen weiter in alle zehn Richtungen und das Universum mit allen Lebewesen nimmt ebenfalls die Natur von Licht an. Dieses Licht wird von allen Buddhas und Bodhisattvas der zehn Richtungen gesegnet.

Um es wieder in dich hinein zu absorbieren, lass die Welt zu Licht werden, das von den Lebewesen aufgenommen wird, um sich dann in dich aufzulösen. Das Licht deines eigenen Körpers löst sich auf wie der Hauch des Atems auf einem Spiegel—langsam wird es in die Lotusblüte absorbiert, dann in Sonne und Mond und schließlich zurück in die Keimsilbe. Die Keimsilbe selbst löst sich langsam in die Mondsichel und diese wiederum in den Bindu auf. Der Lichtpunkt des Bindu, der die wahre Natur des Geistes darstellt, ist nur so groß wie ein Bruchteil einer hundertfach gespaltenen Haarspitze. Wiederhole diese Visualisation viele Male.

Wenn die Visualisation undeutlich wird, rezitiere das Shunyata-Mantra oder andere. Dann lass sie sich auflösen.

Die Frucht, die durch die Vollendung der zwei Ansammlungen reift, sind die zwei Kayas.

Aus dem Zustand der Leerheit heraus vergegenwärtige dir die Keimsilbe der Yidam-Gottheit, die das wahre Wesen deines Geistes darstellt, oder stell dir vor, dass sich die Keimsilbe in ein symbolisches Attribut verwandelt, welches das Siegel der Keimsilbe trägt. Lass durch eine weitere Wandlung das ganze Haupt des Yidam entstehen mitsamt allen Attributen, die diese bestimmte Gottheit kennzeichnen. Visualisiere schließlich im Herzzentrum der Yidam-Gottheit die Keimsilbe, wie sie auf einer Lotusblüte, Sonnen- und Mondscheibe ruht.

Licht, das von der Keimsilbe ausstrahlt, lädt alle Sugatas, Gurus, Yidams und Dakinis der zehn Richtungen ein. Sobald sie vor dir erschienen sind, bringe ihnen die fünf verschiedenen Opfergaben dar. Lade nun die Weisheitsgottheiten ein und bitte sie zu verweilen.

Stell dir vor, dass die Sugatas dir Initiationen gewähren und dich als Herrscher der entsprechenden Buddhafamilie inthronisieren. Dann danke ihnen für ihr Erscheinen.

Als nächstes visualisiere die drei Keimsilben auf je einer Sonnenscheibe in den Energiezentren des Scheitels, der Kehle und des Herzens. Weihe sie als Körper, Rede und Geist des Yidam. Konzentriere dich ganz auf die Yidam-Gottheit.

Wenn du müde wirst, führe die Rezitationen aus:

1. Bei der geflüsterten Vajra-Rezitation wird so leise rezitiert, dass nur der Kragen deines Hemdes es hört.

2. Mit melodischer Rezitation ist gemeint, das Mantra in der gleichen Tonfolge zu rezitieren wie während der Meditation der großen Meisterschaft.

3. Still in Gedanken zu rezitieren ist die geheime Vajra-Rezitation.

4. Bei der Rad-Rezitation stellst du dir vor, dass die Kette der Mantra-Silben aus deinem Mund hervortritt, in den Nabel absorbiert wird und dann wieder in dein Herzzentrum zurückkehrt.

5. Bei der Girlanden-Rezitation lässt du die Mantra-Kette um die Keimsilbe im Energiezentrum des Herzens kreisen; konzentriere dich auf die Silben und rezitiere das Mantra, ohne dich von irgend etwas ablenken zu lassen.

6. Bei der Rezitation, die auf den Klang ausgerichtet ist, konzentrierst du dich rein auf den Klang des Mantra.

Übungen, die zwischen den Meditationssitzungen ausgeführt werden können

Yeshe Tsogyal fragte den Meister: Was sollten wir zwischen den Meditationssitzungen tun?

Der Meister gab folgenden Rat: Am besten ist es, weiter Mantras zu rezitieren. Wenn das nicht möglich ist, opfere Tormas und Gebete der Verehrung, die du mit dem Klang der Handglocke begleitest. Nachdem du die Weisheitsgottheit ersucht hast, zu ihrem Buddha-Gefilde zurückzukehren, sei wieder du selbst mit deinem ganz gewöhnlichen begrifflichen Denken.

Um die Übung des Opferdarbringens auszuführen, stelle ein Bild, eine Statue oder ein Dharma-Buch vor dir auf. Bereite ein Mandala, das du mit wohlduftendem, reinem Wasser besprenkelst und mit Blumen bestreust. Lass innerhalb eines Augenblicks den Stolz und das Vertrauen in dir entstehen, selbst die Yidam-Gottheit zu sein. Sende Lichtstrahlen von deinem Herzzentrum aus und rufe dadurch alle Dharmakayas und Form-Kayas herbei. Ersuche die Dharmakaya-Buddhas in den Büchern und anderen Gegenständen deines Altars zu verweilen. Ersuche die Form-Kaya-Buddhas in den Bildern und Statuen zu verweilen.

Stell dir vor, dass sich eine unermesslich große Versammlung von Buddhas, Bodhisattvas, Yidams und Dakinis aller zehn Richtungen vor dir zusammenfindet. Gib, was immer dir an Opfergaben zur Verfügung steht und führe die sieben makellosen Übungen aus.

Dann kannst du der Yidam-Gottheit Torma-Opfergaben darbringen. Den Dharma-Schützern opfere Wasser-Tormas oder mache Tsa-Tsas, Statuen aus Ton, Stupas oder ähnliches.

Wenn du die Reden der Buddhas rezitieren möchtest, stell dir vor, dass deine Zunge innerhalb eines einzigen Augenblicks Shunyata wird, Leerheit. Aus dieser manifestiert sich die Silbe HUNG und aus ihr ein einspeichiger Vajra. Die Worte, die du liest, strömen von der

Keimsilbe durch die Speiche des Vajra in den weiten Raum. Unzählige Abbilder deines Körpers füllen das milliardenfache Universum, jedes von ihnen trägt in seinem Mund einen Vajra. Auf diese Weise können alle Lebewesen die Worte des Buddha, die du liest, hören und dadurch Befreiung aus Samsara finden. Dies war das Ritual für das Rezitieren der Sutras.

All diese verschiedenen Arten der Dharma-Praxis können zwischen den Meditationssitzungen und alltäglichen Beschäftigungen ausgeübt werden.

Das Versiegeln der Entwicklungsstufe

Yeshe Tsogyal fragte den Meister: Auf welche Weise wird die Entwicklungsstufe mit der Vollendungsstufe versiegelt?

Der Meister gab folgenden Rat: Wenn ein Praktizierender, nachdem er sich als die Gottheit visualisiert hat, mit der Vollendungsstufe fortfahren möchte, ersucht er die Weisheitsgottheit, sich zu entfernen. Die Samaya-Gottheit wird dann in Licht aufgelöst, welches zur Keimsilbe der Gottheit oder zur Silbe HUNG wird. Das HUNG löst sich nach und nach auf und wird zum Bindu. Der Bindu wird kleiner und kleiner, um sich schließlich in Klarheit-Leerheit aufzulösen. Verweile in diesem Zustand der Soheit der Phänomene, im leeren, nichtdualen, spontanen Erkennen jenseits von Existenz und Nichtexistenz. Abwechselnd damit, erinnere dich immer wieder der Kernunterweisungen zur Vollendungsstufe, die du von deinem Meister empfangen hast.

Die Übung für Menschen mit den höchsten geistigen Fähigkeiten

Yeshe Tsogyal fragte den Meister: Auf welche Weise sollte jemand, der über höchste geistige Fähigkeiten verfügt, sich üben?

Der Meister erwiderte: Wenn jemand von höchster geistiger Fähigkeit über die Gottheit meditiert, visualisiert er sie nicht schrittweise. Einfach durch das Sprechen ihres Kern-Mantra, eines Wortes der Sadhana oder auch nur beim Gedanken an die Gottheit, entsteht die Visualisation von selbst innerhalb eines Augenblicks, wie eine Luftblase, die aus dem Wasser auftaucht. Dies ist das Einladen der Gottheit aus dem Dharmadhatu.

Sich selbst als Gottheit sehen ist der Aspekt des offenen Raumes; dass die Gottheit sichtbar ist, obwohl sie keine ihr innewohnende Existenz besitzt, ist der Aspekt der ursprünglichen Weisheit. So sind offener Raum und ursprüngliche Weisheit unteilbar.

Sich selbst ununterbrochen als Gottheit visualisieren ist das Relative; das Absolute ist die Erkenntnis, dass die Gottheit ihrem Wesen nach leer, ohne innewohnende Existenz ist. So sind das Relative und das Absolute unteilbar.

Die Gottheit, die sich in männlicher Form manifestiert, steht für geeignete Methoden, während die Gottheit in weiblicher Form die höchste Weisheit darstellt. So sind Methode und Weisheit unteilbar.

Die Gottheit als Gottheit zu sehen ist der Aspekt der Glückseligkeit; die Abwesenheit einer ihr innewohnenden Existenz ist Leerheit. So sind Glückseligkeit und Leerheit unteilbar.

Die Gottheit als Gottheit zu sehen ist das reine Gewahrsein; ihr In-Erscheinung-Treten, obwohl sie keine ihr innewohnende Existenz besitzt, ist Leerheit. So sind Gewahrsein und Leerheit untrennbar.

Die Gottheit als Gottheit zu sehen ist das klare Licht; die Abwesenheit einer ihr innewohnenden Existenz ist Leerheit. So sind klares Licht und Leerheit unteilbar.

Wenn du dich auf diese Weise als die Gottheit visualisierst, ist der Körperaspekt zwar sichtbar, dennoch ohne eine ihm innewohnende Existenz und von daher unberührbar durch Alter und Verfall. Der Redeaspekt ist ungehindert und daher ist das Mantra ohne Ende. Der Geistaspekt transzendiert Geburt und Tod und ist daher die Kontinuität der Dharmata.

Zu jeder Zeit—auch während der vier täglichen Tätigkeiten, beim Liegen, Sitzen, Gehen und bei allen anderen Bewegungen—mit der Gottheit vereint zu bleiben ist der Weg für Menschen, die über höchste geistige Fähigkeiten verfügen. Dieser Weg ist äußerst schwierig und liegt nur in Reichweite derer, die bereits das Karma früherer spiritueller Übung angesammelt haben.

Die verschiedenen Stufen der Visualisation

Yeshe Tsogyal sprach: Meister, gewährt Euren Rat darüber, wie die Sammlung auf die Visualisation der Gottheit aufrechterhalten werden kann?

Der Meister erwiderte: Zunächst die Kernunterweisungen für das Visualisieren der Gottheit. Zusammen mit den Kernunterweisungen sollte der Meister dem Schüler seinen Segen und Schutz vor allen Kräften, die Hindernisse schaffen, gewährt haben. Dies ist nötig, ganz gleich, ob man sich die Gottheit vor sich im Raum vorstellt oder sich selbst als Gottheit visualisiert.

Setze dich nun auf einen bequemen Meditationssitz. Stell ein gut ausgeführtes Bild der Gottheit vor dir auf. Verweile einige Zeit ohne an irgendetwas zu denken, dann betrachte das Bild der Gottheit von oben nach unten. Wiederhole dies und achte diesmal auf alle Einzelheiten, wobei du von unten anfängst. Betrachte das Bild der Gottheit als Ganzes. Ruhe dich von Zeit zu Zeit aus, ohne an das Bild der Gottheit zu denken und erhole deinen Geist. Sieh dir auf diese Weise das Bild der Gottheit einen Tag lang immer wieder an.

Gönne dir in dieser Nacht ausreichenden Schlaf. Sobald du aufwachst, führe die Betrachtung des Bildes in gleicher Weise durch, wie am Tag zuvor. Am Abend meditierst du nicht über die Gottheit, sondern lässt deinen Geist im Zustand des Nicht-Denkens ausruhen.

Wenn du dich an diese Anweisungen hältst, wird die Gottheit, auch ohne dass du meditierst, klar und deutlich in deinem Geist erscheinen. Ist das nicht der Fall, betrachte ihr Bild, schließe die Augen und visualisiere es vor dir im Raum. Bleibe so lange sitzen, wie die Visualisation von selbst anhält. Beginnt sie undeutlich und verschwommen zu werden, richte deinen Blick erneut auf das Bild und wiederhole die Visualisation — lass sie deutlich vor dir erscheinen! Durchbrich dein begriffliches Denken und sitze.

Wenn du auf diese Weise meditierst, wirst du fünf Erfahrungen machen: die der Bewegung, des Gelingens, der Gewöhnung, der Stabilität und der Vervollkommnung.

Dein Geist kommt nicht zur Ruhe, du hast zahllose Gedanken, Ideen und Erinnerungen. Dies ist die Erfahrung der Bewegung. Dadurch, dass du durch diese Phase gehst, kommst du dem Stadium der Beherrschung deines Geistes näher. Sie wird verglichen mit einem reißenden Wasserfall, der über steile Klippen stürzt.

Beides, Form und Farbe der Visualisation, ist für kurze Zeit sehr klar und deutlich. Dies ist die Erfahrung des Gelingens. Sie wird verglichen mit einem kleinen Teich.

Das Bild der Gottheit bleibt klar, unabhängig davon, ob du sie nah oder weit entfernt von dir visualisierst. Sie bleibt für ein Sechstel der Zeit deiner Meditationssitzung gegenwärtig, ohne dass dabei größere Gedanken aufsteigen. Dies ist die Erfahrung der Gewöhnung. Sie gleicht dem ruhigen Dahinfließen eines Stromes.

Es tritt kein Gedanke mehr auf und du bist fähig, während der ganzen Meditationssitzung eine klare Visualisation aufrechtzuerhalten. Dies ist die Erfahrung von Stabilität, die mit dem Berg Sumeru verglichen wird.

Ein ganzer Tag oder mehr kann vergehen, ohne dass du die klare Visualisation der Gottheit — mit Armen, Beinen und selbst der Körperbehaarung — verlierst und ohne dass begriffliches Denken aufsteigt. Dies ist die Erfahrung der Vervollkommnung.

Ihr, die ihr den Dharma übt, müsst dies selbst erfahren!

Wenn du eine Meditationssitzung, in der die Visualisation undeutlich bleibt, zu lange ausdehnst, wird deine körperliche Verfassung aus dem Gleichgewicht gebracht. Du wirst Überdruss empfinden und deshalb keine Fortschritte in deiner Sammlung machen. Das Auftreten von Gedanken wird sich noch verstärken. Es ist also besser, zuerst deine Frische wiederzugewinnen, bevor du mit der Meditation fortfährst.

Solange deine Visualisation noch nicht klar ist, solltest du nicht nachts meditieren. Im Allgemeinen sind kürzere Meditationssitzungen hilfreich. Meditiere bei Sonnenlicht, klarem Himmel oder lass eine Butterlampe brennen. Meditiere nicht unmittelbar nach dem Erwachen oder wenn du dich träge oder benommen fühlst.

Schlafe nachts ausreichend und übe dich tagsüber in acht kurzen Meditationssitzungen.

Wenn du meditierst, darfst du die Sitzungen nicht plötzlich abbrechen. Schließe sie behutsam ab, sonst verlierst du die Sammlung.

Wenn die Visualisation gleich zu Anfang der Meditation klar und deutlich wird, kannst du auch nachts, während der Abend- und der frühen Morgendämmerung meditieren.

Allgemein gilt, dass du dich nicht zu sehr anstrengen darfst. Richte deinen Geist auf die Visualisation aus, mach dich mit ihr vertraut durch beständige Übung und achte darauf, die ganze Gestalt der Gottheit zu visualisieren.

Wie die Dauer der Visualisation verlängert werden kann

Yeshe Tsogyal fragte den Meister: Für wie lange sollten wir die Visualisation der Gottheit aufrechterhalten?

Der Meister erwiderte: Nachdem du, wie eben erklärt, eine gewisse Klarheit und Stabilität gewonnen hast, kannst du die Dauer des Visualisierens verlängern. Im allgemeinen bestimmt die Zahl der zu rezitierenden Mantras die Dauer der Meditationssitzung. Aber da der Zeitpunkt für Mantra-Rezitation noch nicht gekommen ist, sollte die Länge der Meditationssitzungen deiner Fähigkeit, die Visualisation der Gottheit aufrechtzuerhalten, angepasst sein.

Als inneres Maß für die Meditationssitzung sind die Atemzüge wichtig. Für das äußere Maß ist die Dauer und Anzahl von Meditationssitzungen von Bedeutung.

Das richtige Maß für die Anzahl der Meditationssitzungen ist eine Gliederung in vier Sitzungen am Tag und vier weitere Sitzungen während der Nacht, wobei die Dauer so lang wie möglich gehalten werden sollte. Es gibt Gründe dafür, die Meditationssitzungen auf eine bestimmte Anzahl zu begrenzen: dein körperliches und geistiges Gleichgewicht wird nicht gestört, deine Übung wird ausgewogen, deine Sammlung wird gefördert und du kannst die Visualisation für längere Zeit aufrechterhalten.

Was das Messen der Dauer der Sitzungen angeht, so zähle die Atemzüge nicht laut, sondern benutze eine Art mentalen Rosenkranz dazu. Steigere langsam die Dauer der Sitzungen. Ruhe dich für eine bestimmte Zeit aus und nimm die Meditation dann wieder auf.

Wenn die Dauer der Sitzung mit der Bewegung des Schattens gemessen wird: Teile den Tag auf in acht oder sechzehn Meditationssitzungen und mache acht oder sechzehn Striche. Meditiere so lange, wie der Schatten benötigt, sich von einem Strich bis zum nächsten fortzubewegen; dann ruhe dich aus, bis der Schatten den darauffolgenden Strich erreicht. Kurz, halte acht kurze Meditationssitzungen und lege dazwischen acht Ruhepausen ein.

Wenn du darin Stabilität gewonnen hast, kannst du dazu übergehen, den Tag in zwei kürzere Sitzungen zu gliedern, deren Dauer du nach und nach verlängerst. Auf diese Weise wirst du schließlich einen ganzen Tag, einen ganzen Tag und eine ganze Nacht, einen halben, einen ganzen Monat und so fort in Meditation verweilen können.

Kurz, das Wichtige ist, dich nicht zu überanstrengen. Halte also die Dauer der Meditationssitzungen angemessen und dehne langsam den Zeitraum der stillen, unbewegten Klarheit, frei von Gedankentätigkeit, aus.

Dies waren die Kernunterweisungen darüber, wie die Dauer des Visualisierens der Gottheit verlängert werden kann.

Wie Fehler in der Meditation beseitigt werden

Yeshe Tsogyal fragte den Meister: Wie können wir im Zusammenhang mit der Meditation über eine Gottheit die Fehler von Abwandlungen berichtigen?

Der Meister sprach: Um Abwandlungen zu berichtigen, muss man zwei Schritte machen: die Fehler erkennen und die Fehler beseitigen.

Was das Erkennen der Fehler betrifft, so gibt es die allgemeinen und die besonderen Fehler.

Die allgemeinen Fehler sind: Vergesslichkeit beim Visualisieren, Trägheit, Befürchtungen, Dumpfheit, Aufgeregtheit, zuviel Anstrengung, zuwenig Anstrengung:

– Vergesslichkeit beim Visualisieren bedeutet, sich von der Meditation ablenken zu lassen.

– Faulheit heißt voller Trägheit denken: «Ich werde später meditieren.»

– Befürchtungen heißt Angst davor zu haben, abgelenkt zu werden und nichts zu erreichen.

– Dumpfheit heißt sich matt und stumpf zufühlen, sei es zufällig oder aufgrund bestimmter Umstände, oder weil man von Natur aus so ist.

– Aufgeregtheit ist der Zustand, in dem der Geist aufgewühlt ist, sei es aufgrund bestimmter Umstände oder durch eine bestimmte Tätigkeit.

– Zuviel Anstrengung bedeutet unzufrieden zu sein, obwohl die Visualisation der Gottheit deutlich ist, und das vermehrte Aufsteigen von Gedanken zu verursachen, indem man die Visualisation zu verbessern sucht.

– Zuwenig Anstrengung bedeutet gleichgültig zu bleiben, wenn die Visualisation der Gottheit undeutlich wird.

Die zwölf besonderen Fehler, die beim Visualisieren der Gottheit auftreten können sind: Verschwommenheit und Trübheit, die Visualisation erscheint falsch herum oder auf dem Kopfstehend. Die Proportionen des Körpers sind verändert, die Aufmachung verändert sich, die Form, die Farbe oder die Haltung des Körpers ist verändert. Es erscheint nur Farbe, es erscheint nur der Umriss, die Gottheit neigt zu einer Seite. Die Visualisation verliert an Deutlichkeit und verschwindet allmählich.

Nun dazu, wie man diese Fehler beseitigen kann. Gegen die sieben allgemeinen Fehler wende die acht Gegenmittel an:

Übe dich in Achtsamkeit, wenn du die Visualisation zu vergessen drohst. Nimm Zuversicht, Entschlossenheit und Tatkraft als Mittel gegen Trägheit. Die Abwesenheit dualistischer Vorstellungen ist das Heilmittel gegen Befürchtungen. Als Gegenmittel gegen Dumpfheit fördere deine freudige Begeisterung, erfrische dich mit Wasser und gönne dir etwas Bewegung. Wenn dein Geist aufgewühlt ist, empfinde Trauer über die Leiden in Samsara und binde deinen Geist mit dem Seil der Achtsamkeit an den Baum der Visualisation. Kurz, gegen Dumpfheit und Aufgeregtheit setze den Wächter der Wachsamkeit ein. Wende Gleichmut an, wenn du in Gefahr bist, dich zu sehr anzustrengen. Visualisiere voller Eifer, wenn es dir an Anstrengung mangelt.

Die Beseitigung der besonderen Fehler: Wenn die Visualisation unklar, trübe oder verschwommen ist, schaue dir das Bild der Gottheit in allen Einzelheiten an; dann lass deinen Geist frei von dualistischen Vorstellungen in der Leerheit ruhen. Wechsle damit ab, im Zustand frei von Gedanken zu verweilen, das Bild der Gottheit zu betrachten und über die Gottheit zu meditieren.

Wenn die Körperproportionen, die Haltung, Form, das Gewand oder ähnliche Attribute sich verändern, musst du dir den Körper der Gottheit als aus grobstofflicher Materie bestehend und riesenhaft groß vorstellen. Stell dir vor, dass Tauben durch ihre Nasenlöcher ein- und ausfliegen und dass Vögel, Schafe und Rehe auf den Armen und Beinen der Gottheit tollen. Stell dir vor, dass die Gottheit dabei wie eine Statue aus fester Materie verbleibt.

Wenn eine Veränderung in der Anzahl der visualisierten Gottheiten auftritt, beschränke dich darauf, eine oder zwei Gottheiten zu visualisieren. Wenn nur die Farbe der Gottheit erscheint, konzentriere dich mehr auf die Form der Gottheit. Wenn die Farbe der Gottheit durch den Einfluss der Beschaffenheit deines Bluts, der Galle und anderer körperlicher Umstände zu Rot oder zu Gelb wird, heißt das, dass du eine Ruhepause einlegen solltest. Wenn die Visualisation zu schwinden beginnt, richte deine Konzentration auf Gesicht und Arme der Gottheit. Wenn du die Gottheit nur unvollständig visualisieren kannst, meditiere mit großer Klarheit über ihren Körper in seiner Gesamtheit, mit all seinem Schmuck und seinen Attributen.

Kurz, übe dich in dieser Meditation ohne dich durch Fehler, die auftreten können, entmutigen zu lassen. Danach verweile in der Leerheit, frei von dualistischen Vorstellungen. Meditiere dann wieder, indem du die Form der Gottheit betrachtest und deinen Geist darauf konzentrierst.

Dies waren die Kernunterweisungen darüber, wie man Fehler bereinigt, die bei der Meditation über eine Gottheit auftreten können.

Wie man mit der Visualisation der Gottheit übt

Yeshe Tsogyal fragte: Wie übt man mit der Gottheit?

Der Meister gab folgenden Rat: Die Kernunterweisungen zur Übung mit der Visualisation der Gottheit lauten:

Wechsle so lange ab zwischen dem Verweilen im Zustand frei von Gedanken und der Visualisation der Gottheit, bis du die eben erwähnten Fehler überwunden hast. Sobald du die Gottheit fehlerfrei visualisieren kannst, gehe vom Verweilen im Zustand frei von Gedanken dazu über, nur noch über die Gottheit zu meditieren.

Nun zur Übung mit der Gottheit: Wenn du fähig bist, die Gottheit ohne Fehler zu visualisieren, kannst du anfangen, sie dir stehend oder sitzend vorzustellen, auf dem Rücken oder mit dem Gesicht nach unten liegend, auf einem Berg oder in einer Ebene, nah oder weit entfernt, in der Mitte eines Felsens oder auf dem Grund des

Wassers. Übe dich darin, die Gottheit in einer dieser Weisen zu visualisieren, wann immer du den Wunsch hast zu praktizieren.

Mit der Gottheit eins werden

Yeshe Tsogyal fragte: Wie geschieht das Einswerden mit der Gottheit?

Der Meister gab folgenden Rat: Nachdem du die Meditation über die Gottheit geübt und dich daran gewöhnt hast, lasse sie sich in dich hinein auflösen. Ob du eine einzelne Gottheit oder ein ganzes Mandala von Gottheiten in einem Buddha-Gefilde visualisiert hast ist dabei unwichtig. Die Visualisation der Gottheit dient dazu, sich mit der Ebene des Absoluten zu verbinden. Dein Geist und die acht Arten des Bewusstseins sind es, was sich als die körperliche Form und die Weisheit der Gottheit manifestiert. Im Grunde ist es die reine Bewusstheit des erleuchteten Geistes, die große unerzeugte Weisheit, die Essenz der Frucht, die sich manifestiert—die Gottheit erscheint nicht von anderswo. Ganz gleich, welche Form die Gottheit annimmt, sie besitzt niemals eine unabhängige, ihr innewohnende Existenz und von daher ist ihr Körper nicht dualistisch. Das Sich-Manifestieren der Gottheit in einer körperlichen Form hat nichts mit Anhaften zu tun, denn ihr Vajra-Körper, ihre Vajra-Rede und ihr Vajra-Geist sind zwar manifest, aber frei von unabhängiger, innewohnender Existenz.

Obwohl sich dein Geist als die Gottheit manifestiert, hat er keine unabhängige, eigenständige Existenz; er gehört dem Dharmakaya, da er nicht nachweisbar und nicht als dieses oder jenes zu bezeichnen ist.

Wenn du diese Übung ausführst und dich mit ihrem Sinn vertraut gemacht hast, musst du die sechs Samayas dieser Praxis achten und einhalten. Gib niemals die verehrende Hingabe auf zu dem Meister, der dir die Kernunterweisungen gegeben hat. Tu alles, was Samadhi fördert, und meide alles, was dem abträglich ist. Lass nicht zu, dass sich deine Sammlung während deiner alltäglichen Beschäftigungen verflüchtigt. Trenne dich nicht von der Yidam-Gottheit, setze die Übung fort, bis du sie vervollkommnet hast. Halte geheim, über welche Yidam-Gottheit du meditierst und meditiere nicht mit einer Einstellung, die einer Gottheit den Vorzug vor einer anderen gibt. Welche Gottheit auch der Gegenstand deiner Meditationsübung ist, es ist stets so, als würdest du über alle Buddhas meditieren. Der einzige Zweck der Meditation über die Buddhas ist, das wahre Wesen des eigenen Geistes zu erkennen. Auch die Visualisation der Gottheit ist eine Manifestation des eigenen Geistes. Abgesehen davon gibt es nichts, worüber man meditieren oder was man meistern könnte. Die Buddhas und Bodhisattvas sind in deiner Yidam-Gottheit verkörpert. Über wie viele Yidam-Gottheiten du auch meditieren magst, sie sind nichts als Manifestationen deines Geistes, so wie die eine Yidam-Gottheit, über die du meditierst, nichts anderes ist.

Hiermit schließen die Kernunterweisungen darüber, wie man mit der Gottheit eins wird und dies mit der Ebene des Absoluten verbindet.

Wie man die Siddhi der Gottheit erlangt

Yeshe Tsogyal fragte den Nirmanakaya-Meister: Wie kann die Meditation über eine Gottheit uns als Weg dienen und wie erlangt man Siddhi?

Der Meister erwiderte: Um die Siddhi der Gottheit zu erlangen, stelle dir die Gottheit zunächst als dir gegenüber vor. Danach gewinne Stabilität darin, dich selbst als die Gottheit zu visualisieren. Bis zu dieser Stufe unterlasse das Rezitieren von Mantras.

Bevor du die Meditationsübung beginnst, stelle das Mandala der Meisterschaft zusammen und breite die verschiedenen Opfergaben aus. Die Gegenstände des Altars sollten sich vor dir befinden. Wasche und erfrische dich und lass dich auf einem bequemen Sitz nieder.

Lade deinen Meister und die Versammlung der Yidam-Gottheiten ein. Bringe ihnen Niederwerfungen, Lobpreisungen und Opfergaben dar und führe die achtteilige Übung aus. Die Gottheiten lösen sich dann in Licht auf, welches sich wiederum in dich hinein auflöst, wodurch du selbst zur Yidam-Gottheit wirst. Ziehe die Grenzlinie um deine Klausur und weihe die Opfergaben.

Mittels der drei Samadhis und anderer Schritte visualisiere das ganze Mandala mit den Gottheiten. Führe die Segnung und die Initiationen aus. Lade die Weisheitsgottheiten ein und vereine sie mit dir, bringe Niederwerfungen, Opfergaben und Lobpreisungen dar.

Visualisiere die Weisheitsgottheit dann wieder getrennt von dir — gegenüber im Raum — und rezitiere das Mantra. Nach der Rezitation bringe Lobpreisung dar.

Lass die Gottheit sich nun wieder in dich hinein auflösen und lege dich zum Schlafen nieder in dem stolzen Vertrauen, selbst die Yidam-Gottheit zu sein.

Am Morgen visualisiere sogleich die Gottheit und rezitiere das Mantra. Folge deiner Sadhana wie vorher beschrieben.

Segne was du isst und trinkst und opfere es als sakramentales Festmahl.

Wenn du auf diese Weise praktizierst, wirst du Siddhi erlangen, einerlei ob deine Übung eine einzelne Gottheit oder ein Mandala von Gottheiten zum Gegenstand hat.

Dies waren die Kernunterweisungen darüber, wie die Siddhi der Gottheit erlangt wird.

Die Zeichen für das Erlangen der Siddhi

Yeshe Tsogyal fragte den Meister: Welche Zeichen treten auf, wenn die Siddhi einer Gottheit erlangt worden ist?

Der Meister gab folgenden Rat: Es gibt vier verschiedene Zeichen dafür: Zeichen, Omen in Träumen, Hinweise und tatsächliche Zeichen.

Die vier Arten von Zeichen gleichen Rauch, Luftspiegelungen, Glühwürmchen und einem wolkenlosem Himmel. Diese werden als Zeichen für Fortschritt in der meditativen Erfahrung benannt.

Die fünf Arten von Omen in Träumen sind die folgenden. Man sieht: Buddhas und Bodhisattvas als getrennt von sich; Buddhas, Bodhisattvas und sich selbst als gleichwertig; sich selbst in der Form der Gottheit ohne jede Vorstellung von vorn, hinten, oben, unten. Buddhas und Bodhisattvas verbeugen sich vor einem und bringen einem Opferungen dar. Alle Buddhas geben tiefgründige Belehrungen und erläutern diese.

Wenn man des weiteren wiederholt träumt nackt zu sein, ist dies ein Zeichen dafür, dass man seine gewohnheitsbedingten Tendenzen und Neigungen gereinigt hat. Wenn man träumt auf einer Treppe zum Himmel aufzusteigen, ist das ein Zeichen dafür, dass man sich auf dem Pfad befindet. Wenn man träumt auf Löwen und Elefanten zu reiten, ist das ein Zeichen dafür, dass man die Bhumis erreicht hat. Wenn einem im Traum ein lächelndes Wesen erscheint oder ähnliches, ist das ein Zeichen dafür, dass man Prophezeiungen erhalten wird.

Doch selbst wenn du derart glückverheißende Träume hast, ist das kein Grund euphorisch zu werden.

Nun zu den Hinweisen; es gibt äußere, innere und geheime:

– Die äußeren Hinweise während der Meditation sind: Objekte, wie zum Beispiel feinstoffliche Partikel, Keimsilben, Symbole des Geistes, feinstoffliche Körperformen und so fort wahrzunehmen oder die Erfahrung gröberer Wahrnehmungssphären der fünf Farben, von Feuer, Wasser und ähnlichem zu haben.

– Die inneren Hinweise sind, dass du das Ein- und Ausströmen deines Atems nicht mehr bemerkst, während du über die Gottheit meditierst, dass dein Körper leicht wird wie Watte und dass Alter und Verfall dich nicht berühren.

– Die geheimen Hinweise sind, dass Weisheit spontan gegenwärtig ist, wenn du über die Gottheit als rein illusorische Erscheinungsform meditierst. Du fühlst für alle Wesen die gleiche liebende

Zuwendung und aus allen Dingen, die du wahrnimmst, leuchtet Weisheit.

Die tatsächlichen Zeichen umfassen äußere und innere. Die äußeren Zeichen sind: Lichterscheinungen, das Bildnis der Gottheit lächelt, ein lauter Ton erschallt oder ein süßer Duft tritt auf, eine Butterlampe entzündet sich von selbst, die Schädelschale auf dem Altar beginnt zu schweben, dein Körper ist von keinerlei unangenehmen Empfindungen mehr erfüllt. Die inneren Zeichen sind: Dein Mitgefühl wird immer stärker, dein Anhaften schwindet, du wirst frei von Voreingenommenheit, deine Samayas sind rein und du empfindest Liebe für deinen Meister und deine Dharma-Freunde, du fürchtest Samsara nicht und Mara kann dich nicht mehr schrecken.

Auch wenn mehrere dieser Zeichen auftreten, werde nicht euphorisch, sondern setze deine Übungen voller Eifer fort.

Dies waren die Hinweise und Zeichen, die bei der Meditationsübung, die eine Gottheit zum Gegenstand hat, auftreten können.

Was die Yidam-Meditation bewirkt

Yeshe Tsogyal fragte den Meister: Was erreicht man mit der Meditation über die Gottheit?

Der Meister sprach: Durch diese Übung beseitigst du die trübenden Schleier und vervollständigst die zwei Ansammlungen.

Durch die Meditation über die Yidam-Gottheit erschöpft sich das dualistische begriffliche Denken. Dadurch können sich die trübenden Schleier des Karma und der Geistesgifte auflösen und die Orte zukünftiger Wiedergeburten werden gereinigt.

Durch das Vervollständigen der zwei Ansammlungen werden fünf Ergebnisse erzielt: die Resultate auf der Ebene des Weges, welche die vier Vidyadhara-Ebenen sind, und das endgültige Resultat, die Frucht.

Die Vidyadhara-Ebenen haben zwei Aspekte: Eigenschaften und Essenz. Die Eigenschaften sind die sechs übernatürlichen Fähigkeiten und die vier magischen Kräfte. Die Essenz sind die vier verschiedenen Vidyadhara-Ebenen: die Vidyadhara-Ebene der Reife, die Vidyadhara-Ebene der Macht über die Lebensspanne, die Mahamudra-Vidyadhara-Ebene und die Vidyadhara-Ebene der spontanen Präsenz.

Das endgültige Resultat, die Frucht, ist die Tatsache, dass man Buddhaschaft erlangen wird, wenn die Meditation über die Gottheit vollkommen geworden ist, selbst wenn man nur über geringe Intelligenz und wenig gute Eigenschaften verfügt.

Die Fünf Pfade

Yeshe Tsogyal fragte den Meister: Im Lehrsystem der Prajñaparamita heißt es, dass man den fünf Pfaden folgen muss. Wie können wir diese Pfade mit der Meditation über das Mandala einer Gottheit verbinden?

Der Meister erwiderte: Der Pfad, der darin besteht, über das Mandala einer Gottheit zu meditieren, umfasst vier Stufen: den Pfad des Vereinigens, den Pfad des Sehens, den Pfad des Förderns und den Pfad der Vervollkommnung.

Diese Stufen können mit der vierteiligen Praxis der Annäherung und Meisterschaft in Zusammenhang gebracht werden: Annäherung entspricht dem Pfad des Vereinigens, vollständige Annäherung dem Pfad des Sehens, Meisterschaft dem Pfad des Förderns und große Meisterschaft dem Pfad der Vervollkommnung.

Der Pfad des Vereinigens

Der Pfad des Vereinigens hat vier Stufen. Die erste Stufe wird als «die Wärme» bezeichnet und entspricht dem Samadhi der Soheit und dem magischen Samadhi. Die zweite Stufe, «der Gipfel», entspricht dem Samadhi subtiler Sammlung und der Meditation über die einzelne Gottheit. Vollentfaltete Manifestation und die Meditation über mehrere Gottheiten wird «das Annehmen» genannt. Versammlungsmeditation auf dem Pfad ohne Hindernis üben, macht die vierte Stufe aus, den «höchsten noch weltlichen Dharma».

Die Wärme

Gewinne durch den Samadhi der Soheit die Gewissheit, dass alle Phänomene nichts als dein eigener Geist sind. Übe dich darin, frei von begrifflichem Denken in der ungekünstelten Natur des Geistes zu verweilen, bis du dies verwirklicht hast.

Der magische Samadhi ist die natürlich schöpferische Energie des nichterschaffenen, offenen Raumes, die Meditation der unteilbaren Einheit von Phänomenen und Leerheit, erkennend und doch nicht konzeptuell—wie ein von Licht erfüllter Himmel, der zwar gesehen, aber nicht erfasst werden kann.

Wenn du Übung in dieser Meditation gewonnen hast und ihren wahren Sinn verwirklichst, wirst du die Grenzen der auf das Kleine Fahrzeug beschränkten Mentalität überschreiten und in das Große Fahrzeug eintreten. An diesem Punkt erscheinen elf Zeichen, die mit der Verwirklichung «der Wärme» verbunden sind:

– Dein Körper wird niemals mehr von Ungeziefer befallen.

– Äußere und innere Verunreinigungen sind geläutert.

– Du wirst nie wieder unter den Krankheiten der vier Zusammensetzungen leiden.

– Dein Körper kann viele Entbehrungen ertragen.

– Begriffliches Denken ist überwunden.

– Dadurch, dass du nicht mehr von materieller Nahrung abhängig bist, wirst du deine Ausstrahlungskraft und dein Charisma nie mehr verlieren.

– Keine gewöhnliche Begierde kommt mehr in dir auf.

– Du bist von den fünf Geistesgiften befreit.

– Du hast keine gewohnheitsbedingten Neigungen mehr, in die Sicht- und Verhaltensweisen der kleineren Fahrzeuge zurückzufallen.

- Die acht weltlichen Anliegen sind dir gleichgültig.
- Du bist imstande, den tiefgründigen Dharma zu akzeptieren.

Diese elf Zeichen belegen, dass das Stadium ohne Rückschritt erreicht ist.

Der Gipfel

Auf der zweiten Stufe übt man sich so lange in der Meditation der einzelnen Gottheit und in subtiler Sammlung, bis sich das Ergebnis der Meditation auf den drei Ebenen der Objekte zeigt.

Wenn die Geistesgifte sich nicht mehr gegen äußere Objekte richten und die fünf äußeren Elemente dir nichts mehr anhaben können, ist dies ein Zeichen dafür, dass du die zweite Stufe erreicht hast und Geist und Phänomene eins geworden sind.

Das Annehmen

Die Meditation über mehrere Gottheiten auf der dritten Stufe bedeutet, den drei, fünf oder einer beliebigen Zahl von Buddha-Familien entsprechend, über die friedvollen und rasenden Gottheiten zu meditieren.

Wenn du als Ergebnis ausgiebiger Übung diese Stufe vervollkommnet hast, wirst du aus einem sofort erreichbaren Samadhi heraus Lichtstrahlen aussenden können und auf Grund der Kraft der natürlich klaren Bewusstheit in der Lage sein, sogar ein Mandala mit tausend Buddhas zu visualisieren.

Dass du die Stufe des Annehmens erreicht hast, zeigt sich in der Verwirklichung verschiedener Fähigkeiten. So kannst du beliebige Phänomene erscheinen lassen; du vermagst zum Beispiel Sand in Gold zu verwandeln, Wasser an einem trockenen Ort hervorquellen oder einen Sprössling aus einem Stück Kohle wachsen zu lassen. Kurz, du kannst über alle wahrnehmbaren Dinge so verfügen, wie du es wünschst. Dies gilt als ein Zeichen, dass du deinen Geist gemeistert hast.

Der höchste noch weltliche Dharma

Auf dieser Stufe ist die Meisterschaft in der Versammlungsmeditation auf dem Pfad ohne Hindernis gleichbedeutend damit, in der großen Glückseligkeit der Dharmata verweilen zu können. Wenn du darin endgültige Stabilität erlangt hast, wirst du mit den fünf Gegenständen und ähnlichem ausgestattet und deine Sadhana wird stets zu einer günstigen Zeit beginnen.

Wenn auf dieser vierten Stufe deine Fähigkeit zur Sammlung groß ist, erreichst du die Vidyadhara-Ebene der Macht über die Lebensspanne und wirst innerhalb von sechs, zwölf oder sechzehn Monaten Meisterschaft in der Meditation über die Gottheit der jeweiligen Buddha-Familie erlangen, über die du meditiert hast. Deine Lebensenergie wird der von Sonne und Mond gleichen und du kannst deine Lebensspanne um jeweils hundert Jahre verlängern.

Wenn deine Fähigkeit zur Sammlung geringer ist, erreichst du die Vidyadhara-Ebene der Reife. Nachdem du deinen sterblichen Körper abgelegt hast, nimmst du im Bardo die reine Form deiner Yidam-Gottheit an. Das ist die Frucht, die du durch Stabilität in der Entwicklungsstufe erntest.

Der Pfad des Sehens

Dies ist die Erläuterung zum Pfad des Sehens, der der vollständigen Annäherung entspricht:

Sobald du die Erkenntnis verwirklicht hast, dass dein grobstofflicher Körper ein mentaler Körper ist, sind all deine Verunreinigungen geläutert und du erreichst die beständige Vidyadhara-Ebene der Macht über die Lebensspanne, jenseits von Geburt und Tod, selbst ohne deinen Körper aufgeben zu müssen. Du verfügst über die fünf übernatürlichen Fähigkeiten sowie die vier magischen Kräfte und erkennst das Wesen des Absoluten. Obgleich du dich drei unvorstellbar lange Äonen hindurch in Myriaden von Formen manifestierst, deine magischen Kräfte auf dem Pfad des Sehens zum

Ausdruck bringst und zum Wohl aller Wesen handelst, ist all dein Tun frei von Anhaften. Du hast die Stufe erreicht, von der du niemals mehr zurückfallen und von den Pfaden abkommen wirst und du erhältst Unterweisungen von den Nirmanakaya-Buddhas.

Der Pfad des Förderns und der Pfad der Vervollkommnung

Nun zur Praxis der Meisterschaft, die dem Pfad des Förderns entspricht.

Auf dem Pfad des Förderns drückt sich, nachdem man die Mahamudra-Ebene des Regenbogenlicht-Körpers erreicht hat, das Erkennen des Wesens des Absoluten in der spirituellen Praxis aus.

Obwohl während der Meditation zwischen deinem Geist und dem der Buddhas kein Unterschied mehr besteht, gibt es für dich immer noch das Stadium der Nachmeditation und du musst ausdrücklich in Meditation verweilen. Da deine Sammlung nun unerschütterlich geworden ist, hast du die Mahamudra-Vidyadhara-Ebene erlangt. Dies ist die Erfahrung des Unerschütterlich-Seins im Ati-Yoga. Ohne den Zustand der Meditation zu verlassen, strahlst du gleichzeitig Myriaden von magischen Erscheinungsformen aus, die zum Wohl der Wesen wirken. Du bist in der Lage, die Unterweisungen der Sambhogakaya-Buddhas über Symbole oder direkt in deinem Geist zu empfangen.

Auf dem Pfad der Vervollkommnung, der der großen Meisterschaft und der Vidyadhara-Ebene der Spontanen Präsenz entspricht, gleichen deine Eigenschaften fast den erhabenen Qualitäten der Buddhas, aber es macht noch immer einen Unterschied aus, ob du meditierst oder nicht. Auf der Vidyadhara-Ebene der Spontane Präsenz kann dieser Unterschied jedoch in einem Augenblick aufgehoben werden.

Du gibst Unterweisungen und setzt Regenten ein, du hast den Pfad der Vervollkommnung, den Vajra-Samadhi, erreicht und bewirkst dein Wohl und das der anderen durch müheloses Anwenden deiner magischen Kräfte. Dies ist die Wirkung der sich ausdrückenden Weisheit. Den Dharmakaya von Angesicht zu Angesicht treffend, empfängst du die Unterweisungen durch den Segen und die subtilen trübenden Schleier dualistischen Wissens lösen sich auf.

Dies war der stufenweise Pfad, mit dem die vier Aspekte der Annäherung und Meisterschaft, die fünf Pfade und die vier Vidyadhara-Ebenen erlangt werden können.

Das Überspringen von Stufen

Yeshe Tsogyal richtete an den Meister die Frage: Können auf dem kurzen Pfad des Geheimen Mantrayana Stufen ausgelassen werden?

Der Meister antwortete: Es gibt tatsächlich die Möglichkeit, Stufen zu überspringen: Einige Menschen erreichen die Vollendung, indem sie gleichzeitig den Pfad des Vereinens, des Sehens und des Förderns begehen. Es gibt Menschen, die die Erleuchtung vom Pfad des Sehens aus erreichen, ohne Stufe um Stufe nehmen zu müssen. Einige erlangen die Buddhaschaft über den Pfad des Förderns, andere wiederum durchlaufen alle Stufen des Weges bis zum Ende und verwirklichen dann die Buddhaschaft. Die Unterschiede zwischen den Praktizierenden ergeben sich aus dem verschiedenen Grad ihrer Intelligenz und ihrem Konzentrationsvermögen.

Diese vier verschiedenen Arten der spirituellen Praxis, die den vier verschiedenen Arten geistiger Fähigkeit der Menschen entsprechen, beruhen nicht auf einem spirituellen Weg, der sich über dieses Leben hinaus auf zukünftige Leben erstreckt. Das Lehrsystem des Geheimen Mantrayana, das nicht auf der Ursache, sondern auf der Frucht aufbaut, lehrt, dass man noch in diesem Leben von der Krankheit des Samsara geheilt werden kann und dass, nachdem die Ebene des Samadhi jenseits der Wiedergeburten erlangt worden ist, auch die drei Kayas spontan verwirklicht werden.

Um die Bhumi der Unteilbarkeit und den Dharmakaya in diesem einen Leben zu erlangen, werden intelligente Menschen gelehrt, den Weg des Dharmakaya zu gehen, Erfahrung darin zu gewinnen und Soheit als Pfad zu nutzen.

Um die Bhumi der Unübertrefflichen Weisheit und den Kaya der großen Glückseligkeit zu erlangen, werden leidenschaftliche Menschen gelehrt, den Weg der Glückseligkeit zu gehen, Erfahrung darin zu gewinnen und Glückseligkeit als Pfad zu nutzen.

Um die Bhumi des Kreises der Großen Versammlung und die Form-Kayas zu erlangen, werden aggressive Menschen gelehrt, den Weg der Befreiung zu gehen und Erfahrung darin zu gewinnen. Menschen mit besonderen Merkmalen werden gelehrt, die Gottheit als Pfad zu nutzen.

In dieser Weise reinigst du die Bereiche der drei Kayas und wirst mit den drei Bhumis vertraut. All diese Früchte sind in deinem eigenen Geist enthalten. Buddhaschaft ist also nirgendwo anders zu finden.

Die Kayas und Weisheiten

Yeshe Tsogyal fragte den Meister: Wie können wir die Frucht des Geheimen Mantrayana, die fünf Kayas und die fünf Weisheiten erlangen?

Der Meister erwiderte: Nachdem man die eben erklärten vier Pfade, entsprechend seinen geistigen Fähigkeiten, durchschritten hat, erlangt man die höchste, spontan vollendete Frucht, die fünf Kayas und die fünf Weisheiten:

– Die Grundform aller Buddhas — dein ungekünstelt-nacktes Wesen, die nichtbedingte Essenz — ist ungeschaffen, ungeboren, ursprüngliche Reinheit jenseits von Entstehen und Vergehen. Dies ist die «Dharmadhatu-Weisheit».

– Obgleich der Dharmadhatu ohne eine konkrete Substanz ist, ist er seinem Wesen nach lichthaft und die Phänomene erscheinen wie Abbilder in einem Spiegel, haben jedoch keine unabhängige, ihnen innewohnende Existenz. Sie werden ohne begriffliches Denken erkannt. Dies ist die «Spiegelgleiche Weisheit».

– Der Dharmadhatu ist unerschaffene reine Bewusstheit und diese Bewusstheit-Weisheit ist ungekünstelt-nackt. Wahrnehmung ist ungeboren, ohne Dualismus, die große Gleichheit. Dies ist die «Weisheit der Gleichheit».

– Die allgemeinen und individuellen Merkmale der Phänomene sind in diesem nichtdualen Zustand der Gleichheit unvermischt und vollständig. Die gewohnheitsbedingten Neigungen der Unwissenheit sind aufgehoben und allumfassende Erkenntnis, frei vom Elend des begrifflichen Denkens, scheint auf. Dies ist die «Allesunterscheidende Weisheit».

– Die Weisheit «Unbeirrbare Aktivität» ist ruhig und doch erkennend zu verweilen. Unbeirrbar bewirkt und vervollkommnet diese Weisheit spontan das eigene Wohl und das der anderen.

Diese fünf Weisheiten, die sich — jede für sich — als Ausdruck der ungehinderten Energie deiner reinen Bewusstheit manifestieren, sind niemals von der grundlegenden Weisheit des Dharmadhatu getrennt. Diese allem zugrundeliegende Dharmadhatu-Weisheit ist seit jeher in dir gegenwärtig. Während der drei Zeiten — Vergangenheit, Gegenwart und Zukunft — ist der Praktizierende niemals von ihr getrennt.

Nun dazu, auf welche Weise die fünf Kayas gegenwärtig sind:

– Der Dharmakaya ist die ungekünstelte absolute Natur aller Dinge, eine tiefgründige Natürlichkeit jenseits von Entstehen und Vergehen, frei von Konstruktionen.

– Der Sambhogakaya ist das Entzücken der ungeschaffenen Weisheit der reinen Bewusstheit, da die fünf Kayas und fünf Weisheiten im Kontinuum der wahren Natur deines Geistes gegenwärtig sind.

– Nirmanakaya ist aus Weisheit geborenes Mitgefühl, das sich auf magische Weise entfaltet und in unzähligen Formen und Weisen manifestiert.

– Der Kaya der großen Glückseligkeit ist die ungeborene Glückseligkeit des erleuchteten Geistes.

– Der Kaya der Essenz ist die Tatsache, dass diese vier Kayas als Essenz des erleuchteten Geistes untrennbar sind.

Da die fünf Kayas und fünf Weisheiten spontan gegenwärtig sind, wird dies die Grundform aller Buddhas genannt. Während der Zeit, da der Praktizierende sich auf dem Weg befindet, meditiert er fortschreitend über das Wesen der fünf Kayas als die wahre Natur seines Geistes. Wenn er die begrenzende Hülle seines stofflichen Körpers abgelegt hat, erlangt er die fünf Kayas und fünf Weisheiten auf eine Weise, die Erlangen transzendiert und nimmt sie wahr in einer Weise, die Wahrnehmen transzendiert.

Nun folgt die Beschreibung, wie die Buddhaschaft zum Wohl der Lebewesen wirkt: Unzählige Spiegelbilder der Sonne erscheinen auf jeder Wasseroberfläche, ohne dass die Sonne dadurch schwindet. Ähnlich manifestiert sich der Dharmakaya, der wahrhaft und vollkommen Erleuchtete, auf magische Weise durch den Sambhogakaya und Nirmanakaya in Übereinstimmung mit den Bedürfnissen und Neigungen der zu schulenden Lebewesen so unermesslich viele Male, wie der unendliche Raum groß ist, ohne dass die große Gleichheit der absoluten Natur dadurch beeinträchtigt wird. Auch wenn er zum Wohl aller Wesen wirkt, ist der Dharmakaya unberührt von dualistischen Vorstellungen und begrifflichem Denken.

Das Sonnenlicht beispielsweise weiß nichts davon, dass es den Lebewesen von Nutzen ist. In ähnlicher Weise sind die zwei Kayas frei von der Vorstellung, für das Wohl der Wesen zu handeln. Es wird durch die Kraft der Wünsche und Gebete bewirkt.

Der Meister sprach: Tsogyal, wenn der Fünfhundertjahr-Zyklus des dunklen Zeitalters angebrochen ist, werden die meisten derer, die dem Mantrayana folgen, nur noch die Worte und nicht mehr den Sinn praktizieren. Sie werden den Geheimen Mantrayana zu schamanischen Beschwörungen verkommen lassen und die Samaya-Substanzen für leere Rituale verwenden. Sie werden ihre Klausurzellen inmitten der Dörfer errichten. Sie werden behaupten, die Praxis der Vereinigung zu üben, sich in Wirklichkeit aber gewöhnlicher Begierde hingeben. Sie werden behaupten, die Praxis des Erlösens zu üben, in Wirklichkeit aber gewöhnlichem Hass nachgeben. Aus Blindheit werden sie Gut und Böse verwechseln und die Kernunterweisungen verschachern. Auch die, die den Dharma lehren, werden die Lehren ihren Schülern zum Kauf anbieten. Das Geheime Mantrayana wird durch sie zu leerer Spekulation werden. Sie werden den Dharma nur noch aus eigennützigen Zielen, um Macht und Einfluss willen praktizieren.

In dieser Endzeit wird das Geheime Mantrayana durch Worte verdunkelt werden. Die Kraft seines Segens wird schwinden, weil sein wahrer Sinn nicht mehr verstanden wird. Da nur noch wenige Siddhi erlangen, wird eine Zeit kommen, da das Geheime Mantrayana nahe daran sein wird zu vergehen. Schreibe diese mündlichen Überlieferungen nieder und versiegle sie als Schatztext, damit sie einem Menschen jener Zeit, der das günstige Karma angesammelt hat, zugute kommen.

In der Hochgewölbten Höhle in Yerpa, am zweiundzwanzigsten Tag des letzten Herbstmonats im Jahr des Affen, schrieb ich, Yeshe Tsogyal, die Edelstein-Girlande dieser Kernunterweisungen, genannt «Die Geistesschulung des Geheimen Mantrayana», nieder, versiegelte und verbarg sie als Schatztext. Mögen alle, die das nötige Karma dafür angesammelt haben, auf diese Worte treffen, auf dass die Verdunkelungen, die ihre Weisheit verhüllen, beseitigt werden und sie die Vidyadhara-Ebene erreichen.

Siegel des Schatzes.
Siegel der Verborgenheit.
Siegel der Tiefgründigkeit.
Siegel des Anvertrauens.

7. Die Kristallgirlande makelloser Übung

Namo Guru

Als der erhabene Meister Padmakara, Mantradhara einer gesegneten Lehrtradition, sich in der Einsiedelei der Perlen-Kristall-Höhle in Pamagong aufhielt, bat ihn die Prinzessin von Kharchen, Yeshe Tsogyal, um Unterweisungen. Es war zu dieser Zeit, dass er die «Kristallgirlande makelloser Übung» zum Wohl zukünftiger Generationen lehrte. Ihr Menschen künftiger Zeiten, merkt auf!

Der Nirmanakaya-Meister Padmakara sprach: Um den Dharma richtig zu praktizieren, brauchst du einen geeigneten Meister, der echt und vertrauenswürdig ist, einen kundigen spirituellen Lehrer, der die ungebrochene Überlieferung einer makellosen Übertragungslinie besitzt.

Wenn dein Lehrer kein echter Meister ist, sind seine Unterweisungen falsch und deine spirituelle Übung wird verfälscht. Da dies große Gefahren mit sich bringen würde, ist es so außerordentlich wichtig, einen geeigneten Meister zu finden. Vergiss das nie!

Yeshe Tsogyal fragte: Was ist mit der ungebrochenen Überlieferung einer reinen Übertragungslinie gemeint?

Der Nirmanakaya-Meister erwiderte: Eine Übertragungslinie — wie die von Padmasambhava —, die auf die ungebrochene Übertragung der Erleuchtung von Dharmakaya, Sambhogakaya und Nirmanakaya zurückgeht, ist unentbehrlich. Der Dharmakaya-Buddha Samantabhadra hat sie dem Sambhogakaya-Buddha Amitabha übertragen, der die reine Bewusstheit durch die geeigneten Methoden dem Nirmanakaya Padmakara übertrug. Du, Yeshe Tsogyal, hast die Unterweisungen vom Nirmanakaya selbst empfangen. Du bist betraut mit der Überlieferung der Übertragungslinie und besitzt ihren Segen.

Der Nirmanakaya-Meister sprach: Der Dharma-Lehrer darf das Herzblut seiner Ratschläge nicht ungeeigneten Schülern geben, zu denen die rechte karmische Verbindung fehlt.

Yeshe Tsogyal fragte: Was heißt das?

Der Meister erwiderte: Ungeeignete Schüler empfinden keine Ehrfurcht vor ihrem Meister und versuchen, sich die Lehren mit List anzueignen. Haben sie sie dann erhalten, geben sie als ihren Ursprung eine andere Quelle an und die Kernunterweisungen liegen brach. Ungeeignete Schüler halten sich nicht an die Weisungen der Übertragungslinie. Da sie nicht praktizieren, ist es so, als würfe man reines Gold in die Gosse, wenn man ihnen die tiefgründigen Unterweisungen gibt. Derartige Schüler sind untaugliche Gefäße für die Unterweisungen. Weil sie sie nicht verstehen, werden sie keine innere Überzeugung entwickeln und die Lehren nicht bewahren können. Wenn man die Kernunterweisungen ungeeigneten Menschen weitergibt, werden sie zu bloßen Worten und leerem Buchwissen. Dadurch geht die Authentizität des Dharma verloren. Wenn der Nektar der Unterweisungen in ein untaugliches Gefäß gegeben wird, verderben die Lehren. Das darf nicht sein! Es ist von allergrößter Bedeutung, die tiefgründigen Belehrungen zu bewahren und sorgfältig den Charakter der Schüler zu prüfen. Vergiss das nie!

Der Nirmanakaya-Meister sprach: Lehre den Dharma nicht Menschen, die später falsche Auffassungen verbreiten.

Yeshe Tsogyal fragte: Welche Folgen würde das haben?

Der Meister erwiderte: Ungeeignete Schüler können die Kernpunkte der Unterweisungen nicht begreifen; dadurch fehlt ihnen die Übertragung der Linie. Ihr Geist kann keine Verbindung mit dem Dharma eingehen und ihr Charakter wird verdorben werden. Wenn du Menschen, die eine Vorliebe für trockene intellektuelle Spekulationen haben und sich an Worte klammern, den Dharma lehrst, wird dies in einer Verleumdung des Dharma enden. Die Verleumder werden schlechtes Karma anhäufen, du selbst wirst darüber ärgerlich und dadurch ebenfalls schlechte Taten anhäufen. Auf diese Weise werden beide, Lehrer und Schüler, durch den Dharma dazu gebracht, schlechtes Karma ansammeln. Das darf nicht sein!

Mache aus den tiefgründigen Unterweisungen keine Handelsware. Praktiziere sie vielmehr voller Ausdauer an abgeschiedenen Orten und vereine deinen Geist mit dem Dharma.

Der Nirmanakaya-Meister Padmakara sprach: Nimm keine Schüler an, an die die Unterweisungen verschwendet sind.

Yeshe Tsogyal fragte: Was ist damit gemeint?

Der Meister antwortete: Menschen, die Freude an weltlichem Erfolg und Ruhm haben, werden von der Erledigung ihrer Geschäfte in Anspruch genommen; sie räumen der Dharma-Praxis keinen wichtigen Platz in ihrem Leben ein. Ihnen reicht es, den Dharma «praktiziert», «empfangen» oder «verstanden» zu haben. Wenn Aussicht darauf besteht, dadurch zu ein bisschen Erfolg oder Ruhm, Nahrung oder Reichtum, Vergnügen oder Anerkennung zu kommen, werden sie die Lehren nicht länger für sich behalten, obwohl sie von ihrem Meister zur Geheimhaltung verpflichtet wurden. Statt sich daran zu halten, werden sie, in einer Mischung aus Falschheit und Scharlatanerie, unbekümmert die Lehren auslegen und erklären. Gewähre die Kernunterweisungen nicht Schülern, die Scharlatane sind, die ihre Lehrer und den Dharma benutzen. Die Lehre wird dadurch verdorben. Das darf nicht sein! Du musst den Nektar der Unsterblichkeit nicht anderen geben, ohne selbst davon getrunken zu haben und darfst ihn nur den Menschen geben, die den echten und aufrichtigen Wunsch danach verspüren. Wenn man die Lehre des Geheimen Mantrayana korrumpiert, wird man keinen Segen empfangen. Die Mütter- und Schwester-Dakinis werden verärgert und viele Hindernisse werden entstehen. Vergiss das nie!

Der Nirmanakaya-Meister sprach: Ziehe den Nektar aus den Kernunterweisungen und gib ihn Menschen, die dessen würdig sind, die die karmische Kontinuität früherer spiritueller Praxis besitzen, die aus ganzem Herzen nach dem höchsten Sinn verlangen und Beständigkeit in ihrer Praxis haben.

Yeshe Tsogyal: Wie ist das gemeint?

Der Meister erwiderte: Diese Menschen sehen in ihrem Meister einen Buddha und bringen ihm daher tiefe, verehrende Hingabe entgegen. Sie betrachten die Kernunterweisungen als Nektar und haben daher innere Überzeugung. Ihr Geist ist ungetrübt von Zögern und Zweifel, daher erkennen sie in den Lehren das kostbare, wunscherfüllende Juwel. Das Elend samsarischer Geschäftigkeit empfinden sie als Gift, daher strengen sie sich zum Wohle zukünftiger Leben in der spirituellen Übung an. Da sie die Vergeblichkeit des Verfolgens weltlicher Ziele in diesem Leben erkennen, beweisen sie auf ihrer Suche nach der unübertrefflichen Erleuchtung große innere Stärke und Beharrlichkeit. Solch edle Menschen, die nicht mit dem Makel des durch Wetteifer und Ehrgeiz bedingten Verlangens nach materiellem Gewinn und Anerkennung behaftet sind, stellen die vortrefflichen spirituellen Nachkommen der siegreichen Buddhas dar. Wenn du die Unterweisungen vollständig an solche Menschen weitergibst, wird es für dich und die anderen segensreich sein. Vergiss das nie!

Ein ungeeignetes Gefäß kann die Milch der Schneelöwin nicht aufnehmen. Nur wenn sie in einen Krug aus reinem Gold gegossen wird, entfalten sich ihre wunderbaren Eigenschaften.

Der Nirmanakaya-Meister sprach: Wenn du die Erleuchtung noch in diesem Leben erlangen möchtest, jedoch dem Pfad der Selbstdisziplin[35] nicht folgst, wirst du dir die spirituelle Praxis nicht zu eigen machen können.

Yeshe Tsogyal fragte: Wie betritt man den Pfad der Selbstdisziplin?

Der Meister erwiderte: Wenn du am Anfang deiner Dharma-Praxis keine Selbstdisziplin aufbringst, sondern träge, faul und anspruchsvoll bist, wirst du nichts erreichen. Aus diesem Grunde solltest du dich in den für die Praxis günstigen Monaten des Sommers oder Herbstes oder an den günstigen Tagen—wie am achten Tag, am Neumond- oder Vollmondtag—an Orte zurückziehen, die für die Klausur geeignet sind: Leichenstätten, Hochebenen, Schneeberge, eine Einsiedelei, Orte, wo sich Siddhas aufhalten oder Wälder.

Hast du den passenden Ort gefunden, säubere ihn zuerst. Richte dir dann deinen Meditationssitz ein, bereite ein Mandala, lege Opfergaben aus und errichte den Schrein mit Gegenständen, die den erleuchteten Körper, die erleuchtete Rede und den erleuchteten Geist symbolisieren. Bringe den örtlichen Gottheiten, den Nagas und anderen Geisterwesen, ein Torma-Opfer dar. Gebiete ihnen mit einem Trank-Opfer, keine Behinderungen zu schaffen und dir wohlwollende Gefährten zu sein.

Am nächsten Morgen gib allen Müßiggang auf. Widme dich verdienstvollen Dharma-Tätigkeiten, wie dem Meister und den Drei Kostbarkeiten Opfergaben darzubringen und der Yidam-Gottheit, den Dakinis und Dharma-Schützern Gebete der Verehrung und Tormas zu opfern. Wenn die Tormas hinausgetragen werden, darf die

35 Wörtlich «die Bereitwilligkeit, Entbehrungen auf sich zu nehmen». Selbstdisziplin hat hier nicht den negativen Beigeschmack der Selbstkasteiung, sondern meint ein einfaches Leben in Abgeschiedenheit und die Bereitschaft, die «Härte» des Verzichts auf die Verfolgung weltlicher Ziele und auf Bequemlichkeit auf sich zu nehmen.

Vorderseite nicht nach außen gerichtet, sondern muss dir zugewandt sein, damit dir später die Siddhis nicht entgleiten.

Tagsüber übe dich darin, all deine Wahrnehmungen wie Träume anzusehen. Das heißt: Bleibe entspannt und natürlich, ohne das, was erscheint, ändern oder korrigieren zu wollen. Lass deine Erfahrung spontan sein, frei und offen. Bewahre einen lichten, wachen Geist, ohne an etwas zu haften.

Abends nimmst du das reine Gewahrsein als Pfad. Das heißt: Steigere gegen Ende des Tages das reine Gewahrsein und bleibe aufmerksam und wach, ohne dich von Schläfrigkeit oder Dumpfheit überwältigen zu lassen.

Gegen Mitternacht vereine den Schlaf mit der Dharmata, schlafe im Zustand frei von Gedankentätigkeit. Fasse den festen Vorsatz: «Während ich schlafe, will ich meine Träume als Träume erkennen!» Dadurch wirst du dich, während du träumst, der Dharmata erinnern und von Alpträumen wie auch von erhebenden Träumen befreit sein.

Morgens nimmst du die Dharmata als Pfad. Das heißt: Wenn du aus dem Schlaf erwachst und dein Körper entspannt ist und sich wohlfühlt, vergegenwärtige dir die Dharmata und übe diese dir innewohnende Wachheit, ohne an etwas festzuhalten, zu meditieren oder in Schläfrigkeit abzugleiten. Lass keine Trägheit und Gleichgültigkeit zu, übe deine Praxis mit offenem, wachen Geist aus und halte dabei das rechte Maß an Selbstdisziplin ein.

Solange deine Klausur nicht beendet ist, trage nie die Kleider anderer Menschen, dies könnte eine Trübung und Schwächung deiner Praxis verursachen. Wenn du dich zu reichhaltig ernährst, werden die Geistesgifte von dir Besitz ergreifen. Ist deine Kost zu kärglich, wird deine körperliche Kraft darunter leiden, so dass du nicht in der Lage bist, die Selbstdisziplin für deine Praxis aufzubringen. Deine Ernährung sollte schlicht und ausgewogen sein.

Nimm keine Nahrung zu dir, die unsauber ist, gestohlen oder weggeworfen wurde. Nimm keine Nahrung von Menschen an, die mit dem Makel verletzter Samaya behaftet sind oder von Menschen, die unter dem Einfluss übler Mächte stehen. Befolgst du dies nicht, wird das Erreichen der Siddhis sich verzögern und möglicherweise das Hindernis hervorgerufen, die Zeitdauer der Klausur nicht einzuhalten.

Bewege deinen Meditationssitz nicht von der Stelle. Beachtest du dies nicht und verlegst deinen Meditationssitz oder dein Bett an eine andere Stelle, bevor deine Klausur beendet oder die Zeit, für die du das Gelübde abgelegt hast, abgelaufen ist, werden sich Zeichen und Hinweise verflüchtigen und plötzliche Hindernisse könnten auftreten.

Halte keine Schutzrituale für andere ab und versuche dich nicht im Exorzismus, das würde die besonderen Kräfte mindern. Unterlasse es, deine Kleider, deinen Körper und deine Haare zu waschen, das würde die Siddhis schwächen und sich verflüchtigen lassen. Unterlasse es, dir Haare, Bart oder Nägel zu schneiden; dies würde die Kraft des Mantra mindern. Gib keine Belehrungen von deiner Klausurhütte aus, denn dies würde das Auftreten der Zeichen für die Meisterung deiner Praxis behindern. Lege das Gelübde, über einen bestimmten Zeitraum hinweg zu üben, nicht nur einmal ab, sondern täglich aufs neue; andernfalls gerätst du möglicherweise unter den Einfluss von Mara.

Die Kraft des Mantra entwickelt sich nicht dadurch, dass man mit anderen redet; schweige also. Wenn du die Vajra-Rezitation des Geheimen Mantra oder der rasenden Gottheiten mit lauter Stimme übst, wird deren Macht geschwächt und die nichtmenschlichen Wesen und Geister geraten in Panik und verlieren die Besinnung. Rezitiere sie darum in der rechten Weise, mit leiser Stimme.

Wenn du die Rezitation im Liegen ausführst, mit der Hand auf der Brust die Mantras zählend, wirst du es dir nur selbst schwer machen. Eine aufrechte Sitzhaltung ermöglicht gestreckte Energiekanäle und somit das ungehinderte Fließen der subtilen Energien. Da zwischen ihnen und dem Geist eine Wechselbeziehung besteht, wird der Geist infolge des freien Energieflusses lange in klarer Konzentration verweilen können. Dies ist der Hauptgrund dafür, warum man beim Meditieren die Sieben-Punkte-Körperhaltung einnimmt.

Vermeide, tagsüber zu schlafen, daraus entstehen viele nachteilige Folgen; du musst es mit allen Mitteln verhindern.

Hinterlasse deinen Auswurf nicht an von Menschen begangenen Orten, dies würde die Kraft des Mantra behindern.

Während du in Klausur bist, verrichte keine gute Taten zum Wohl anderer, vermeide Beschäftigungen, Zerstreuungen und Taten, die eine Störung für Körper, Rede oder Geist bedeuten. Richte deine Aufmerksamkeit ganz auf deine Praxis und häufe tugendhafte Taten zu deinem eigenen Wohl an.

Ganz gleich welch gute oder schlechte Zeichen oder magische Erscheinungen während deiner Klausur auftreten, lasse dich nicht darauf ein, diese Erfahrung entweder als angenehm oder unangenehm zu empfinden oder sie als anziehend oder abstoßend zu beurteilen. Lass deinen Geist in seinem natürlichen Zustand und führe deine Praxis zu Ende!

Zum Abschluss deiner Klausur halte die Opferzeremonie der Danksagung ab. Die Grenzen der Klausur können nun gelockert werden. Für einige Tage solltest du dich jedoch noch nicht zu weit vom Klausurort entfernen oder belebte Orte aufsuchen. Schlafe noch drei Nächte lang in deinem eigenen Bett und halte dich von Menschen fern, die nicht die gleichen Samayas haben wie du.

Zeige niemandem die Gegenstände, die du für deine Praxis benutzt hast und teile die Substanzen des abschließenden sakramentalen Festmahls[36] nicht mit anderen, nimm sie allein zu dir.

Nachdem du die Klausur begonnen hast, darfst du sie bis zu ihrem Abschluss—ganz gleich was sich ereignet—nicht plötzlich verlassen. Erkenne derartige Ereignisse als von Mara geschaffene Behinderungen und gib Schwierigkeiten dieser Art nicht nach.

Auf jeden Fall muss, wer die Praxis der «Annäherung und Meisterschaft» übt, vorsichtig bei seinen alltäglichen Tätigkeiten sein. Iss nicht einfach jede Nahrung, die dir in die Hände kommt. Trage keine

[36] Damit sind die Opfergaben gemeint, die am Morgen des letzten Tages der Klausur in einer Festzeremonie dargebracht werden.

schmutzige und schmierige Kleidung. Lege dich nicht wahllos an irgendeinem Platz zum Schlafen nieder. Verrichte dein Bedürfnis nicht dort, wo andere hingehen und dich sehen. Unternimm die Übungen eines Yogi nicht zur falschen Zeit. Achte mit großer Sorgfalt auf alles, was du tust.

Allgemein gilt: Wenn du nach Glück strebst, halte deine Dharma-Praxis bis zum Ende durch, indem du Selbstdisziplin übst und schwierige Umstände auf dich nimmst. Teile dir Tage und Nächte in bestimmte Abschnitte ein und halte die Dauer der Meditationssitzungen ein. Auf diese Weise wird dein Glück lange währen! Vergiss das nie!

Der Nirmanakaya-Meister sprach: Wenn du versuchst, die unübertreffliche Erleuchtung zu erlangen und dabei dein Gelübde nicht über längere Zeit hinweg halten kannst, wirst du unter den Einfluss des Dämons, der Hindernisse schafft, geraten.

Yeshe Tsogyal fragte: Was heißt das?

Der Meister erwiderte: Wenn du gelobt hast, die unverfälschten Kernunterweisungen zu praktizieren, musst du mit großer Entschlossenheit die Gegenmittel anwenden, die dich vom Gefallen an Schmeicheleien und vom Hängen an Essen und Trinken befreien, das dadurch entsteht, dass man dir Respekt entgegenbringt, sich vor dir verbeugt, dir Opfergaben darbringt und dich ersucht, Schutzrituale abzuhalten. All dies bedeutet für jemanden, dem es noch an Stabilität und an Gewissheit der Sicht fehlt, nur eine Unterbrechung der spirituellen Praxis.

Zu Anfang kannst du das Klausur-Gelübde für eine Dauer von drei, sieben oder neun Tagen, für einen halben Wintermonat oder einen ganzen Sommermonat ablegen. Am besten ist es, das Gelübde für eine Klausur von zwölf Jahren abzulegen, dann das für eine Sechsjahresklausur und schließlich das Gelübde für eine Dreijahresklausur oder zumindest für eine Klausur von einjähriger Dauer. Solltest du auch dazu nicht in der Lage sein, kannst du die Disziplin einhalten, deinen Körper, deine Rede und deinen Geist nur dazu zu nutzen, spirituelle Ziele zu erreichen und dieses für eine Dauer von sechs Monaten, einen Sommer oder einen Winter lang praktizieren ohne in Trägheit oder Gleichgültigkeit zu verfallen. Dies wird große Bedeutung für dich haben und du wirst den Pfad der Erleuchtung betreten.

Ganz allgemein gilt: Gelübde, die man nicht halten kann, sind die Hauptursache für Überschreitungen. Lege keine Gelübde ab, die du nicht halten kannst. Mache nur solche Versprechungen, die du erfüllen kannst. Dies ist sinnvoller. Vergiss das nie!

Der Nirmanakaya-Meister sprach: Während der Zeit, da du dir die authentischen Kernunterweisungen deines Meisters durch Übung zu eigen machst, ist es wichtig, die Stille der Rede zu wahren, die Klausur deiner Stimme.

Yeshe Tsogyal: Was ist damit gemeint?

Der Meister erwiderte: Die größte Ablenkung ist nutzloses Geschwätz. Sinnloses Gerede ist tödlich für die spirituelle Praxis. Schweigen können ist die beste Klausur, sogar inmitten geschäftigen Markttreibens bleibst du damit ungestört.

Ganz gleich wie viele Übungen der Selbstdisziplin du praktizierst, Schweigen ist die wichtigste von allen. Wenn du dazu nicht in der Lage bist, solltest du zumindest solange still sein, bis die Meditationssitzung beendet ist. Dadurch, dass du Schweigen wahrst und deine spirituelle Praxis nicht mit gewöhnlichem Gerede unterbrichst, wirst du rasch die besonderen Kräfte der Rede und die Siddhi erlangen.

Allgemein gilt: Gesprochene Worte, die weder die Dharma-Praxis noch die Lehren betreffen, sind bedeutungslos. Wenn du nicht auch mit deiner Stimme nach der unübertroffenen Erleuchtung strebst, indem du gewöhnliches Gerede aufgibst und dich dem Sprechen und Singen der Rezitationen widmest, gleichst du sowieso einem Stummen. Vergiss das nie!

Der Nirmanakaya-Meister Padmasambhava sprach: Wenn du über die Yidam-Gottheit meditierst, ist es entscheidend, die Gelassenheit von Körper, Rede und Geist zu verwirklichen.

Yeshe Tsogyal fragte: Was ist damit gemeint?

Der Meister erwiderte: Deinen Körper in der Gestalt der Yidam-Gottheit visualisieren—sichtbar und doch ohne konkrete Existenz—ist die Gelassenheit des Körpers. Mit deiner Stimme klar und deutlich das Mantra der Gottheit erklingen lassen—klar und deutlich, als der Widerhall der Leerheit—ist die Gelassenheit der Rede. Dein Geist, rein und frei von begrifflichem Denken—als Einheit von Erkennen und Leerheit—ist die Gelassenheit des Geistes. Immer in der Gelassenheit von Körper, Rede und Geist verweilen wird Mahamudra genannt.

Wenn du ununterbrochen diese drei Silben rezitierst, die die Essenz der Sugatas sind—OM für Körper, AH für Rede und HUNG für Geist—, wirst du mit Körper, Rede und Geist aller Sugatas ausgestattet sein.

Ganz allgemein gilt: Wenn du immer mit dem erleuchteten Körper, erleuchteter Rede und erleuchtetem Geist vereint bleibst, wird deine Praxis des Geheimen Mantrayana niemals eine falsche Richtung nehmen. Vergiss das nie!

Padmasambhava sprach: Es ist wichtig, die Dauer einer Meditationssitzung von der Zahl der Rezitationen abhängig zu machen.

Yeshe Tsogyal fragte: Was ist damit gemeint?

Der Meister erwiderte: Wenn du die Rezitation eines Mantra ausübst, halte drei oder vier über den Tag verteilte Meditationssitzungen ab. Gelobe, eintausend, fünfhundert oder zumindest hundertundacht Mantra-Rezitationen auszuführen.

Solange die jeweilige Zahl nicht erfüllt ist, sprich nicht, unterbrich deine Rezitation nicht mit gewöhnlichem Geschwätz. Auf diese Weise werden keine Hindernisse auftreten.

Entwicklungs- und Vollendungsstufe miteinander zu verbinden und sich zu bemühen, die Rezitations-Praxis der «Annäherung und Meisterschaft» mit der Stetigkeit des Dahinfließens eines Stromes zu üben, ist die Besonderheit der authentischen Praxis der Kernunterweisungen.

Alles, was du anstrebst—die Läuterung der trübenden Schleier, die Vermehrung der zwei Ansammlungen, die Beseitigung von Hindernissen und das schnelle Erlangen der zweifachen Siddhi—, kannst du auf einfache Weise dadurch erreichen, dass du die Entwicklungs- und Vollendungsstufen mit der Rezitationspraxis der «Annäherung und Meisterschaft» verbindest.

Die Rezitation der Silben OM AH HUNG ist die tiefgründigste aller Rezitationen. Sie enthalten alles; sie sind die Essenz von Körper, Rede und Geist der Sugatas. Das Versprechen, diese Silben zu rezitieren oder sie allen anderen Mantras voranzustellen, ist deshalb von großer segenbringender Kraft.

Viele Tropfen ergeben schließlich einen Ozean. Lass deine Lippen nicht faul sein, sprich jede einzelne Silbe des Mantra aus. Das ist wichtig. Nach einer gewissen Zeit werden sich dann die Siddhis einstellen. Vergiss das nie!

Padmasambhava sprach: Wenn im Geheimen Mantrayana Methode und Weisheit nicht gepaart sind, gerät man auf einen Irrweg.

Yeshe Tsogyal fragte: Wie ist das gemeint?

Der Meister erwiderte: *Methode* heißt den Sinn der jeweiligen Praxis, die man ausübt—sei es Entwicklungs- oder Vollendungsstufe—niemals missverstehen. *Weisheit* bezieht sich auf die Sicht—leere Dharmata, spontan vorhandenes klares Licht. Solange du nicht verstehst, dass die Sicht das in dir spontan vorhandene leere Erkennen ist, hast du den Pfad der Weisheit noch nicht betreten. Wenn es der Weisheit an Methode fehlt, wirst du keine meditativen Erfahrungen machen. Fehlt es der Methode an Weisheit, kannst du die Dharmata nicht praktizieren. Diese beiden Aspekte müssen deshalb miteinander vereint werden und untrennbar bleiben.

Ganz allgemein gilt: Methode und Weisheit voneinander zu trennen, wäre wie ein Vogel, der versucht, mit nur einem Flügel zu fliegen. Buddhaschaft kann so nicht erreicht werden. Vergiss das nie!

Padmasambhava sprach: Solange der Unterschied zwischen Meditation und Nach-Meditation weiterbesteht, kannst du nicht zur Leerheit gelangen.

Yeshe Tsogyal fragte: Wie ist das zu verstehen?

Der Meister erwiderte: Während der Meditation verweilst du in der substanzlosen Natur der Dharmata, erkennend und doch frei von begrifflichem Denken. In der Zeit nach den Meditationssitzungen erkennst du, dass alle Dinge ihrem Wesen nach leer, ohne eine unabhängige, ihnen innewohnende Existenz sind. Ohne dass du an der Erfahrung von Leerheit hängst oder davon fasziniert bist, gelangst du ganz von selbst über den Unterschied zwischen Meditation und Nach-Meditation hinaus und wirst von allen durch begriffliches Denken bedingten Bezugspunkten oder Kriterien frei — so wie Wolken und Nebel sich von selbst im weiten Himmelsraum auflösen.

Allgemein gilt: Deine Meditation über die Dharmata sollte sowohl während der Sitzung wie auch in der Zeit danach jenseits von Klarheit und Trübheit sein; sie sollte so sein, wie das Sehen einer Gestalt in einem Spiegel.

Padmasambhava sprach: Wenn es dir in deiner Übung nicht gelingt, das spontane Sich-Klären von Schläfrigkeit und Erregung zu praktizieren, wirst du den Extremen dieser nachteiligen Zustände zum Opfer fallen. Davor wird dich auch deine Meditation nicht bewahren.

Yeshe Tsogyal fragte: Was bedeutet das?

Der Meister erwiderte: Wenn du während der Meditation, im natürlichen Zustand der Dharmata verweilend, das Wesen von Schläfrigkeit, Aufgewühltheit und ähnlichem in dem Augenblick betrachtest, da diese auftreten, wirst du erkennen, dass Schläfrigkeit selbst die leere Dharmata ist. Wenn du aufgeregt bist, betrachte das Wesen dieser Erregung und du wirst erkennen, dass auch das Objekt, das sie verursacht, seinem Wesen nach leer ist.

Wenn du die Vorstellung, dass Schläfrigkeit und Aufgewühltheit vertrieben werden müssen, aufgegeben hast und nicht mehr länger an ihre reale Existenz glaubst, werden Schläfrigkeit und Erregung sich ganz von selbst auflösen, ohne dass du in ihre Extreme fällst. Wenn du dieses natürliche Sich-Auflösen von Schläfrigkeit und Erregung praktizieren kannst, ist die spontan vorhandene Meditation eingetreten.

Allgemein gilt: Dadurch, dass alle Meditationen den Versuch beinhalten, Schläfrigkeit und Erregung zu korrigieren, werden sie zu dualistischen Meditationen. Es ist außerordentlich wichtig, die Wurzel, das Wesen von Schläfrigkeit und Aufgewühltheit als Leerheit zu erkennen. Vergiss das nie!

Padmasambhava sprach: Wenn du den Dharma nicht mit deinen alltäglichen Tätigkeiten verbinden kannst, werden dir die Meditationssitzungen zu einer Fessel.

Yeshe Tsogyal fragte: Wie kann das geschehen?

Der Meister erwiderte: Die Erfahrung der Dharmata, frei von Konstrukten, die du während der Meditationssitzung machst, sollte auch in der Zeit danach — in jeder Situation — erhalten werden: beim Gehen, Sitzen, Liegen, bei jeder Bewegung. Wenn du niemals von dieser Dharma-Praxis abweichst, wirst du, ganz gleich welche alltäglichen Tätigkeiten du gerade ausführst, ununterbrochen im Zustand der Dharmata verweilen. Auf diese Weise wird deine Meditation nicht auf die einzelnen Meditationssitzungen beschränkt bleiben.

Allgemein gilt: Der Meditierende, der seinen Körper und Geist einengt und nicht den springenden Punkt der Meditation anwendet, ist wie mit Ketten gefesselt. Vergiss das nie!

Padmasambhava sprach: Wenn du die Übung, Opfergaben darzubringen und Fehler zu bekennen, beiseite lässt, kannst du die trübenden Schleier des Karma nicht auflösen.

Yeshe Tsogyal fragte: Wie ist das zu verstehen?

Der Meister erwiderte: Während du die Kernunterweisungen praktizierst, solltest du gleichzeitig die verschiedenen Dharma-Tätigkeiten als spirituellen Weg nutzen. Meditieren, Opfergaben darbringen, Umschreitungen, das Anfertigen von Tsa-Tsa und Torma, das laute Lesen von Dharma-Texten, Gebete singen oder Schriften von Hand abschreiben—verwandle all diese Dharma-Aktivitäten in einen Pfad ohne Vorbehalt und übe sie ständig. Mit Anhaften, Trägheit und ähnlichem wird das große Ziel nicht erreicht.

Allgemein gilt: Wenn deine spirituelle Übung nicht frei ist von jedem durch begriffliches Denken bedingten Bezugspunkt, dann werden alle tugendhaften Taten, die du vollbringst, lediglich samsarisches Glück zur Folge haben. Sie werden nicht zum Pfad, der zur Erleuchtung führt. Damit wäre der eigentliche Sinn verfehlt.

Es ist deshalb außerordentlich wichtig, jede tugendhafte Handlung von Körper, Rede und Geist aus einem Seinszustand heraus auszuführen, der frei von Bezugspunkten ist.

Padmasambhava sprach: Wenn du mit deiner Praxis nicht das vollständige Auftreten der Anzeichen erreichst, sind die Unterweisungen wirkungslos geblieben.

Yeshe Tsogyal fragte: Was ist damit gemeint?

Der Meister erwiderte: Die inneren Anzeichen sind, dass Erfahrungen von Glückseligkeit, Klarheit und Freisein von Gedanken in dir aufsteigen. Ohne länger an einer konkreten Existenz der Dinge und an den Geistesgiften zu haften, werden deine Gedanken sich von allein auflösen.

Die mittleren Anzeichen dafür, dass du den Segen entdeckt hast, der vom Dharma ausgeht, sind das spontane Sich-Ausdrücken dieses Segens in deinem Körper und deiner Rede sowie die Fähigkeit, die Geistesgifte zu durchtrennen, Schwierigkeiten zu überwinden und dich von Krankheit, dunklen Kräften und Mara nicht mehr beirren zu lassen.

Die äußeren Zeichen dafür, dass dein Geist sich durch die Dharma-Praxis befreit hat, sind, dass mit dem Wegfall der acht weltlichen Anliegen der Knoten des Haftens am Ich sich lockert und auflöst.

Allgemein gilt: Gewissheit wird sich nicht bilden, wenn der Dharma-Meister unfähig ist. Einem Meister zu folgen, der die ungebrochene Übertragungslinie der großen Siddhas besitzt, ist deshalb von allergrößter Bedeutung. Vergiss das nie!

Padmakara sprach: Tiefgründige Unterweisungen haben keine Bücher.

Yeshe Tsogyal fragte: Wie ist das zu verstehen?

Der Meister erwiderte: Wenn ein außergewöhnlicher Meister nur einen einzigen Satz seiner tiefgründigen Unterweisungen an einen würdigen Schüler weitergibt, der sie wirklich praktiziert, kann dieser Schüler untrügliche Gewissheit entwickeln und die Frucht erlangen.

Tsogyal, dein Geist ist ungeboren, leer, leuchtend klar und alles durchdringend. Verweile ohne Unterbrechung in dieser Erfahrung.

Allgemein gilt: Wenn der Dharma-Meister außerordentlich ist, wirst du immer und überall tiefgründige Unterweisungen erhalten. Vergiss das nie!

Padmasambhava sprach: Ganz gleich nach welchen Unterweisungen du übst, wenn dies nicht zum Wohl anderer Wesen geschieht, wird die Übung lediglich zum Zustand der Beendigung, dem Ziel der Shravakas, führen.

Yeshe Tsogyal fragte: Wie kann es dazu kommen?

Der Meister erwiderte: Wenn du die Kernunterweisungen praktizierst, praktizierst du damit die Intention des Buddha, die Erleuchtung zum Wohl aller Lebewesen zu erlangen. Damit wird das Wohlergehen der anderen erfüllt. Dies ist nicht das Ziel der niederen, gewöhnlichen Fahrzeuge. Ihr Ziel ist, dass der Praktizierende für sich allein Frieden und Glück, Freiheit und Erlösung findet.

Allgemein gilt: Für sich allein nach Frieden zu verlangen verursacht Leiden. Es hat keinen Sinn. Menschen, deren spirituelle Praxis nur das eigene Wohl im Sinn hat, werden kaum glücklich werden. Aus diesem Grund ist es wichtig, alle Anstrengungen nur zum Wohl der anderen zu unternehmen. Obgleich du ohne Eigeninteresse handelst, wenn du zum Wohl anderer Lebewesen praktizierst, wird dein eigenes Wohlergehen sich dennoch ganz von selbst einstellen. Vergiss das nie!

Padmakara sprach: Wenn deine spirituelle Übung nicht von einem Mitgefühl durchdrungen wird, das ohne dualistischen Bezug ist, verdorren alle Wurzeln der Tugend, die du geschaffen hast.

Yeshe Tsogyal fragte: Wie kann das geschehen?

Der Meister erwiderte: Der Verdienst einer tugendhaften Handlung, die mit dualistischen Konzepten ausgeführt wird, kann nicht vervielfacht werden und wird sich darum schnell erschöpfen. Folgt einer tugendhaften Tat jedoch eine nicht-konzeptuelle Widmung ohne Bezugspunkt, wird das Verdienst unerschöpflich und so zur Hauptursache für das Erlangen der unübertrefflichen Erleuchtung.

Was heißt *«frei von dualistischen Konzepten und Bezugspunkten»?* Es bedeutet ohne Vorstellung von einem «Ich», den «anderen» und einer tugendhaften Tat zu sein. Lass dein begriffliches Denken sich vollständig in Leerheit auflösen.

Allgemein gilt: Eine tugendhafte Tat ist unfehlbar, wenn sie ohne dualistische Bezugspunkte ausgeführt wird. Zu denken: Ich habe eine tugendhafte Tat vollbracht und diese Tat dem Gewinn von materiellen Dingen oder Anerkennung zu widmen, ist eine schlechte Widmung.

Wenn eine gute Tat vollbracht wird des materiellen Nutzens und der Anerkennung wegen und mit einer Widmung, die auf die gleichen Ziele gerichtet ist, kann der Verdienst der guten Tat sich nicht vervielfachen. Deshalb ist es entscheidend, immer die vollkommene Reinheit der drei Kreise zu wahren. Vergiss das nie!

Padmasambhava sprach: Eine gute Tat, die mit den geeigneten Mitteln und Wegen ausgeführt wurde, übertrifft alle anderen.

Yeshe Tsogyal fragte: Wie ist das gemeint?

Der Meister erwiderte: Wenn du die Kernunterweisungen in geeigneter Weise anwenden willst, dann übe dich im wahren Sinn und gib der Übung das Siegel einer Widmung, die frei von Bezugspunkten ist. Damit übertriffst du alle Übungen, die einen konkreten Bezugspunkt haben und die Wurzel der Tugend wird vermehrt, ganz gleich welche Praxis du ausführst.

Kurz: Das Ausschlaggebende ist, darauf zu sehen, dass der Verdienst tugendhafter Handlungen unerschöpflich wird und ständig gemehrt wird, bis du die unübertreffliche Erleuchtung erlangt hast. Auf jeden Fall lass ab von allen Konzepten, was die Widmung, das Ziel der Widmung und denjenigen betrifft, der die Widmung ausführt. Keine Andeutung davon darf übrigbleiben. Vergiss das nie!

Der Nirmanakaya-Meister Padmakara sprach: Halte dich an die drei hilfreichen Gefährten und die Hindernisse des Mara werden dir nichts anhaben.

Yeshe Tsogyal fragte: Was ist damit gemeint?

Der Meister erwiderte: Entwickle verehrende Hingabe zum hilfreichen, authentischen Meister. Visualisiere ihn stets über deinem Scheitel, um ihm so Ehrerbietungen und Opfergaben darzubringen.

Halte dich in Gesellschaft hilfreicher Freunde auf, die die Lehre mit den gleichen Samayas wie deine eigenen praktizieren, die keine weltlichen Ziele verfolgen, sondern entschlossen sind, zum Wohl ihrer zukünftigen Leben tugendhaft zu handeln.

Folge den hilfreichen, unverfälschten Unterweisungen, praktiziere sie mit Hilfe der tiefgründigen Entwicklungs- und Vollendungsstufe, so wie es ein Meister dich lehrt, der sie selbst geübt hat.

Wenn du dich nie von diesen drei hilfreichen Gefährten trennst, können dir die Hindernisse des Mara nichts anhaben.

Allgemein gilt: Wenn du, mit deinen eigenen Geist als Zeugen, dich um Taten bemühst, die nicht die Verachtung der Drei Kostbarkeiten finden, wird das daraus entstehende Verdienst lange währen und außerordentlich sein. Vergiss das nie!

Padmakara sprach: Wenn man den Dharma praktiziert, muss man ein gutes Fundament legen.

Yeshe Tsogyal fragte: Wie geschieht das?

Der Meister erwiderte: Zuallererst gilt, dass du nicht auf den Meister treffen wirst, der über die Kernunterweisungen verfügt, wenn du nicht genügend Verdienst angesammelt hast. Wenn es dir am Karma früherer spiritueller Übung fehlt, wirst du die Unterweisungen nicht verstehen. Wenn dir das besondere Vertrauen und die verehrende Hingabe fehlen, wirst du die Tugenden des Meisters nicht wahrnehmen können. Wenn dir Gelübde, Disziplin und Samaya fehlen, wirst du die Wurzel der Dharma-Praxis verletzen. Ohne die Anleitung durch die Kernunterweisungen wirst du nicht wissen, wie man meditiert. Wenn du nicht genügend Fleiß und Ausdauer aufbringst, wirst du nicht den Pfad der spirituellen Übung betreten und deine Tugendhaftigkeit wird sich in Trägheit verlieren. Wenn du dich nicht aufrichtig von allen samsarischen Belangen abwendest, wird deine Dharma-Praxis nicht vollkommen sein.

Sind alle Bedingungen jedoch erfüllt, stellt sich der Erfolg der Dharma-Praxis ein. Das Erlangen der unübertrefflichen Erleuchtung hängt von einem Zusammentreffen vieler Ursachen und Umstände ab. Sei also voller Eifer!

Kurz: Um das aufzugeben, was aufzugeben ist und um das zu erlangen, was zu erlangen ist, solltest du deinen Körper, deine Rede und deinen Geist nicht in ihrem gewohnheitsbedingten Zustand lassen, sondern dich bemühen; dann wird das Ergebnis außerordent lich sein. Vergiss das nie!

Der Meister sprach: Wissen allein bewirkt nichts, du musst den Dharma praktizieren und ihn dir zu eigen machen.

Yeshe Tsogyal fragte: Wie sollten wir praktizieren?

Der Meister erwiderte: Mit einem weiten Verständnis der Sicht, ohne Einseitigkeit und Voreingenommenheit gegenüber den verschiedenen Lehren. Nimm den Thron der Meditation ein und gewinne aus ihnen den zugrundeliegenden Sinn. Öffne die Pforte des

Handelns und lass keinen Widerstreit zwischen deiner Sicht und deinem Verhalten zu. Erkenne mit Hilfe des Vertrauens in die Frucht Samsara und Nirvana als Dharmata. Kenne die Grenzen für das Einhalten der Samayas und halte das dreifache Gelübde. Wenn du den Dharma auf diese Weise übst, wird deine Praxis fehlerlos sein.

Allgemein gilt: Es gibt keinen Grund dafür, die Dharma-Praxis zu einer Nebensächlichkeit werden zu lassen, sich den Dharma nicht zu eigen zu machen, ihn nicht in die Tat umzusetzen. Vergiss das nie!

Der Meister sprach: In der Zukunft, wenn das dunkle Zeitalter des Niedergangs anbricht, wird es Menschen geben, die von sich behaupten Praktizierende des Dharma zu sein und die anderen den Dharma lehren wollen, ohne hierfür die Erlaubnis erhalten zu haben. Sie werden Anleitungen zur Meditation geben, ohne diese selbst geübt zu haben. Sie werden behaupten, ihre Lehren würden zur Befreiung führen, haben selbst aber keine Befreiung erlangt. Ohne dass sie selbst ihr eigennütziges Denken aufgegeben hätten, werden sie andere auffordern, die Fesseln des Anhaftens abzulegen und Freigebigkeit zu üben. Ohne sich auch nur im geringsten über die guten oder schlechten Folgen ihrer eigenen Taten im klaren zu sein, werden sie hellseherische Verlautbarungen über Gutes und Schlechtes bei anderen von sich geben. Selbst ohne geistige Stabilität, werden sie dennoch von sich behaupten, segensreich für andere zu sein. Ich denke, dass es nicht wenige geben wird, die im Namen des Dharma lügen und betrügen werden, scheinheilig sind und heucheln.

All ihr Menschen zukünftiger Generationen, die ihr den Dharma praktizieren möchtet, lest dieses niedergeschriebene Testament des Bettelmönches Padmakara und prüft euch genau!

Schaut euch die Unzulänglichkeiten des samsarischen Elends an! Es ist eine unausweichliche Erkenntnis, dass all die materiellen Dinge dieses Lebens vergänglich sind; wendet euren Geist also nach innen und denkt gut nach! Hört euch die Berichte über das Leben der vollendeten Meister der Vergangenheit an, wie sie Selbstdisziplin geübt haben! Sucht einen echten Meister und dient ihm mit verehrender Hingabe von Körper, Rede und Geist.

Zu Anfang: Begegnet ihm nicht wie einem gleichgestellten Bekannten, sondern merzt eure falschen Vorstellungen durch Lernen und Nachsinnen aus.

Dann: Haltet euch an eine regelmäßige Übung und praktiziert voll Ausdauer und Beharrlichkeit.

Und schließlich: Macht euch den Dharma durch Übung zu eigen und wendet die Mittel gegen die Geistesgifte an.

Haltet eure Samayas und Gelübde, ohne sie zu übertreten. Praktiziert regelmäßig, schiebt die Praxis nicht auf, haltet eure Verpflichtung ein, sie sofort zu üben.

Obwohl ich, ein Bettelmönch, Siddhi erlangt habe, habe ich niemals Zeit für Zerstreuung. Wenn ich all die verlorenen Wesen sehe, die von ihrem samsarischen Streben und Trachten, von Täuschungen, den Geistesgiften und schlechtem Karma gequält sind, ist mir zum Weinen zumute. Das Herz tut mir weh vor Verzweiflung und Pein.

Wer Geburt in einem menschlichen Körper erlangt hat, die erfreulichen oder leidvollen Folgen von guten oder schlechten Taten erkennt und dennoch nicht versucht, während dieses menschlichen Lebens Erleuchtung zu erlangen, wer nicht einmal eine Meditationssitzung lang die Zufluchtnahme praktiziert und statt dessen hinter den Beschäftigungen, Zielen, Zerstreuungen und Vergnügungen dieses Lebens herjagt und schlechte karmische Taten ansammelt, der hat kein Herz. Es ist verrottet, der Dämon Mara hat sich hineingeschlichen. Er lässt sich täuschen durch Freunde, die Dämonen sind.

Von den Drei Kostbarkeiten hingegen getäuscht zu werden ist unmöglich—sofern du dich ihnen aus ganzem Herzen anvertraust und praktizierst, um die Erleuchtung noch in diesem Leben zu erlangen.

Auch ist es ausgeschlossen, dass du unter einem Mangel an Nahrung oder Kleidung leiden wirst. Die Menschen, die behaupten, nicht genügend Nahrung oder Kleidung zu haben, um praktizieren zu können, nicht genügend Zeit zu haben, um Zuflucht zu nehmen oder für andere spirituelle Übungen keine Muße zu finden, halten sich selbst zum Narren.

Wenn du dich nicht jetzt, da deine Sinne klar sind und du Zeit dazu hast, in den Übungen anstrengst, mit denen du die Erleuchtung erlangen kannst, wann dann? Bald wirst du vom Wind des Karma hinweggefegt sein. Der Dämon Herr des Todes kommt immer näher und plötzlich steht er vor dir. Dann wirst du mit größter Anstrengung versuchen, dich aller möglichen Dinge zu erinnern, aber zu spät! Vergiss das nie!

Im allgemeinen gilt: Deine Dharma-Praxis wird erfolglos sein, wenn du nicht stets deinen Tod vor Augen hast.

Verständige Menschen künftiger Generationen, in diesen Worten des Bettelmönches Padmakara ist kein Trug! Welches Ziel ihr auch immer verfolgt, tut alles, um in eurer Todesstunde frei von Bedauern sein zu können! Achtet auf euch selbst und seid eifrig in eurem Bestreben, auch anderen zu helfen!

Diese Lehren, mit dem Titel «Die Kristallgirlande makelloser Übung», die Herzessenz als Nektar der Unsterblichkeit, habe ich, Kharchen Tsogyal, mit Ehrfurcht und Hingebung von Körper, Rede und Geist von dem Nirmanakaya-Meister Padmakara erbeten.

Zum Wohl zukünftiger Generationen habe ich sie niedergeschrieben und als einen Schatztext versiegelt, da sie jetzt noch nicht verbreitet werden sollten.

Mögen sie mit den Glücklichen zusammentreffen, die sie in die Praxis umsetzen.

Dieses war die Lehre über die Kristallgirlande makelloser Übung.

Siegel des Schatzes.
Siegel der Verborgenheit.
Siegel des Anvertrauens.

8. Die Quintessenz der mündlichen Unterweisungen

Verehrung dem Meister!

Yeshe Tsogyal, die Prinzessin von Kharchen, diente dem Nirmanakaya Urgyen Padmakara von ihrem achten Lebensjahr an. Sie folgte ihm überall hin, so wie der Schatten dem Körper folgt.

Als der Meister sich aufmachte, Tibet zu verlassen, um sich in das Land der Rakshas zu begeben, brachte ich, Yeshe Tsogyal aus Kharchen, ein Mandala aus Gold und Türkisen und ein Ganachakra dar und flehte ihn an: Erhabener Meister, Ihr geht, um die Rakshas zu bezwingen und lasst mich hier in Tibet zurück. Meister, obwohl ich Euch so lange gedient habe, wird diese alte Frau angesichts des Todes von Unsicherheit befallen. Ich bitte Euch deshalb inständig, mir eine Unterweisung zu geben, die alle Lehren in sich vereint, die kurz ist und einfach zu praktizieren.

Der erhabene Meister erwiderte: Du, die du voll hingebender Verehrung bist und einen vertrauensvollen und tugendhaften Geist hast, höre mir zu.

Obwohl es viele tiefsinnige Schlüsselunterweisungen für den Körper gibt: Bleibe einfach frei, entspannt und gelassen, so, wie du dich wohlfühlst. Darin ist alles enthalten.

Obwohl es viele Schlüsselunterweisungen für die Rede gibt, wie die Kontrolle des Atems und des Rezitieren von Mantras: Schweige einfach, sei still und stumm wie jemand, der die Sprache verloren hat. Darin ist alles enthalten.

Obwohl es viele Schlüsselunterweisungen für den Geist gibt, wie Konzentration, Loslassen, Ausstrahlen, Auflösen, Sich-nach-innen-wenden, alles ist darin enthalten, ihn einfach in seinem natürlichen Zustand zu lassen, ungekünstelt, offen und entspannt.

In diesem Zustand ist der Geist nicht nur in Ruhe. Fragt man sich: «Ist er nichts?», so schimmert er und blitzt auf wie Dunstschleier im Sonnenlicht. Fragt man sich aber: «Ist er etwas?», so hat er keine erkennbare Farbe oder Form, ist nichts als gänzlich leer und vollständig gewahr—das ist die wahre Natur deines Geistes.

Dessen vollkommen gewiss zu sein, nachdem man dies erkannt hat—dies ist die Sicht. Unabgelenkt in diesem Zustand der Stille zu verweilen, ohne etwas ändern zu wollen oder an etwas festzuhalten—dies ist die Meditation. Gegenüber den Erfahrungen der sechs Sinneskräfte frei von Festhaltenwollen und Anhaften, Annehmen oder Ablehnen, Hoffnung oder Angst zu sein—dies ist das Verhalten.

Wann immer Zweifel auftaucht oder ein Zögern entsteht, bete zu deinem Meister. Halte dich nicht unter gewöhnlichen, weltlichen Menschen auf, praktiziere in Zurückgezogenheit. Gib das Hängen an dem auf, was dir am teuersten ist, sowie an demjenigen Wesen, zu dem du in diesem Leben die stärkste Verbindung fühlst und praktiziere. Auf diese Weise wird dein Geist, wiewohl dein Körper seine menschliche Form behält, dem der Buddhas gleichen.

Angesichts des Todes praktizierst du, wie nun folgt:

Durch das Sich-Auflösen des Erdelements ins Wasserelement wird der Körper schwer und kann sich nicht mehr aufrecht halten. Durch das Sich-Auflösen des Wasserelements ins Element Feuer trocknen Mund und Nase aus. Wenn das Feuerelement sich ins Element Wasser auflöst, schwindet die Körperwärme. Der Wind, der sich ins Bewusstsein auflöst, bewirkt, dass man nur noch mit einem Rasseln ausatmen und mit einem Keuchen einatmen kann.

Du hast das Gefühl, von einem riesigen Berg erdrückt zu werden, von Dunkelheit eingeschlossen zu sein oder in die Weiten des Alls zu fallen. All diese Erfahrungen werden von donnernden und schallenden Tönen begleitet. Der Himmel wird von einem strahlenden Glanz sein wie auseinandergefalteter Brokat.

Dann werden die natürlichen Manifestationen deines Geistes, die friedvollen, rasenden und halbrasenden Gottheiten und jene mit verschiedenen Häuptern, unter einer Kuppel von regenbogenfarbigen Lichtern den Himmel erfüllen. Waffen schwingend werden sie «Schlage! Schlage!», «Töte! Töte!», «Hung! Hung!», «Phat! Phat!» rufen und andere wilde Laute ausstoßen. Dazu wird ein Licht erscheinen, so stark wie hunderttausend Sonnen.

In diesem Augenblick wird deine innere Gottheit dich daran erinnern, die Bewusstheit zu wahren, indem sie dir sagt: Lass dich nicht ablenken! Lass dich nicht ablenken! Dein innerer Dämon wird versuchen, all die Erfahrungen, die du erlangt hast, zusammenbrechen zu lassen. Er wird scharfe und wilde Laute ausstoßen und dich verwirren.

Hier nun musst du wissen: Das Gefühl, von einem Berg erdrückt zu werden, rührt von deinen eigenen Elementen her, die sich auflösen. Hab keine Angst davor! Das Gefühl, von Dunkelheit eingeschlossen zu werden, rührt her von dem Sich-Auflösen deiner fünf Sinne. Das Gefühl, in die Weite des Alls zu fallen, entsteht dadurch, dass dein Geist, da er sich von deinem Körper getrennt hat, nun ohne Stütze ist und deine Atmung aufgehört hat.

Alle Erfahrungen von regenbogenfarbigen Lichtern sind die natürlichen Manifestationen deines eigenen Geistes. All die friedvollen und rasenden Gottheiten sind die natürlichen Ausformungen deines eigenen Geistes. Alle Laute sind deine eigenen Laute. Alle Lichter sind deine eigenen Lichter. Zweifle nicht daran! Sowie du Zweifel fühlst, wirst du in Samsara fallen. Wenn du — nachdem du dies alles als die Selbstentfaltung deines eigenen Geistes erkannt hast — fähig bist, hellwach in leuchtender Leerheit zu verweilen, wirst du allein dadurch die drei Kayas und die Erleuchtung erlangen. Selbst wenn du in Samsara geworfen würdest, wirst du ihm entgehen.

Die innere Gottheit ist dein gegenwärtiges Halten des Geistes in unzerstreuter Achtsamkeit. Von jetzt an ist es von entscheidender Bedeutung, ohne Hoffnung und ohne Furcht gegenüber den Objekten deiner sechs Sinneskräfte und gegenüber freudvollen und leidvollen Erfahrungen zu sein, dich nicht an sie zu klammern und an ihnen festzuhalten. Wenn du hierin jetzt Festigkeit erlangst, wirst du im Bardo deinen natürlichen Zustand einnehmen und Erleuchtung finden. Aus diesem Grund musst du unbedingt von nun an ohne jede Ablenkung praktizieren.

Der innere Dämon ist deine gegenwärtige Neigung zu Unwissenheit, dein Zweifeln und Zögern. Lass dich, wenn du stirbst, von den verschiedenen furchterregenden Phänomenen wie Klängen, Farben und Lichtern nicht faszinieren. Zweifle nicht, hab keine Angst. Wenn du auch nur einen Augenblick lang zweifelst, wirst du in die samsarischen Bereiche fallen. Du musst also unerschütterliche Festigkeit entwickeln.

Zu diesem Zeitpunkt werden die Eingänge in den Mutterschoß wie himmlische Paläste erscheinen. Widerstehe ihrer Anziehungskraft, sei standhaft, ohne Hoffnung, ohne Angst! Ich gebe dir meinen Eid darauf, dass du auf diese Weise Erleuchtung erlangen wirst, ohne durch weitere Wiedergeburten gehen zu müssen.

Es ist nicht so, dass einem ein Buddha hilft, wenn man stirbt — deine *eigene* Bewusstheit ist von Anfang an erleuchtet. Und es ist nicht so, dass du in den Höllenbereichen Schaden nimmst — wenn das Haften an den Dingen sich ganz natürlich löst, wird die Angst vor Samsara und die Hoffnung auf Nirvana an der Wurzel durchschnitten.

Erleuchtung zu erlangen kann verglichen werden mit Wasser, das sich von Trübstoffen klärt, Gold, das von Unreinheiten gereinigt wird oder mit einem wolkenverhangenen Himmel, der sich erhellt.

Nachdem du den dem offenem Raum gleichenden Dharmakaya zu deinem eigenen Nutzen und Wohl erlangt hast, wirst du das

Wohl der Lebewesen, soweit der offene Raum reicht, erfüllen. Nachdem du den Sambhogakaya und Nirmanakaya zum Wohl der anderen erlangt hast, wirst du den Lebewesen von Nutzen sein, so weit dein Geist die Phänomene durchdringt.

Selbst ein großer Sünder wie jemand, der Vater und Mutter getötet hat, wird nicht wieder in Samsara fallen, wenn ihm diese Unterweisungen dreimal gegeben werden. Es gibt keinen Zweifel daran, dass er zur Erleuchtung gelangen wird.

Auch wenn du manch andere tiefgründige Lehre empfangen hast, ohne eine Unterweisung wie diese bleibst du weit vom Ziel entfernt. Praktiziere sie unermüdlich, denn du kannst nicht wissen, in welchem Daseinsbereich du dich wiederfinden wirst.

Gib diese Kernunterweisungen an Menschen weiter, die großes Vertrauen in die Lehre haben ebenso wie Eifer und Intelligenz, die sich immer ihres Meisters entsinnen und von der Wahrheit der Kernunterweisungen überzeugt sind, die Anstrengungen in ihrer Praxis unternehmen, geistige Festigkeit haben und die Belange dieser Welt aufgeben können. Gib sie ihnen mit dem Siegel des Anvertrauens des Meisters, mit dem Siegel des Geheimnisses des Yidam und dem Siegel des Anvertrauens der Dakini.

Obwohl ich, Padmakara, dreitausendsechshundert Jahre lang vielen Meistern gefolgt bin, Unterweisungen von ihnen erbeten und Lehren von ihnen empfangen habe, studiert und gelehrt, meditiert und praktiziert habe, habe ich niemals eine Unterweisung gefunden, die tiefgründiger gewesen wäre als diese.

Ich gehe nun, um die Rakshas zu bezwingen. Praktiziere auf diese Weise und du, Mutter, wirst Erleuchtung in den Buddha-Gefilden finden. Übe also mit Ausdauer und Beharrlichkeit.

Nachdem er so gesprochen hatte, begab sich Padmakara, auf den Strahlen der Sonne reitend, zum Land der Rakshas. Seinen Anweisungen folgend, erlangte Yeshe Tsogyal von Kharchen die Befreiung. Sie schrieb diese Unterweisungen nieder und verbarg sie als tiefgründigen Schatztext mit dem Wunschgebet, dass er in einer zukünftigen Zeit Dorje Lingpa gegeben würde und so vielen Wesen zugute kommen kann.

Damit ist die Geheiligte Quintessenz der Unterweisungen, die Antwort auf Fragen über die eigene Befreiung im Augenblick des Todes und im Bardo, vollständig.

SAMAYA

Siegel des Schatzes.
Siegel der Verborgenheit.
Siegel des Anvertrauens.

Glossar

Dieses Glossar ist hauptsächlich aus den mündlichen Unterweisungen von Tulku Urgyen Rinpoche, Chökyi Nyima Rinpoche und anderen buddhistischen Meistern unserer Zeit zusammengestellt. Einige Eintragungen sind nur kurz und werden nicht erklärt, aber da die tibetische Entsprechung angeführt ist, kann der Leser zur Klärung andere Quellen heranziehen.

Acharya *(sLob dPon)*, siehe →Meister.

Acht Arten des Bewusstseins *(rNam Shes Tshogs brGyad)*, Allurgrund-Bewusstsein, Geist-Bewusstsein, getrübtes Geist-Bewusstsein und ein mit jeweils einem der fünf Sinne verbundenes Bewusstsein.

Acht Klassen von Göttern und Dämonen *(Lha Srin sDe brGyad)*, im allgemeinen folgende Wesen: →Devas, →Nagas, →Yakshas, Gandharavas, →Asuras, →Garudas, Kinnaras und Mahaoragas. All diese Wesen haben die Möglichkeit, die Lehre des Buddha zu erhalten und zu praktizieren. Die Acht Klassen können sich unter Umständen auch auf die verschiedenen Arten weltlicher Geisterwesen, die Schaden stiften oder hilfreich sind, beziehen.

Acht Leichenstätten *(Dul Khrod brGyad)*, 1. in östlicher Richtung: Kühler Hain, Shitavana *(bSil Ba Tshal)*; 2. im Süden: Vollendung des Körpers *(sKu La rDzogs)*; 3. im Westen: Lotus Hügel *(Pad Ma brTsegs)*;

4. in nördlicher Richtung: Lanka Hügel *(Lan Ka brTsegs);* 5. im Südosten: Spontan Vollendeter Hügel *(Lhun Grub brTsegs);* 6. im Südwesten: Entfaltung des Großen Geheimnisses *(gSang Chen Rol Pa);* 7. im Nordwesten: Allesdurchdringende Große Freude *(bDe Chen brDal Ba);* 8. im Nordosten: Weltenhügel *('Jig rTen brTsegs).* Außer dieser gibt es zahlreiche andere Aufzählungsreihen von Leichenstätten.

Achtteilige Übung *(Yan Lag brGyad),* die →Siebenteilige Übung und zusätzlich dazu das Erwecken von Bodhicitta.

Acht weltliche Anliegen *('Jig rTen Chos brGyad),* Streben nach Gewinn, Vergnügen, Lob und Ruhm und Vermeiden von Verlust, Schmerz, Beschuldigungen und schlechtem Ruf.

Achtzehn Elemente *(Khams bCo brGyad),* die →Sechs Arten von Bewusstsein, die →Sechs Sinneskräfte und die →Sechs Sinnesobjekte.

Akanishtha (Skrt.; tib.: *'Og Min),* wörtl.: «Höchstes»; die Buddhawelt des →Vajradhara, des →Dharmakaya-Buddha.

Alleiniger Kreis des Dharmakaya *(Chos sKu Thig Le Nyag Cig).* Im allumfassenden Raum des →Dharmakaya sind alle Buddhas eins; man spricht von einem Kreis, weil es keine «Ecken» gedanklicher Konstruktion gibt.

Allurgrund *(Kun gZhi;* Skrt.: *alaya),* wörtl.: «Grundlage aller Dinge». Die Basis des Geistes und aller Phänomene, reiner und unreiner. Dieser Begriff hat verschiedene Bedeutungen und muss aus seinem jeweiligen Zusammenhang heraus verstanden werden. Manchmal ist er ein Synonym für Buddha Natur oder →Dharmakaya, manchmal bezeichnet er den neutralen Zustand des dualistischen Geistes, der nicht von der ihm innewohnenden Wachheit durchdrungen worden ist.

Allwissenheit *(rNam mKhyen, Thams Cad mKhyen Pa)*, das Gleiche wie vollständige Erleuchtung oder →Buddhaschaft.

Amitabha *(sNang Ba mTha' Yas)*, der zentrale Buddha der Lotus-Familie (→Fünf Buddhafamilien), Manifestation der Unterscheidenden Weisheit.

Anhaften/Festhalten *('Dzin Pa)*, das geistige Festhalten an einem materiellen Objekt, einer Erfahrung, einer Vorstellung oder philosophischen Idee.

Annäherung *(bsNyen Pa)* →Vierteilige Praxis der →Annäherung und Meisterschaft.

Annäherung und Meisterschaft *(bsNyen sGrub)*, zwei Aspekte der →Sadhana-Praxis, besonders die zwei Phasen der Mantra-Rezitation im →Mahayoga. Siehe auch →Vierteilige Praxis der Annäherung und Meisterschaft.

Annehmen *(bZod Pa)*, eine der vier Stufen auf dem →Pfad des Vereinigens.

Annehmen des tiefgründigen Dharma *(Zab Mo'i Chos La bZod Pa)*, Annehmen der →Leerheit; akzeptieren, dass alle Phänomene ungeschaffen sind.

Ansammlung von Verdienst *(bSod Nams Kyi Tshogs)*, tugendhafte Taten, die mit dualistischen Vorstellungen ausgeführt werden.

Ansammlung von Weisheit *(Ye Shes Kyi Tshogs)*, tugendhafte Taten, die mit der höchsten Weisheit, der Einsicht in die Leerheit, ausgeführt werden.

Ansammlungen *(Tshogs),* der nötige «Reiseproviant» auf dem Weg zur Erleuchtung.

Ansammlungen vermehren *(Tshogs bSags Pa),* alle tugendhaften Übungen, die die Ansammlungen von Verdienst und Weisheit vervollständigen.

Arhat *(dGra bCom Pa),* wörtl.: «Feindüberwinder»; jemand, der die →Vier Maras überwunden und das vierte und endgültige Resultat des →Hinayana erzielt hat.

Asura *(Lha Min),* siehe →Sechs Arten von Lebewesen.

Ati-Yoga *(Shin Tu rNal 'Byor),* drittes der drei →Inneren Tantras; gleichbedeutend mit →Dzogchen.

Auf der Frucht basierendes Lehrsystem des Geheimen Mantrayana *('Bras Bu gSang sNgags Kyi Theg Pa).* Im →Vajrayana macht die Frucht oder das Ziel den Weg aus. Buddhaschaft wird als etwas betrachtet, das jedem Wesen bereits innewohnt. Der Weg besteht darin, diesen erwachten Zustand zu erkennen. Dies unterscheidet sich von den auf der Ursache basierenden Lehrsystemen des →Hinayana und →Mahayana, die den spirituellen Weg als das sehen, was zur Buddhaschaft führt und diese hervorbringt. Letztendlich besteht zwischen diesen beiden Ansätzen jedoch kein Widerspruch.

Aufgewühltsein/Erregung *(rGod Pa),* der Zustand, in dem der Geist durch Gedanken und Gefühle erregt bzw. aufgewühlt ist.

Ausstrahlungskörper *(sPrul sKu),* siehe →Nirmanakaya.

Bardo *(Bar Do;* Skrt.: *antarabhava),* «Zwischenzustand». Bezieht sich im allgemeinen auf die Zeitspanne zwischen Tod und Wiedergeburt.

Befreiung *(Thar Pa),* Freiwerden von der bedingten Existenz im →Samsara.

Bezugspunkt *(dMigs Pa),* ein Objekt, auf das der im Dualismus verfangene Geist gerichtet ist oder der Vorgang der Wahrnehmung eines solchen Objekts. Die Übung, die Ansammlung von Verdienst genannt wird, impliziert einen positiven, «tugendhaften» Bezugspunkt. Die Ansammlung der Weisheit hingegen wird durch das Wahren des nichtkonzeptuellen reinen Gewahrseins erreicht, das frei ist von Bezugspunkten.

Bhumi *(Sa),* die Ebenen oder Stufen des Bodhisattva-Weges. Die zehn Stufen der letzten drei der fünf Bodhisattva-Pfade. Siehe →Zehn Bhumi.

Bindu *(Thig Le),* im Zusammenhang mit der Meditation über eine Gottheit eine meist erbsengroße Lichtsphäre.

Bodhgaya (Skrt.), Ort in Bihar, Indien, an dem der Buddha die vollkommene Erleuchtung erlangte.

Bodhicitta *(Byang Sems, Byang Chub Kyi Sems),* 1. das Bestreben, Erleuchtung zum Wohl aller Wesen zu erlangen; 2. im →Dzogchen die jedem Wesen innewohnende Wachheit des Erwachten Geistes.

Bodhicitta der Absicht *(sMon Pa'i Byang Chub Kyi Sems),* umfasst hauptsächlich die →Vier Unermesslichen.

Bodhicitta der Anwendung *('Jug Pa'i Byang Chub Kyi Sems),* umfasst hauptsächlich die →Sechs Paramitas.

Bodhisattva *(Byang Chub Sems dPa'),* jemand, der Bodhicitta, das Bestreben, Erleuchtung zum Wohl aller Wesen zu erlangen, entwickelt hat. Ein Praktizierender des →Mahayana; insbesondere jemand, der die erste Bodhisattva-Stufe erreicht hat.

Brahma *(Tshangs Pa)*, Herrscher der Götter in der →Welt der Form.

Brahma-gleiche Stimme *(Tshangs Pa'i Byangs)*, eine Stimme, die mit den vollendeten Eigenschaften von Brahma ausgestattet ist.

Brahma-Welt *(Tshang Pa'i 'Jig rTen)*, samsarisches Reich des Gottes →Brahma in der →Welt der Form.

Buddha *(Sangs rGyas)*, der «Erleuchtete» oder «Erwachte», der alle trübenden Schleier und Verdunkelungen beseitigt und alle guten Eigenschatten und Tugenden vervollkommnet hat. Ein vollendeter Bodhisattva, der wahre und vollständige Erleuchtung erlangt hat, ist ein Buddha. Im allgemeinen wird damit Buddha Shakyamuni bezeichnet, der Buddha unserer Zeit, der in Indien im 6. Jh. v. Chr. lebte. In den vergangenen Weltepochen haben unzählige Buddhas den Weg zur Erleuchtung verkörpert. Im gegenwärtigen «Guten Zeitalter» erscheinen eintausend Buddhas, von denen Buddha Shakyamuni der vierte ist.

Buddha, Dharma und Sangha *(Sangs rGyas Chos dGe 'Dun)*, die → Drei Kostbarkeiten, die einzig wahren Objekte der Zufluchtnahme.

Buddha-Natur *(bDe gShegs Nying Po;* Skrt.: *sugatagarbha)*, die Essenz der →Sugatas; das Potential der Erleuchtung oder der erwachte Zustand, der in jedem Wesen natürlich vorhanden ist.

Buddhaschaft *(Sangs rGyas)*, die totale und vollkommene Erleuchtung, die →Samsara als auch →Nirvana transzendiert.

Buddhaschaft der Allwissenheit *(rNam mKhyen Sangs rGyas)*, der Zustand vollkommener Erleuchtung mit der Weisheit, die das

Wesen der Dinge, so wie sie sind, erkennt und mit der Weisheit, die alle Phänomene erfasst.

Chimphu *(Chims Phu),* die Höhleneinsiedelei oberhalb von Samye in Zentraltibet, in der Guru Rinpoche mehrere Jahre in Klausur verbrachte.

Daka *(dPa Bo),* männliche Entsprechung der →Dakini.

Dakini *(mKha' 'Gro Ma),* eine der →Drei Wurzeln. Wesen, die erleuchtete Aktivitäten ausführen. Weibliche tantrische Gottheiten, die der buddhistischen Lehre und denen, die sie ausüben, dienen und Schutz gewähren.

Das eine Wissen, das alles befreit *(gChig Shes Kun Grol).* Mit der Einsicht in die eigene Buddha-Natur, dem zugrundeliegenden Zustand auch aller Gedanken und Emotionen, wird das Haften an diesen sich ganz von selbst lösen.

Deva *(Lha),* siehe →Sechs Arten von Lebewesen.

Dharma *(Chos),* die Lehren des Buddha. Manchmal kann das Wort *Dharma* jedoch auch Phänomene oder mentale Objekte, sowohl die Merkmale und Eigenschaften bedeuten.

Dharmadhatu *(Chos Kyi dbYings),* der Bereich der Phänomene; die Soheit, in der →Leerheit und →Entstehen in Abhängigkeit untrennbar sind. Die wahre Natur des Geistes und der Phänomene, die jenseits von Entstehen, Verweilen und Vergehen ist.

Dharmakaya *(Chos sKu),* der mentale oder nichtmanifeste Aspekt der →Drei Kayas. Die Bedeutung dieses Begriffs ist verschieden, je nachdem, ob er im Zusammenhang mit →Grundlage, Pfad oder Frucht benutzt wird. In diesem Buch bezieht sich *Dharmakaya* meist auf den leeren, kognitiven, nichtbedingten Aspekt des Geistes auf der Ebene des Pfades. Siehe →Drei Kayas der Frucht.

Dharmapala *(Chos sKyong),* Wächter der buddhistischen Lehre; siehe →Dharma-Schützer.

Dharma-Schützer *(Chos Kyong;* Skrt.: *dharmapala),* nichtmenschliche Wesen, die gelobt haben, über die Lehren des Buddha und seiner Nachfolger zu wachen und sie zu schützen. Sie sind entweder «weltliche Dharmapala», d.h. tugendhafte Wesen, die sich noch in Samsara befinden, oder «Weisheits-Dharmapala», Emanationen der Buddhas und Bodhisattvas.

Dharmata *(Chos Nyis),* die wahre Natur, das «Wahre Wesen» der Phänomene und des Geistes.

Dhyana-Bereiche der Götter *(Lha'i bSam gTan Gyi Ris).* Wenn der Geist im Zustand meditativer Sammlung noch an etwas haftet, führt dies nicht zur Befreiung, sondern zur Wiedergeburt in den Götterbereichen in der →Welt der Form.

Disziplin *(Tshul Khrims),* sicher →Dreifaches Gelübde.

Drei Arten von Weisheit *(Shes Rab gSum),* drei Arten von Verstehen und Einsicht, die durch Lernen, Nachsinnen und Meditieren gewonnen werden.

Drei Buddhafamilien *(Rigs gSum),* Vajra, Padma und Tathagata. Mit den «Herrschern der drei Familien» sind Mañjushri, Avalokiteshvara und Vajrapani gemeint.

Drei Ebenen der Erleuchtung *(Byang Chub gSum),* die Erleuchtung des →Arhat, des →Pratyeka-Buddha und des vollendeten Buddha.

Drei Ebenen der Objekte *(Yul gSum)*, die Form der Gottheit, die entweder als wahrnehmbares Objekt, als geistiges Objekt oder in der Sinneswahrnehmung eines anderen erscheint *(sNang Yul, dBang Yul, Yid Kyi Yul)*.

Drei Ebenen des Daseins *(sRid Pa gSum)*, generell gleichbedeutend mit den →Drei Welten.

Drei Gifte *(Dug gSum)*, Begierde, Hass, Verblendung.

Drei Kayas *(sKu gSum)*, wörtl.: «Drei Körper», Dharmakaya, Sambhogakaya, Nirmanakaya. Als Grundlage sind sie Essenz, Beschaffenheit und Ausdruck; als Pfad sind sie Glückseligkeit, Klarheit und Freisein von Gedanken und als →Frucht sind sie die drei Kayas der Buddhaschaft (siehe auch →Grundlage, Pfad und Frucht).

Drei Kayas der Frucht *('Bras Bu'i sKu gSum)*, der →Dharmakaya ist frei von Begriffen und ausgestattet mit einundzwanzig Arten erleuchteter Eigenschaften. Der →Sambhogakaya, seinem Wesen nach Licht, ist ausgestattet mit einem Körper, der die vollkommenen Haupt- und Nebenmerkmale besitzt und nur von Bodhisattvas auf den Zehn Bhumi wahrgenommen werden kann. Der →Nirmanakaya manifestiert sich in einem Körper, der sowohl für reine wie auch für unreine Wesen sichtbar ist.

Drei Kostbarkeiten *(dKon mChog gSum)*, der kostbare →Buddha, der kostbare →Dharma und der kostbare →Sangha.

Drei Kreise *('Khor gSum)*, die drei dualistischen Vorstellungen von Subjekt, Objekt und Tat.

Drei niedere Daseinsbereiche *(Ngan Song gSum)*, die der Höllenwesen, der Hungrigen Geister und der Tiere.

Drei Samadhis *(Ting Nge 'Dzin gSum),* der →Samadhi der Soheit, der magische bzw. erhellende Samadhi, der Keimsilben-Samadhi. Der Samadhi der Soheit ist das Verweilen in der Gelassenheit der inhärenten Leerheit der Phänomene, in die man von seinem Meister eingeführt wurde oder sich einfach vorzustellen, dass alle Dinge ihrem Wesen nach leer wie der offene Raum sind. Der erhellende Samadhi besteht darin, das natürliche Mitgefühl sich entfalten zu lassen wie das Sonnenlicht, das den Himmel erhellt, oder einfach Mitgefühl für alle Wesen zu entwickeln, denen es nicht gelingt, das wahre Wesen der Dinge zu erkennen. Der Keimsilben-Samadhi ist die Einheit von Leerheit und Mitgefühl, die sich in Form einer Silbe manifestiert, welche der «Keim» oder die Quelle ist, aus der im Laufe der Übung die Gottheit und das gesamte Mandala hervorgehen. Die drei Samadhis sind der unentbehrliche Rahmen für die →Entwicklungsstufe des Vajrayana. Im *Lamrim Yeshe Nyingpo* sagt Padmasambhava:

> *Der Hauptteil beginnt mit den großen, tiefgründigen Samadhis,*
> *mit denen die Art und Weise des Todes, des Bardo-Zustands und der Wiedergeburt gereinigt wird.*
> *Soheit, die unendliche offene Weite der Leerheit, rein wie der Himmel –*
> *verweile ausgeglichen in diesem Raum der unteilbaren zwei Wahrheiten!*
> *Sende strahlendes Mitgefühl aus als eine alles erhellende Wolke reinen Gewahrseins,*
> *die den Raum erfüllt, leuchtend, an nichts haftend.*
> *Die einzelne Mudra als feinstoffliche Silbe ist der verursachende Keim, aus dem alles hervorgeht.*
> *Wahre diese unwandelbare Weisheit, die sich im Raum manifestiert,*
> *in deinem Geist und bringe ihre lebendige Gegenwart zur Vollendung.*

Drei Trübungen *(sGrib Pa),* siehe →Trübende Schleier.

Drei Verdunkelungen *(sGrib Pa),* siehe →Trübende Schleier.

Drei Welten *(Khams gSum),* die drei samsarischen Welten der Begierde, der Form und die Welt ohne Form.

Drei Wurzeln *(rTsa Ba gSum),* →Guru, →Yidam und →Dakini. Der Guru ist die Wurzel des Segens, die Yidam-Gottheit die der Siddhis und die Dakini die der Aktivität.

Drei Zeiten *(Dus gSum),* Vergangenheit, Gegenwart und Zukunft.

Dreifaches Gelübde *(sDom Pa gSum),* die Hinayana-Gelübde der individuellen Befreiung, die Mahayana-Schulung eines Bodhisattva, die Vajrayana-Samayas eines →Vidyadhara.

Drubchen *(sGrub Chen),* eine Sadhana-Praxis, die von einer Gruppe Meditierender sieben Tage lang ohne Unterbrechung ausgeübt wird.

Dunkles Zeitalter des Niedergangs *(Nyigs Ma'i Dus),* das heutige Zeitalter, in dem die fünf Formen des Niedergangs um sich greifen—das Entarten der Lebensspanne, des Zeitalters, der Wesen, der Anschauungen und der Geistesgifte. Siehe auch →Fünf Formen des Niedergangs.

Dzogchen oder **Große Vollkommenheit** *(rDzogs Pa Chen Po, rDzogs Chen;* Skrt.: *Mahasandhi, Maha-Ati),* Lehrsystem, das über die niederen Fahrzeuge hinausgeht; höchstes der inneren Nyingma-Tantras, das in der Menschenwelt zum ersten Mal von dem großen →Vidyadhara Garab Dorje gelehrt wurde. Dzogchen ist die höchste der vierundachtzigtausend tiefgründigen und ausführlichen Dharma-Lehren. Es ist die Verwirklichung des Buddha →Samantabhadra, so wie sie tatsächlich ist. Methode und Weisheit entsprechen im Dzogchen →*Trekchö* und →*Thögal.*

Edle Wesen *(sKyes mChog),* die großen Meister, →Bodhisattvas oder →Arhats, die den Pfad des Sehens erreicht haben, den dritten der →Fünf Pfade.

Edle Sangha *('Phags Pa'i dGe 'Dun),* die Gemeinschaft der Praktizierenden, die den Pfad des Sehens, den dritten der →Fünf Pfade, erreicht haben.

Einweihung in die natürlich schöpferische Energie des reinen Gewahrseins *(Rig Pa'i rTsal dBang),* die Ermächtigung, →Dzogchen zu praktizieren. Manchmal bezieht sich dieser Begriff auch auf die spirituelle Verwirklichung, die durch die Dzogchen-Praxis erlangt wird.

Emaho, in etwa «Wie wunderbar!»; Ausdruck des Staunens und tiefer Freude.

Entstehen in Abhängigkeit *(rTen 'Brel Yan Lag bCu gNyis),* siehe →Zwölfgliedrige Kette des abhängigen Entstehens.

Entwicklungsstufe *(bsKyed Rim;* Skrt.: *utpattikrama),* einer der beiden Aspekte der Vajrayana-Praxis, der darin besteht, auf geistige Weise (durch Visualisation) reine Formen entstehen zu lassen, um die gewohnheitsbedingten Tendenzen zu läutern. In der Entwicklungsstufe ist «Geheiligte Sicht» oder «Reine Wahrnehmung» das Ausschlaggebende. Es bedeutet, alle Formen als Gottheit, alle Laute als Mantra und alle Gedanken als Ausdruck der Weisheit zu sehen. Siehe auch →Entwicklungsstufe und Vollendungsstufe.

Entwicklungsstufe und Vollendungsstufe *(bsKyed rDzogs),* entspricht in der Vajrayana-Praxis *Methode* und *Weisheit.* Die Entwicklungsstufe wird künstlich vom Geist geschaffen, die Vollendungsstufe ist das Verweilen in der ungekünstelten Natur des Geistes. Siehe auch →Entwicklungsstufe und →Vollendungsstufe.

Erleuchteter *(Sangs rGyas),* siehe →Buddha.

Erleuchtung *(Byang Chub;* Skrt. *bodhi).* Im allgemeinen ist Erleuchtung gleichbedeutend mit Buddhaschaft, dem Zustand, in dem die Ansammlungen von Verdienst und Weisheit vollendet und die zwei trübenden Schleier vollkommen beseitigt sind. Dieser Begriff kann sich jedoch auch auf unvollkommene Stadien der Erleuchtung, wie die eines →Arhat oder →Pratyeka-Buddha, beziehen.

Erleuchtungsgeist *(Byang Chub Kyi Sems),* siehe →Bodhicitta.

Erscheinungs- und Daseinsformen oder **Gesamtheit der Phänomene und alles Existierenden** *(sNang sRid),* die Welt und die Lebewesen. Alles, was erfahren werden kann (die →Fünf Elemente) und die Möglichkeit hat, zu existieren (die →Fünf Skandhas).

Fahrzeug der Philosophie *(mThan Nyid Kyi Theg Pa),* Sammelbezeichnung für →Hinayana und →Mahayana.

Festhalten am Dualismus *(gNyis 'Dzin),* die Subjekt-Objekt-Spaltung, die unser Erfahren prägt.

Form-Kaya *(gZugs sKu;* Skrt.: *Rupakaya),* Sammelbegriff für → Sambhogakaya und →Nirmanakaya, die eine wahrnehmbare Form besitzen, im Gegensatz zum formlosen →Dharmakaya.

Form-Körper der Mahamudra *(Phyag rGya Chen Po'i sKu).* «Körper der Mahamudra» bezieht sich auf den Lichtkörper der Yidam-Gottheit, über die man meditiert. Siehe Kapitel «Vajra-Meister und Yidam-Gottheit».

Freiheiten und Vorteile/Reichtümer *(Dal 'Byor),* die Umstände und Bedingungen, die es ermöglichen, als Mensch den Dharma zu praktizieren.

Freisein von Gedanken *(Mi rTog),* ein Zustand, in dem begriffliches Denken abwesend ist—kann sich auf den nichtkonzeptuellen erwachten Zustand beziehen, im allgemeinen ist damit jedoch eine der drei vorübergehenden Erfahrungen in der Meditation gemeint: Glückseligkeit, Klarheit, Freisein von Gedanken.

Friedvolle und rasende Buddhas *(Zhi Khro),* die zweiundvierzig friedvollen Buddhas: Samantabhadra und Samantabhadri, die fünf männlichen und fünf weiblichen Buddhas, die acht männlichen und acht weiblichen Bodhisattvas, die sechs Munis, die vier weiblichen und vier männlichen Torwächter. Die achtundfünfzig rasenden Buddhas: die fünf männlichen und weiblichen →Herukas, die acht Yoginis, die acht →Tramen-Göttinnen, die vier weiblichen Torwächter, die achtundzwanzig Shvaris.

Frucht der zwei Kayas *(sKu gNyis Kyi 'Bras Bu),* die vollkommene, vollendete Buddhaschaft, die →Dharmakaya und Rupakaya umfasst, wobei *rupakaya* ein Sammelbegriff für Sambhogakaya und Nirmanakaya ist.

Fühlendes Wesen *(Sems Chen),* jedes Lebewesen in einem der sechs Daseinsbereiche, das noch nicht Befreiung erlangt hat.

Fünf Aggregate *(Phung Po lNga;* Skrt. *skandha),* die fünf Aspekte der Körper- und Bewusstseinskomponenten eines Lebewesens: Form, Empfindung, Unterscheidung, gestaltende Faktoren und Bewusstsein.

Fünf Anhäufungen *(Phung Po lNga),* siehe →Fünf Aggregate.

Fünf Buddha-Familien *(Rigs lNga),* Die Tathagata-, Vajra-, Ratna-, Padma- und Karma-Familie. Sie repräsentieren die verschiedenen Eigenschaften unserer Buddha-Natur.

Fünf Elemente *('Byung Ba lNga)*, Erde, Wasser, Feuer, Luft und Raum.

Fünf Formen des Niedergangs *(sNyigs Ma lNga)*, beziehen sich auf: 1. die Sicht — da das Verdienst derer, die der Welt entsagt haben, abnimmt, nehmen falsche Anschauungen zu; 2. die Geistesgifte — da das Verdienst derer, die als Laien leben, abnimmt, wird der Geist der Wesen «gröber», d.h. von starken, lang anhaltenden Geistesgiften erfüllt; 3. die Zeit — durch das Abnehmen der Gelegenheiten zur Freude zieht das Zeitalter des Unfriedens herauf; 4. die Lebensspanne — durch das Schwinden lebensfördernder Energie nimmt die Lebensspanne ständig ab, bis sie schließlich nurmehr zehn Jahre beträgt; 5. die Lebewesen — Form und Größe ihres Körpers degenerieren, ihr Verdienst verliert an Kraft und Glanz, ihr Geist degeneriert, da der Intellekt stumpf wird und Gedächtnis und Eifer nachlassen. Der Geist der Lebewesen, die von drei Arten des Niedergangs betroffen sind, ist also schwer zu schulen.

Fünf Freveltaten mit sofortigen Folgen *(mTshams Med Pa lNga)*. Bei diesen fünf extrem negativen Handlungen handelt es sich um: Muttermord, Vatermord, der Mord an einem →Arhat, das Herbeiführen einer Spaltung der →Sangha, in böswilliger Absicht zu verursachen, dass das Blut eines Buddha vergossen wird. Die fünf üblen Taten, die diesen beinahe gleichkommen *(De Dang Nye Ba lNga)* sind: die eigene Mutter, die eine Arhati ist, zu beschmutzen; einen Bodhisattva, der die Niyatabhumi erreicht hat, zu töten; ein edles Wesen, das sich auf dem →Pfad des Förderns befindet, also noch kein Arhat ist, zu töten; die Sangha ihrer Mittel zu berauben; einen →Stupa zu zerstören.

Fünf Geistesgifte/Leid verursachende Emotionen *(Nyon Mongs Pa lNga)*, Unwissenheit, Begierde, Hass, Stolz und Eifersucht.

Fünf Gifte *(Nyon Mongs Pa lNga), siehe* →Fünf Geistesgifte.

Fünf Kayas *(sKu lNga),* fünf Kayas oder Aspekte der Buddhaschaft, in diesem Text: Dharmakaya, Sambhogakaya, Nirmanakaya, Kaya der Essenz, Kaya der großen Glückseligkeit. Eine kurze Erläuterung findet sich im Kapitel «Geistesschulung im Vajrayana».

Fünf Opfergaben *(Nyer sPyod lNga),* begehrenswerte Objekte der fünf Sinne.

Fünf Pfade *(Lam lNga),* der Pfad des Ansammelns, des Vereinens, des Sehens, des Förderns und des Nicht-mehr-Lernens bzw. der Vervollkommnung. Die fünf Pfade umfassen die gesamte Entwicklung vom Beginn der Dharma-Praxis bis zum Erlangen der vollkommenen Erleuchtung.

Fünf Skandhas *(Phung Po lNga),* siehe →Fünf Aggregate.

Fünf übernatürliche Fähigkeiten *(mNgon Shes lNga),* übernatürliche Kräfte des Sehens und Hörens, die Fähigkeit, Wunder zu vollbringen, die Gedanken anderer zu lesen und sich seiner früheren Leben zu erinnern.

Fünf Weisheiten *(Ye Shes lNga),* Dharmadhatu-Weisheit, Spiegelgleiche Weisheit, Weisheit der Gleichheit, Unterscheidende Weisheit, Allesvollbringende Weisheit.

Ganachakra (Skrt.; tib.: *Tshogs Kyi 'Khor Lo),* in früheren Zeiten ein Fest, bei dem Opfergaben dargebracht wurden, deren Wert bestimmten Maßeinheiten von Gold entsprachen. Heutzutage gleichbedeutend mit einer Festzeremonie oder einem sakramentalen Festmahl *(Tshogs Kyi mChod Pa).*

Garuda *(Bya Khyung),* mythischer Vogel, der mit einem Flügelschlag das ganze Universum durchqueren kann. Es heißt, dass er ausgewachsen aus dem Ei schlüpft, bereit sich in die Lüfte zu schwingen. Im →

Dzogchen symbolisiert der Garuda die innere Verwirklichung des Meditierenden, in dem sich die spontan vorhandenen Eigenschaften der Buddha-Natur im Augenblick des Todes vollständig manifestieren: Mit dem Ablegen seines physischen Körpers erlangt er Buddhaschaft.

Geeignete Mittel und Wege/Methode *(Thabs;* Skrt.: *upaya),* die tatsächliche Anwendung der buddhistischen Lehren oder auch der siebte der →Zehn Paramitas.

Geeigneter Meister *(bLa Ma mTshan Nyid Dang lDan Pa),* ein Meister mit der rechten Sicht und mit echtem Mitgefühl.

Geheiligte Sicht/Reine Wahrnehmung *(Dag sNang),* die Umwelt als Buddha-Gefilde sehen, sich selbst und andere Wesen als Gottheiten, Laute als Mantra hören und Gedanken als Ausdruck von Weisheit nehmen.

Geheimer Mantra *(Sang sNgags),* Synonym für →Vajrayana.

Geheimes Mantrayana *(gSang sNgags Kyi Theg Pa;* Skrt.: *guhyamantrayana),* Gleichbedeutend mit →Vajrayana oder taufrischen Lehren. *Guhya* heißt geheim, absichtlich geheim gehalten oder von selbst geheim, solange das nötige Verständnis fehlt.

Geistesgifte *(Nyon Mongs),* siehe →Fünf Geistesgifte.

Gelübde *(sDom Pa),* siehe →Dreifaches Gelübde.

Gewinnen von Essenzen *(bCud Len;* Skrt.: *rasayana),* eine asketische Übung, die darin besteht, sich von der Essenz von Heilpflanzen und Mineralien und von der Energie der fünf Elemente zu ernähren. Dadurch wird der Körper gereinigt, die Sammlung erhöht und Ablenkungen, die das Beschaffen gewöhnlicher Nahrung mit sich bringt, werden vermieden.

Gewöhnliche Wahrnehmung *(Tha Mal Gyi sNang Ba),* die Art und Weise, in der ein gewöhnlicher Mensch wahrnimmt.

Gewohnheitsbedingte Tendenzen und Neigungen *(Bag Chags),* im Allurgrund-Bewusstsein als Eindrücke gespeicherte subtile Neigungen.

Gipfel *(rTse Mo),* zweite der vier Stufen auf dem →Pfad des Vereinigens.

Glaube an ein Ich/Haften am Ich *(bDag 'Dzin),* das gewohnheitsbedingte Festhalten an der irrtümlichen Vorstellung, dass das Ich eine unabhängige, eigenständige und ewige Entität ist. Das Haften am Ich ist die Quelle aller Leid verursachenden Emotionen und die Basis für negative Handlungen, die zur endlosen Existenz in →Samsara führen.

Glaube an eine konkrete Existenz der Dinge *(dNogs 'Dzin),* die gewohnheitsbedingte Tendenz, an eine reale, konkrete und ewige Existenz des Ich und der äußeren Phänomene zu glauben.

Glaube an etwas Unvergängliches, ewig Bestehendes *(rTag Pa),* der Glaube an einen ewig und ohne Ursache existierenden Schöpfer aller Dinge und insbesondere der Glaube, dass die eigene Identität oder das eigene Bewusstsein ein unabhängiges, ewig und eigenständig existierendes Wesen besitzt.

Gleichzeitig entstehende Weisheit *(Lhan Cig sKyes Pa'i Ye Shes),* die allen Lebewesen als Potential innewohnende Wachheit. *Weisheit* meint hier den von jeher ungetrübten erwachten Zustand.

Glückseligkeit, Klarheit, Freisein von Gedanken *(bDe gSal Mi rTog Pa),* drei zeitweilige Erfahrungen in der Meditation. An ihnen festzuhalten erzeugt die Ursache für Wiedergeburt in den drei Welten des Samsara. Haftet man jedoch nicht an ihnen, sind sie die Zierde der drei Kayas.

Gottheit mit Attributen *(mTshan bCas Kyi Lha).* Die Gottheit ist letztlich der →Dharmakaya unseres eigenen Geistes. Um diesen natürlichen Zustand zu verwirklichen, nimmt man ein erleuchtetes Wesen, eine Gottheit mit einem Gesicht, mit Armen, Beinen, bestimmten Ornament usw. zu Hilfe.

Große Meisterschaft *(sGrub Chen),* letzter Teil der vierteiligen Praxis der →Annäherung und Meisterschaft.

Große Vervollkommnung *(rDzogs Pa Chen Po),* das Gleiche wie →*Dzogchen,* drittes der drei inneren Tantras der Nyingma-Schule.

Großes und Kleines Fahrzeug *(Theg Pa Che Chung),* Mahayana und Hinayana. Mahayana schließt das tantrische Fahrzeug mit ein. Hinayana umfasst die Lehren für Shravakas und Pratyeka-Buddhas. «Groß» bzw. «klein» bezieht sich auf die innere Einstellung, mit der praktiziert wird, die angewandten Methoden und die Tiefe der Einsicht.

Grundlage, Pfad und Frucht *(gZhi Lam 'Bras Bu).* Die *Grundlage ist* die fundamentale Natur absoluter Realität, die in allem gegenwärtig ist und durch Übung des spirituellen *Pfads* als *Frucht,* als Buddhazustand, verwirklicht wird.

Guru, Yidam und Dakini *(bLa Ma Yi Dam mKha' 'Gro),* die sogenannten →Drei Wurzeln der Vajrayana-Praxis. Der Guru oder spirituelle Meister ist die Wurzel des Segens, die Yidam-Gottheit Wurzel der →Siddhis und die →Dakini Wurzel der Aktivitäten.

Haupt- und Nebenmerkmale *(mTshan dPe),* zweiunddreißig Haupt- und achtzig Nebenmerkmale des vollkommenen Körpers eines

→Nirmanakaya- oder →Sambhogakaya-Buddha. Von einem Weltenherrscher heißt es, dass er ähnliche Merkmale besitzt.

Hayagriva *(rTa mGrin),* männliche tantrische Gottheit.

Herrscher der Buddha-Familie *(Rigs Kyi bDag Po),* der zentrale Buddha der Buddha-Familie, der die eigene Yidam-Gottheit angehört (→Fünf Buddha-Familien).

Heruka *(He Ru Ka),* männliche tantrische Gottheit.

Hevajra *(Kye rDo rJe),* männliche tantrische Gottheit.

Hinayana *(Theg Pa dMan Pa),* die Lehrsysteme, in denen die eigene Befreiung im Mittelpunkt steht, die durch Kontemplation der →Vier Edlen Wahrheiten und der →Zwölfgliedrigen Kette abhängigen Entstehens erlangt wird.

(Der Wirklichkeit etwas) hinzufügen oder absprechen *(sGro bTags* bzw. *sKur 'Debs),* den Dingen eine Existenz oder Attribute zuschreiben, die sie nicht besitzen, oder ihre Existenz und Attribute, die sie besitzen, unterbewerten.

Höchste Erleuchtung *(Byang Chub mChog, Byang Chub sNying Po),* gleichbedeutend mit Buddhaschaft.

Höchster noch weltlicher Dharma *(Jig rTen Chos mChog),* letzte der vier Stufen auf dem →Pfad des Vereinigens. Die höchste spirituelle Errungenschaft innerhalb der samsarischen Existenz.

Höhere Daseinsbereiche *(mTho Ris),* die drei höheren Daseinsbereiche im Samsara, die der Menschen, der Halbgötter und der Götter.

Höheres und niederes Fahrzeug *(Theg Pa mTho dMan)*, gleichbedeutend mit Großem und Kleinem Fahrzeug (→Mahayana, →Hinayana).

Höhere Wahrnehmungen *(mNgon Par Shes Pa)*, siehe →Übernatürliche Fähigkeiten.

Hungrige Geister *(Yid Dvags;* Skrt.: *preta)*, einer der sechs Existenzzustände im →Samsara. Auf Grund ihrer karmisch bedingten unreinen Wahrnehmung werden diese Wesen von Gier und unstillbarem Hunger und Durst gepeinigt.

Im Dualismus verfangener Geist *(bLo)*. Die Tätigkeit unseres Intellekts, Phänomene voneinander zu unterscheiden und sie zu klassifizieren, ist eine Behinderung für den nackten erwachten Geist, der wirkt, ohne durch dualistische Vorstellungen behindert zu werden.

Individuelle Befreiung *(So Sor Thar Pa;* Skrt.: *pratimoksha)*, sieben Kategorien von Gelübden, die von Ordinierten und Laien in Übereinstimmung mit dem Regelwerk des →Hinayana abgelegt werden: die Gelübde der Laienordination für Frauen bzw. Männer; die Gelübde der Novizen bzw. Novizinnen; zusätzliche Gelübde für Novizinnen, bevor sie die Gelübde einer voll ordinierten Nonne ablegen; die Regeln, die eine voll ordinierte Nonne (Bhikshuni) einhält; die Regeln, die ein voll ordinierter Mönch (Bhikshu) einhält. Die achte Kategorie von Gelübden ist das Fastengelübde für einen Tag. Die Regeln der Individuellen Befreiung bilden den Sittenkodex, der die Grundlage aller buddhistischen Übungen ist.

Indra *(brGya bYin)*, mächtigste Gottheit in der Welt der Begierde. Indra wohnt im Palast des Vollkommenen Sieges auf dem Gipfel des Berges Sumeru; er ist auch als Shakra, Herrscher der →Devas, bekannt.

Initiation *(dBang),* Ermächtigung oder Autorisierung, die →Vajrayana-Lehren zu praktizieren; eine unentbehrliche Vorbedingung für die Praxis des →Tantra.

Innere Tantras *(Nang rGyud),* Mahayoga, Anuyoga und Ati-Yoga; siehe →Neunstufige Fahrzeuge.

Jambudvipa *(Dzam Bu gLing),* der Kontinent südlich des Berges Sumeru, in der buddhistischen Kosmologie Mittelpunkt des Weltensystems.

Karmische Kontinuität früherer spiritueller Übung *(sNgon sByangs Kyi Las 'Phro),* die Weiterführung der in früheren Leben begonnenen Dharma-Praxis.

Kaya *(sKu), «Körper»* im Sinne der Verkörperung zahlreicher Qualitäten.

Kaya der Essenz *(Ngo Bo Nyid Kyi sKu;* Skrt.: *svabhavikakaya),* die Vereinigung der →Drei Kayas; wird manchmal als vierter Kaya bezeichnet. Jamgon Kongtrul definiert den «Körper der Essenz» als den Aspekt des →Dharmakaya, der «die essentielle Natur aller Phänomene ist, die Leerheit frei von Begriffen, mit dem Merkmal der natürlichen Reinheit».

Kern-Mantra *(Nying Po'i sNgag),* Kurzform des Mantra einer Yidam-Gottheit, z. B. *Om Mani Padme Hung,* im Gegensatz zum längeren Dharani-Mantra.

Kette abhängigen Entstehens *(rTen 'Brel Yan Lag bCu gNyis),* siehe →Zwölfgliedrige Kette des abhängigen Entstehens.

Kilaya *(Phur Ba),* ein in tantrischen Ritualen verwendeter sakraler Dolch; auch der Name einer tantrischen Gottheit.

Klares Licht *('Od gSal)*, sinngemäß: «frei von der Finsternis der Unwissenheit und fähig zu erkennen». Man unterscheidet zwei Aspekte: leeres klares Licht, das dem klaren, offenen Himmelsraum gleicht, und manifestes klares Licht mit Erscheinungen wie den fünffarbigen Lichtern usw. Das klare Licht ist die nichtbedingte Natur der Dinge, die →Samsara und →Nirvana durchdringt.

Kupferfarbene Insel *(Zangs mDog dPal Ri)*, wörtl.: «glorreicher kupferfarbener Berg» auf dem Chamara-Kontinent, das Buddha-Gefilde von →Guru Rinpoche.

Läuterung der trübenden Schleier *(sGrib sByong)*, spirituelle Übungen, die läutern, was die Buddha-Natur verhüllt.

Leerheit *(sTong Pa Nyid;* Skrt.: *shunyata)*, die Tatsache, dass das Individuum und alle Phänomene leer in Bezug auf eine unabhängige, innewohnende Existenz sind.

Lichthaft Dharmata *(Chos Nyid 'Od gSal)*, innewohnende Wachheit, die wahre Natur des Geistes aller Lebewesen.

Magischer Samadhi *(sGyu Ma lTa Bu'i Ting Nge 'Dzin)*, zweiter der →Drei Samadhis, dessen Wesen klares Licht und Mitgefühl ist, spontan gegenwärtig wie das Licht der Sonne am Himmel.

Mahadeva *(Lha Chen)*, eine Form der hinduistischen Gottheit Shiva, die Auflösung und Zerstörung (der Nichterkenntnis) personifiziert.

Mahamudra *(Phyag rGya Chen Po)*, hier entweder die höchste →Siddhi, die gleichbedeutend mit vollkommener Erleuchtung ist oder der →Mahamudra-Körper der Yidam-Gottheit.

Mahamudra-Körper der Yidam-Gottheit *(Yi Dam Lha'i Phyag Chen Kyi Lus)*, der hauptsächlich durch die Praxis des →Mahayoga-Tantra erlangte illusorische Weisheitskörper der Mahamudra-Vidyadhara-Ebene (→Vier Vidyadhara-Ebenen), die dem →Pfad des Förderns entspricht. Der erhabene Körper der Gottheit, ausgestattet mit den Haupt- und Nebenmerkmalen eines Buddha, ermöglicht dem Yogi, im gleichen Maße wie ein →Sambhogakaya für das Wohl der Lebewesen zu wirken.

Mahamudra-Siddhi *(Phyag rGya Chen Po'i dNgos Grub),* gleichbedeutend mit Erleuchtung. Im Kontext des →Mahayoga-Tantra auch das Erreichen der dritten Vidyadhara-Ebene (→Vier Vidyadhara-Ebenen), auf der *mahamudra* den erhabenen Körper der Gottheit bezeichnet.

Mahanirvana *(Mya Ngan Las 'Das Pa Chen Po),* vollkommene Buddhaschaft, die sowohl samsarische Existenz als auch das passive →Nirvana eines →Arhat transzendiert.

Mahasandhi (Skrt., *rDzog Pa Chen Po)* →Dzogchen.

Mahayana *(Theg Pa Chen Po),* Fahrzeug der →Bodhisattvas, die nach vollkommener Erleuchtung streben, um alle Lebewesen aus →Samsara befreien zu können. Mahayana hat zwei Aspekte: →Sutra betont die ausführlichen Lehren, →Mantra die tiefgründigen.

Mahayana-Lehre *(Theg Pa Chen Po'i Chos),* Lehren des Buddha, die er erteilte, als er das Rad des Dharma zum zweiten- und dritten Mal in Bewegung setzte, mit den dazugehörigen Kommentaren bedeutender Gelehrter aus Indien und Tibet.

Mahayoga *(rNal 'Byor Chen Po),* siehe →Neunstufige Fahrzeuge .

Maheshvara *(dBang Phyug Chen Po),* eine der wichtigsten Gottheiten im Hinduismus.

Mandala *(dKyil 'Khor),* wörtl.: «Zentrum und Umgebendes», allgemein die Gottheit und das, was sie umgibt. Ein Mandala stellt symbolisch den Bereich einer tantrischen Gottheit dar, ein ganzes Universum, das als Opfergabe visualisiert wird und auch die auf bestimmte Weise angeordneten Opfergaben im tantrischen Ritual.

Mañjushri *(Jam dPal),* tantrische Gottheit.

Mantra *(sNgags),* eine bestimmte Kombination von Lauten, z. B. *Om Mani Padme Hung,* die das Wesen einer Gottheit symbolisieren und vermitteln und deren Rezitation zu Läuterung sowie spiritueller Verwirklichung führt. Es gibt drei Hauptkategorien: Guhya-Mantra, Vidya-Mantra und Dharani-Mantra.

Mantradhara *(sNgags 'Chang),* ein Adept der tantrischen Rituale.

Mara *(bDud),* Dämon oder dämonischer Einfluss, der Hindernisse für die spirituelle Praxis und die Erlangung der Erleuchtung schafft. Der Mythologie nach gehört Mara der höchsten Ebene im Reich der Begierde an; er ist der Meister der Illusion, der den Buddha in Bodhgaya daran zu hindern suchte, Erleuchtung zu erlangen. Für den Dharma-Praktizierenden stellt Mara das Haften am Ego und die Verstrickung in die →Acht Weltlichen Anliegen dar.

Mara der verdienstvollen Taten *(bSod Nams Kyi Las Kyi bDud),* die verführerische Tendenz, die spirituelle Praxis zu eigennützigen Zwecken auszuüben. Verdienstvolle Handlungen, die nicht von Entsagung und →Bodhicitta durchdrungen sind.

Meditative Erfahrungen und spirituelle Verwirklichung *(Nyams rTogs),* ein Ausdruck, der Einsicht und Fortschritt auf dem spirituellen Weg beschreibt. Damit sind zum einen die vorübergehenden Erfahrungen in der Meditation und zum anderen die unwandelbare, beständige Einsicht in die wahre Natur der Dinge gemeint.

Meister *(bLa Ma, sLob dPon),* Titel, der spirituellen Lehrern und bedeutenden Gelehrten gegeben wird. Mit «Lama» wird heute allerdings auch ganz allgemein ein tibetischer Mönch bezeichnet.

Meisterschaft 1. *(dNgos Grub),* siehe →Siddhi; 2. *(Grub Pa),* siehe →Vierteilige Praxis der Annäherung und Meisterschaft.

Methode und Weisheit *(Thabs Dang Shes Rab;* Skrt.: *upaya* und *prañia).* Buddhaschaft wird durch das Verbinden von Methode mit Weisheit erlangt. Im →Mahayana sind dies Mitgefühl und Leerheit, relatives und absolutes →Bodhicitta. Im →Vajrayana sind →Entwicklungs- und →Vollendungsstufe damit gemeint. In der *Kagyu*-Schule bezieht sich *«Methode»* besonders auf die Sechs Yogas von Naropa, den «Pfad der geeigneten Mittel», und *«Weisheit»* auf die Mahamudra-Praxis, den «Pfad der Befreiung». Im Dzogchen bedeutete *«Weisheit»* die Sicht der ursprünglichen Reinheit, die Trekchö-Praxis, die darin besteht, den erwachten Zustand im gegenwärtigen Augenblick zu erkennen. *«Methode»* ist die Meditation der spontanen Präsenz, die Thögal-Praxis, mit der Trübungen und das Haften an den Dingen aufgelöst werden und durch die der Regenbogenlicht-Körper noch in diesem Leben verwirklicht werden kann.

Milliardenfaltiges Universum *(sTong gSum 'Jig rTen Gyi Khams),* der Bereich eines erhabenen →Nirmanakaya, bestehend aus einer Milliarde von Sumeru-Bergen, jeder von vier Kontinenten und einem Kreis von Bergen umgeben.

Mittlerer Weg *(dBu Ma;* Skrt.: *madhyamaka),* höchste der vier philosophischen Schulen des Buddhismus. Auf dem Mittleren Weg werden keine extremen Sichtweisen, insbesondere keine nihilistischen Anschauungen oder der Glaube an etwas Unvergängliches, ewig Bestehendes vertreten.

Monkha Sengha Dzong, eine Höhle in Bhutan, östlich von Bumthang, die von Padmasambhava und später von Yeshe Tsogyal als geheiligter Ort der →Sadhana-Praxis benutzt wurde.

Mündliche Übertragungslinie *(Nyana brGyud),* die Linie mündlicher Unterweisungen, die vom Meister direkt an seine Schüler weitergegeben werden.

Naga *(lKu),* mächtiges, langlebiges schlangenähnliches Wesen, das in Gewässern lebt und häufig Wächter großer Schätze ist. Die Nagas gehören halb dem Bereich der Tiere und halb dem der Götter an. Allgemein nehmen sie die Form von Schlangen an, können sich aber auch in eine menschliche Form verwandeln und werden oft mit einem menschlichen Oberkörper und dem Unterkörper in Form einer Schlange dargestellt. Es heißt, dass sie Macht über das Wetter, besonders den Regen, haben.

Namo *(Phyag 'Tshal Lo),* Ehrung, Ehrbezeigung.

Neunstufige Fahrzeuge *(Theg Pa Rim Pa dGu),* die in der Nyingma-Tradition gebräuchliche Gliederung verschiedener buddhistischer Lehrsysteme, die auch als aufeinanderfolgende Stufen des spirituellen Weges betrachtet werden. Die ersten drei Fahrzeuge, die der Shravakas (siehe →Arhat), →Pratyeka-Buddhas und →Bodhisattvas, gehören dem auf der Ursache basierenden Lehrsystem der →Sutras an. Die letzten sechs Fahrzeuge, Kriya, Upa, Yoga, Maha, Anu und Ati, zählen zu dem →Auf der Frucht basierenden Lehrsystem des Geheimen Mantrayana (→Vajrayana), wobei Maha, Anu und Ati als →Innere Tantras bezeichnet werden und der Praxis der →Entwicklungsstufe, der →Vollendungsstufe und von →Dzogchen entsprechen.

Nichtbuddhisten *(Phyi Pa, Mu Thegs Pa;* Skrt.: *tirthika).* 1. Menschen, deren Anschauungen mit der buddhistischen Sicht unvereinbar sind, die z. B. die Meinung vertreten, dass negative Handlungen keine karmischen Auswirkungen haben, es keine vergangenen oder zukünftigen Leben gibt, der spirituelle Weg zu nichts führt und so fort. 2. Lehrer der Philosophie, die die extremen Anschauungen des Nihilismus oder des Glaubens an etwas Unvergängliches, ewig Bestehendes vertreten, besonders Hindu-, Jain- oder Lokyata-Lehrer.

Nichtendende Vajrahölle *(mNar Med Kyi dMyal Ba;* Skrt.: *avichi),* die tiefste der acht heißen Höllen.

Nichtentstanden oder **Ungeboren** *(sKye Ba Med Pa).* Vom Standpunkt der höchsten Wahrheit gesehen, sind alle Phänomene bar einer unabhängigen, konkreten Identität. Es gibt deshalb keine Basis für Eigenschaften wie entstehend, verweilend und vergehend.

Nichtkonzeptuelles Erkennen *(rTog Med Rang Sal),* der natürliche Zustand des Geistes, in den man vom Meister eingeführt wird und der frei ist von begrifflichem Denken und doch spontan alles erkennt, was da ist.

Nicht-Meditation *(sGom Med),* der Zustand, in dem es weder ein Objekt gibt, über das meditiert wird, noch ein Subjekt, also jemanden, der meditiert. Auch das vierte Stadium der →Mahamudra, in dem es nicht mehr nötig ist, über etwas zu meditieren oder etwas zu entwickeln.

Nicht-Selbst *(bDag Med;* Skrt.: *anatman),* die Unauffindbarkeit eines eigenständig existierenden Selbst, d. h. einer dem Geist, dem Individuum oder den Phänomenen innewohnenden unabhängigen Existenz. Der Zustand des Nicht-Selbst ist nicht etwas, das erlangt werden müsste, es ist vielmehr der natürliche Zustand der Dinge. →Shravakas und →Pratyeka-Buddhas und andere Praktizierende der niederen Fahrzeuge erlangen nur eine partielle Erkenntnis des Nicht-Selbst. Allein die →Bodhisattvas sind durch Übung der →Sechs Paramitas fähig, die Realität zu erkennen, wie sie tatsächlich ist.

Niedere Daseinsbereiche *(Ngan Song),* unter den sechs Daseinsbereichen des →Samsara diejenigen der Höllenwesen, der →Hungrigen Geister und der Tiere.

Niedere Fahrzeuge *(Theg Pa 'Og Ma).* Im Vergleich zum Vajrayana werden die Fahrzeuge der →Shravakas, →Pratyeka-Buddhas und →Bodhisattvas als niedere Fahrzeuge bezeichnet.

Niedere philosophische Schulen *(Grub mTha' dMan Pa),* die zwei größten Hinayana-Schulen, Vaibhashika und Sautrantika, die im Vergleich zum Mahayana als niedere philosophische Schulen bezeichnet werden, weil es ihnen nicht gelingt, zur Leerheit aller Phänomene vorzudringen.

Nihilistische Anschauung *(Chad lTa),* wörtl.: «die Sicht des Aufhörens», die extreme nihilistische Position, nach der es keine Wiedergeburt und keine karmischen Auswirkungen gibt und der Geist nicht über den Tod hinaus existiert.

Nirmanakaya *(sPrul sKu),* Emanations- oder Ausstrahlungskörper. Der Dritte der →Drei Kayas. Der Aspekt der Erleuchtung, der von den gewöhnlichen Wesen wahrgenommen werden kann und sie schult.

Nirmanakaya-Meister *(sLob dPon sPrul Pa'i sKu),* eine ehrerbietige Anrede des Guru Rinpoche, die deutlich macht, dass er eine Manifestation eines erleuchteten Wesens ist.

Nirvana *(Mya Ngan Las 'Das Pa),* das Erlöschen der Ursachen, die die samsarische Existenz bedingen. Das kleine Nirvana bezieht sich auf die Befreiung vom Daseinskreislauf, die ein Praktizierender des -> Hinayana erlangt. Wenn es sich auf einen Buddha bezieht, ist Nirvana die große Erleuchtung, die weder in das Extrem der samsarischen Existenz noch in das des passiven Zustands der Beendigung fällt, den ein →Arhat erreicht.

Oddiyana *(U rGyan, 0 rGyan)*, auch Uddiyana oder Odiyan genannt; der Ort vieler →Dakinis und Geburtsland Padmasambhavas, vermutlich im Svat-Tal im Nordwesten Indiens an der Grenze zu Afghanistan gelegen. Als der mächtige Dämon des Haftens am Ich von →Hayagriva und →Vajra-Yogini unterworfen und befreit worden war, fiel sein Körper zu Boden; sein Herz fiel auf das Land von Oddiyana und schuf damit die glückverheißende Verbindung für die Ausbreitung der Vajrayana-Lehren.

Orgyen = →Urgyen.

Padmakara *(Pad Ma 'Byung gNas)*, der Lotusgeborene, Synonym für Guru Rinpoche. In der tibetischen Literatur werden die Namen Padmakara und Padmasambhava abwechselnd gebraucht, entweder in der tibetischen Version oder in Sanskrit.

Paramita *(Pha Rol Tu Phyin Pa)*, «das andere Ufer erreichen». Die Vorstellung von Subjekt, Objekt und Tat transzendieren; siehe →Sechs Paramitas.

Pfad der Vervollkommnung *(Thar Phyin Pa'i Lam)*, letzter der → Fünf Pfade, die vollständige und vollkommene Erleuchtung.

Pfad des Ansammelns *(Tshogs Lam)*, erster der →Fünf Pfade, der die Grundlage für den Weg der Befreiung bildet. Er beinhaltet das Ansammeln von unermesslichem Verdienst, welches dem Erreichen dieses Ziels gewidmet wird. Auf dem Pfad des Ansammelns gewinnt man durch Lernen und Nachsinnen ein intellektuelles und konzeptuelles Verständnis des Nicht-Selbst. Durch Förderung und Übung der vier Arten von Achtsamkeit, der vier rechten Bestrebungen und der →Vier «Beine» von Wundertaten gelingt es, die groben Verunreinigungen, die das Leiden in →Samsara verursachen, zu beseitigen und die übernatürlichen Fähigkeiten und den «Samadhi des Dharma-Stroms», der zum Pfad des Ansammelns führt, zu erlangen.

Pfad des Förderns *(sGom Lam),* vierter der→Fünf Pfade; auf ihm fördert und praktiziert man die höheren Übungen eines →Bodhisattva, insbesondere die acht Aspekte des «Pfads Edler Wesen».

Pfad des Sehens *(mThong Lam),* der dritte der →Fünf Pfade, das Erreichen der ersten →Bodhisattva-Stufe, die Befreiung aus →Samsara und die Erkenntnis der Wirklichkeit, wie sie ist.

Pfad des Vereinigens *(sByor Lam),* zweiter der →Fünf Pfade, auf dem man sich der Erkenntnis der Wirklichkeit, wie sie ist, nähert und sich damit vereint.

Pfade *(Lam),* die →Fünf Pfade oder Stadien auf dem Weg zur Erleuchtung: der →Pfad des Ansammelns, →Pfad des Vereinigens, →Pfad des Sehens, →Pfad des Förderns und der Pfad des Nichtmehr-Lernens bzw. →Pfad der Vervollkommnung. Die fünf Pfade werden von jedem der drei Fahrzeuge unterschiedlich erklärt.

Pfade und Bhumis *(Sa Lam),* die →Fünf Pfade und die zehn Bodhisattva-Stufen (→Zehn Bhumis).

Phänomene *(Chos, sNang Ba),* alles, was erfahren, gedacht und gewusst werden kann.

Philosophische Schulen *(Grub mTha'),* die vier buddhistischen Lehrmeinungen vertreten von der Vaibhashika-, der Sautrantika-, der Chittamatra- und der Madhyamaka-Schule. Die ersten beiden zählen zum Hinayana, die letzteren zum Mahayana.

Phurba (tib.), siehe →Kilaya.

Prajñaparamita *(Shes Rab Kyi Pha Rol Tu Phyin Pa),* die Vollendung der höchsten Weisheit. Die Mahayana-Lehren über die Einsicht in die →Leerheit, die das Festhalten an der Vorstellung von Subjekt, Objekt und Tat transzendieren.

Praktizierende des Tantra *(sNgags Pa),* alle, die Initiation erhalten haben, die →Sadhana-Praxis weiterführen und die →Samayas einhalten.

Prana *(rLung),* der subtile Energiefluss im Körper.

Prana und Geist *(rLung Sems). «Prana»* ist hier der «Wind des Karma» und *«Geist»* ist das dualistische Bewusstsein eines unerleuchteten Wesens. Beide stehen in enger Beziehung zueinander.

Pratyeka-Buddha *(Rang rGyal, Rang Sangs rGyas),* ein →Arhat des →Hinayana, der →Nirvana hauptsächlich dadurch erlangt, dass er über die →Zwölfgliedrige Ketten abhängigen Entstehens in umgekehrter Reihenfolge meditiert. Er benötigt dazu keine Unterweisungen. Seine Verwirklichung ist jedoch noch nicht die vollkommene Erleuchtung und von daher kann er nicht im gleichen Maße wie ein Buddha zahllosen Wesen helfen und nützlich sein.

Rad des Dharma in Bewegung setzen *(Chos Kyi 'Khor Lo sKor Ba),* bildlicher Ausdruck für das Gewähren von Unterweisungen im Dharma.

Raksha *(sRin Po),* ein Dämon oder negatives Wesen.

Rasayana *(bCud Len),* siehe →Gewinnen von Essenzen.

Regenbogenlicht-Körper *('Ja' Lus).* Wenn ein Praktizierender, in dem durch die →Dzogchen-Praxis des Thögal alles Greifen und Festhalten erloschen ist, stirbt, lösen sich die fünf groben Elemente, die den Körper bilden, auf in ihre ursprüngliche Essenz, fünffarbiges Licht. Manchmal bleiben nur die Haare und Nägel zurück.

Reich der Form *(gZugs Khams)*, siehe →Welt der Form.

Rezitation *(bZlas Pa)*, die Phase in der →Sadhana-Praxis, in der ein →Mantra rezitiert wird.

Rudra *(Ru Dra)*. 1. Ein wilder Halbdämon, Halbgott. 2. Der Dämon des Haftens am Ich.

Rupakaya *(gZugs Kyi sKu)*, Sammelbegriff für →Sambhogakaya und →Nirmanakaya; siehe auch →Form-Kaya.

Sadhana *(sGrub Thabs)*, eine spezielle Methode, um spirituelle Verwirklichung oder →Siddhi zu erlangen. Tantrischer Ritualtext und Übung, in der meist die →Entwicklungsstufe betont wird.

Saha *(Mi Mjed)*, der Name unseres Weltsystems. Es bedeutet «Erdulden», weil die Lebewesen hier unerträgliches Leid erdulden.

Samadhi *(Ting Nge 'Dzin)*, beständiges Verweilen im meditativen Gleichgewicht. Allgemein übersetzt als Meditation, Sammlung oder geistige Versenkung.

Samadhi der Soheit *(De bZhin Nyid Kyi Ting Nge 'Dzin)*, erster der →Drei Samadhis.

Samantabhadra *(Kun Tu bZang Po)*, wörtl.: «der Stets Vortreffliche», 1. Der Dharmakaya-Ur-Buddha. 2. Der Bodhisattva Samantabhadra, dessen Fähigkeit, eine Opfergabe ins Unendliche zu vervielfachen, als beispielhaft gilt.

Samaya *(Dam Tshig)*. 1. Geheiligte Verpflichtung, Grundsatz oder Gelübde im Vajrayana. Obwohl es viele Details gibt, besteht das Wesentliche der Samayas darin, nach außen die harmonische Beziehung zum Vajra-Meister und den Dharma-Freuden zu wahren und sich innerlich nicht von der Stetigkeit der Praxis zu entfernen. 2. Am Ende eines Kapitels ist das Wort «*Samaya*» der Eid darauf, dass das Gesagte wahr ist.

Samaya-Gottheit *(Dam Tshig Sems Dpa', Dam Tshig Pa)*, die Gottheit, die man in seiner Übung visualisiert.

Sambhogakaya *(Longs sPhyod rDzogs Pa'i sKu)*, der «Körper des Entzückens». Die allein von den →Bodhisattvas der zehnten Stufe wahrgenommene, halbmanifeste Form der Buddhas, mit der die fünf Vollkommenheiten des Lehrers, der Lehre, der Gefolgschaft, der Zeit und des Ortes gegeben sind.

Samsara *('Khor Ba)*, Daseinskreislauf, bedingte Existenz oder Kreislauf von Geburt, Tod und Wiedergeburt innerhalb der →Sechs Bereiche, in denen das Dasein von Leiden, Vergänglichkeit und Unwissenheit gekennzeichnet ist. Der Zustand gewöhnlicher Wesen, die gefangen sind in Unwissenheit, dualistischer Wahrnehmung, Karma und Leid verursachenden Emotionen. Gewöhnliche Realität: ein dauernder Kreislauf von Frustration und Leiden, die das Resultat des angesammelten Karma sind.

Samye, glorreicher Tempel am roten Fels *(Brag dMar dPal Gyi bSam Ye)*, die legendäre Klosteranlage in der Nähe von Lhasa in Zentraltibet, die unter König Trisong Deutsen (790–844) errichtet wurde. Der hinter Samye gelegene Berghang ist aus rotem Fels.

Sangha *(dGe 'Dun)*, Gemeinschaft oder Ordensgemeinschaft praktizierender Buddhisten. Wenn es heißt: «Ich nehme Zuflucht zur Edlen Sangha», bezieht sich dies auf jene, die den →Pfad des Sehens, den dritten der →Fünf Pfade, erlangt haben.

Sechs Arten von Bewusstsein *(rNam Shes Tshogs Drug)*, siehe →Acht Arten von Bewusstsein, wobei die drei dem Geist zugeordneten Bewusstseinsarten hier als eine gezählt werden.

Sechs Arten von Lebewesen *('Gro Ba Rigs Drug),* Götter (Skrt.: *Deva),* Halbgötter (Skrt.: *Asura),* Menschen, Tiere →Hungrige Geister, Höllenwesen.

Sechs Bereiche *('Jig rTen Gyi Khams Drug),* die Daseinsbereiche der →Sechs Arten von Lebewesen.

Sechs Paramitas *(Phar Phyin Drug),* die Verhaltensweisen, mit denen man das «andere Ufer», die Befreiung, erreicht: Freigebigkeit, Disziplin, Geduld, Tatkraft, Meditation, höchste Weisheit.

Sechs Sinneskräfte *(dBang Po Drug),* die fünf Sinne und die Geisteskräfte.

Sechs Sinnesobjekte *(Yul Drug),* die Objekte der Sinneskräfte.

Sechs übernatürliche Fähigkeiten *(mNgon Shes Drug),* die Fähigkeit, Wunder zu vollbringen, Hellsehen und -hören, Erinnerung an frühere Leben, die Gedanken anderer lesen können und wissen, wann die Verunreinigungen geläutert sind.

Selbst im Individuum *(Gang Zag Gi bDag),* die irrtümliche Vorstellung, dass es ein «Ich» als unabhängige, eigenständige und ewige Entität gibt.

Selbst in den Phänomenen *(Chos Kyi bDag),* die Vorstellung, dass es eine den Phänomenen innewohnende Existenz als unabhängige Entität gibt.

Shakyamuni *(Sha Kya Thub Pa),* «der Weise des Shakya-Klans». Buddha Shakyamuni, der historische Buddha.

Shamatha *(Zhi gNas),* Geistige Ruhe. Verweilen in Stille, nachdem die Gedankenaktivität sich gelegt hat; oder die Meditation, die darin besteht, den Geist soweit zu beruhigen, dass keine Störung durch Gedanken auftritt.

Shravaka *(Nyan Thos),* wörtl.: «Hörer», Anhänger des →Hinayana, der den Lehren über die Vier Edlen Wahrheiten, die der Buddha als erstes gab, folgt. Der Shravaka weiß, dass →Samsara unvermeidlich mit Leid verbunden ist und konzentriert sich auf das Begreifen der Nichtexistenz des Selbst. Er überwindet die Leid verursachenden Emotionen und erlangt dadurch Befreiung. Zunächst «geht er in den Strom ein», dies ist das erste Stadium auf dem →Pfad des Sehens. Danach erreicht er das Stadium des Einmal-Wiederkehrenden, der nur noch einmal in Samsara geboren wird, schließlich das Stadium ohne Rückfall in Samsara. Ziel der Shravakas ist, ein →Arhat zu werden.

Shunyata *(sTong Pa Nyid), siehe* →Leerheit.

Shunyata-Mantra *(Shu Nya Ta'i sNgags),* das Mantra *Om Svabhava Shuddho Sarva Dharma Svabhava Shuddho Ham.*

Sicht *(lTa Ba),* ein bestimmtes Verständnis, eine Sichtweise, die sich aus dem Studium der buddhistischen Philosophie ergibt. Im Kontext von Mahamudra und Trekchö, bezieht sich die Sicht auf den natürlichen Zustand des Geistes, die von selbst vorhandene Wachheit, die frei ist von allen dualistischen Vorstellungen, einschließlich philosophischer Einsichten.

Sicht, Meditation und Verhalten *(lTa Ba sGom Pa sPhyod Pa),* die philosophische Sichtweise, der Vorgang, sich damit vertraut zu machen — hauptsächlich durch Meditation — und die Anwendung der daraus gewonnenen Einsicht im täglichen Leben. Jedes der neun Fahrzeuge hat eine besondere Art und Weise, Sicht, Meditation und Verhalten zu definieren.

Siddha *(Grub Thob, Grub Pa)*, Vollkommener, Verwirklichter, Adept, der →Siddhi erlangt hat.

Siddhi *(dNgos Grub)*, Verwirklichung, Errungenschaft, Meisterschaft. Das, was durch spirituelle Übung verwirklicht oder errungen wird. Die höchste Siddhi ist die vollkommene Erleuchtung. Die gewöhnlichen Siddhis sind die acht weltlichen Errungenschaften: Hellsehen, Hellhören, die Fähigkeit zu fliegen, sich unsichtbar zu machen, nicht zu altern, Kräfte der Transmutation, die Fähigkeit der Kontrolle über den Körper und die Außenwelt. Die wichtigsten Errungenschaften auf dem spirituellen Weg sind jedoch Entsagung, Mitgefühl, unerschütterlicher Glaube und die Verwirklichung der rechten Sicht. Im Kontext der →Yidam-Praxis bedeutet das Erlangen der Siddhi, den erleuchteten Zustand der Gottheit zu verwirklichen, der Gottheit gleich zu werden.

Sieben-Punkte-Körperhaltung *(sGom Tshul Gyi gNad bDun)*, die Beine im Lotussitz übergekreuzt, die Wirbelsäule aufgerichtet, die Schultern leicht zurückgenommen, der Kopf etwas nach vorn geneigt, die Hände in der Geste meditativen Gleichgewichts, die Zungenspitze berührt den oberen Gaumen, der Blick ist in Richtung Nasenspitze gesenkt.

Siebenteilige Übung *(Yan Lag bDun Pa)*, Niederwerfungen vor den Drei Kostbarkeiten, negatives Handeln bekennen, Opfergaben darbringen, sich an positiven Taten anderer freuen, die Bitte, das Rad des Dharma zu drehen, die Bitte, nicht ins Nirvana einzugehen, das geschaffene Verdienst der Erleuchtung aller Wesen widmen.

Soheit *(De bZhin;* Skrt.: *tattva)*, ein Synonym für →Leerheit. Die wahre Natur der Dinge, so wie sie sind, →Dharmata; wird auch gebraucht, um die Einheit von →Leerheit und →Entstehen in Abhängigkeit zu bezeichnen.

Stupa *(mChod rTen)*, wörtl.: «Gegenstand der Verehrung», ein Monument, in das Reliquien erleuchteter Wesen oder heilige Objekte eingebettet werden und das den Geist des Buddha, den→Dharmakaya, symbolisiert.

Sugata *(bDe Bar gShegs Pa)*, der zur Glückseligkeit Fortgeschrittene; ein Synonym für Buddha.

Sumeru *(Ri Rab Lhun Po)*, der mythologische Berg im Zentrum des Universums; Bereich, in dem die beiden niederen Klassen der Götter der Welt der Begierde leben. Der Berg Sumeru ist umgeben von niederen Bergketten, Seen, Kontinenten und Meeren. Es heißt, dass er sich bis in eine Höhe von 84000 Kilometern über den Meeresspiegel erhebt.

Sutra *(mDo)*, Rede oder Lehre des Buddha Shakyamuni. Außerdem alle Belehrungen des auf der Ursache basierenden Lehrsystems, das den spirituellen Weg als Ursache der Erleuchtung ansieht. Siehe →Hinayana und →Mahayana; vgl. →Vajrayana.

Tantra *(rGyud)*, die →Vajrayana-Lehren, die von Buddha in seiner →Sambhogakaya-Form gegeben wurden. Tantra, wörtlich «Kontinuität», bedeutet die Buddha-Natur, dies ist «das Tantra der ausgedrückten Bedeutung». Allgemein sind die Schriften des Tantra gemeint, «das Tantra der ausdrückenden Worte», die den Sutras überlegen sind.

Tantriker *(sNgags Pa)*, siehe →Praktizierende des Tantra.

Tathagatas und ihre Söhne *(De gShegs Sras bCas)*, die Buddhas, die zur Soheit *(tatha)* gegangen *(gata)* sind. Ihre Nachfahren sind die →Bodhisattvas auf den →Zehn Bhumis.

Terma *(gTer Ma),* wörtl.: «Schätze», die Übermittlung der Lehre durch Schatztexte, meist von Guru Rinpoche und Yeshe Tsogyal verborgen, die zum Wohl zukünftiger Schüler zur rechten Zeit von einem →Tertön entdeckt und enthüllt werden sollten.

Tertön *(gTer sTon),* jemand, der die →Terma entdeckt und enthüllt.

Thögal *(Thod rGal),* direktes Überqueren, Überspringen. Im Dzogchen gibt es zwei Arten der Übung. →Trekchö betont die ursprüngliche Reinheit *(Ka Dag),* Thögal die spontane Präsenz *(Lhun Grub).*

Torma *(gTor Ma).* 1. Symbolischer Gegenstand in tantrischen Ritualen. 2. Speise-Opfer an →Dharma-Schützer oder niedere Geisterwesen.

Tramenma *(Phra Men),* wörtl.: «Legierung». Weibliche Gottheiten mit menschlichen Körpern und Tierköpfen.

Trekchö *(Khregs Chod),* «Durchschneiden, Durchbrechen» des Stroms der Verblendung, der Gedanken der →Drei Zeiten, indem man das nackte reine Gewahrsein, ohne Anhalten im Dualismus, freilegt. Diese Sicht mit Hilfe der Unterweisungen seines Meisters zu realisieren und sie in allen Lebenssituationen unentwegt zu wahren, ist der Kern der →Dzogchen-Praxis.

Trisong Deutsen *(Khri Srong De'u bTsan),* der zweite große Dharma-König (790-844 n.Chr.), der Guru Rinpoche, Shantarakshita, Vimalamitra und viele andere buddhistische Lehrer (darunter Jinamitra und Danashila) nach Tibet einlud. Er errichtete das große Kloster und Lehrzentrum Samye und festigte den Buddhismus als Staatsreligion in Tibet. Während seiner Herrschaft wurden die ersten Mönche ordiniert; Panditas und Lotsawas übersetzten viele Texte und eine große Zahl von Orten, an denen der Dharma geübt werden konnte, wurde eingerichtet.

Trübende Schleier *(sGrib Pa),* die Schleier, die die unmittelbare Erkenntnis der wahren Natur des Geistes verhindern. In den Hauptlehren des Buddhismus werden mehrere Arten erwähnt: die trübenden Schleier des Karma, die einen daran hindern, den Weg zur Erleuchtung zu betreten; die Schleier, die aus den →Fünf Geistesgiften gebildet sind und den Fortschritt auf dem Weg verhindern; diejenigen die sich aus den gewohnheitsbedingten Neigungen ergeben und das Schwinden der Verwirrung verhindern und schließlich die →Trübenden Schleier dualistischen Wissens, die das vollständige Erlangen der Erleuchtung behindern.

Trübender Schleier dualistischen Wissens *(Shes Bya'i sGrib Pa),* der subtile trübende Schleier, der durch das Haften an Subjekt, Objekt und Tat entsteht.

Tsa-Tsa *(Tshva Tshva),* kleines, in einer Form geprägtes Tonbildnis eines Buddha.

Übernatürliche Fähigkeiten *(mNgon Par Shes Pa),* im allgemeinen die höheren Wahrnehmungen wie Hellsehen, Gedankenlesen usw.; siehe →Sechs übernatürliche Fähigkeiten.

Unübertreffliche Erleuchtung *(bLa Na Med Pa'i Byang Chub),* vollständige und vollkommene Buddhaschaft.

Urgyen, siehe →Oddiyana.

Vairochana, großer tibetischer Übersetzer zur Zeit →König Trisong Deutsens. Von Padmakara als Reinkarnation eines indischen Pandita erkannt, war er unter den ersten der sieben Mönche, die nach Indien geschickt wurden, um unter Shrisimha zu studieren. Er ist außerdem einer der drei großen Meister, die die Dzogchen-Lehren nach Tibet brachten. Die beiden anderen sind Padmakara und Vimalamitra.

Vajra *(rDo rJe),* wörtl.: «Diamant, König der Steine». Adjektivisch gebraucht bedeutet *vajra:* unzerstörbar, unbesiegbar, fest usw. Es gibt den höchsten Vajra der →Leerheit, den konventionellen Vajra materieller Substanzen mit Attributen und den symbolischen Vajra oder Vajra des Namens.

Vajradhara *(rDo rJe 'Chang),* «Vajra-Halter»; Dharmakaya-Buddha der Sarma-Schule. Bezeichnet im →Vajrayana auch den persönlichen Meister.

Vajra-Freund *(rDo rJe Grogs Po),* ein Mitpraktizierender/Gefährte auf dem tantrischen Weg, mit dem einen das heilige Band verbindet, denselben Meister zu haben, die gleiche Praxis auszuüben oder gemeinsam die Unterweisungen empfangen zu haben.

Vajra-Halter *(rDo rJe 'Dzin Pa).* 1. Respektvolle Bezeichnung für einen verwirklichten Meister. 2. Der Zustand der Erleuchtung.

Vajra-Samadhi *(rDo rJe lTa Bu'i Ting Nge 'Dzin),* die letzte Stufe der →Zehn Bhumis, auf der Buddhaschaft erreicht wird.

Vajra-Varahi *(rDo rJe Phag Mo),* weibliche tantrische Gottheit.

Vajrayana *(rDo rJe Theg Pa),* das «Diamantfahrzeug». Die Übungen, in denen die Frucht als Pfad genutzt wird. Gleichbedeutend mit →Geheimes Mantrayana und Tantrayana.

Vajra Yogini *(rDo rJe rNal 'Byor Ma),* weibliche tantrische Gottheit.

Das Verdienst *(bSod Nams),* die positiven karmischen Folgen tugendhaften Verhaltens.

Verdunkelungen *(sGrib Pa),* siehe →Trübende Schleier.

Vidyadhara *(Rig Pa 'Dzin Pa),* Halter *(dhara)* oder Besitzer von Wissen *(vidya),* ein Meister mit spiritueller Verwirklichung, der eine der vier Ebenen auf dem tantrischen Pfad des →Mahayoga, die den sechzehn →Bhumis entsprechen, erreicht hat.

Vidyadhara-Ebenen *(Rig 'Dzin Gyi Sa),* siehe →Vier Vidyadhara-Ebenen.

Vier Aktivitäten *(Las bZhi),* 1. Befrieden, 2. Vermehren, 3. Anziehen, 4. Unterwerfen.

Vier alltägliche Tätigkeiten *(sPyod Lam bZhi),* Gehen, Sitzen, Liegen und sonstige Bewegungen.

Vier «Beine» von Wundertaten *(rDzu 'Phrul Gyi Kang Pa bZhi),* siehe →Vier magische Kräfte.

Vier Edle Wahrheiten *(bDen Pa rNam bZhi),* 1. das Leiden, dessen Allgegenwart im Kreislauf der Wiedergeburten wir erkennen sollten; 2. der Ursprung des Leidens, die negativen Emotionen und das Haften an der Vorstellung von einem Selbst, die es zu überwinden gilt; 3. der Weg (der Geistesschulung), den man durchlaufen muss, um die Befreiung von Leiden zu erlangen; 4. die Beendigung des Leidens — das Ziel dieses Weges, die Buddhaschaft.

Vier Grenzenlose *(Tshad Med Pa bZhi),* siehe →Vier Unermessliche.

Vier Initiationen *(dBang bZhi),* 1. Initiation der Vase, 2. Geheime Initiation, 3. Initiation der höchsten und der ursprünglichen Weisheit, 4. Initiation des kostbaren Wortes. Im *Lamrim Yeshe Nyingpo* sagt Padmasambhava:

> Die Initiation der Vase reinigt Körper und Nadis,
> sie ist der Same von Vajra-Körper und Nirmanakaya.

Die geheime Initiation reinigt Rede und Prana,
sie ist der Same von Vajra-Rede und Sambhogakaya.
Die Phonya-Initiation reinigt Geist und Bindu,
sie ist der Same von Vajra-Geist und Dharmakaya.
Die absolute Initiation reinigt gewohnheitsbedingte
Muster im Allurgrund,
sie ist der Same von Vajra-Weisheit und Svabhavikakaya.

Vier Klassen von Dakinis *(mKha' 'Gro sDe bZhi),* Dakinis der Vajra-, Ratna-, Padma- und Karma-Familie, die die vier Aktivitäten—Befrieden, Vermehren, Anziehen und Unterwerfen—ausführen.

Vier magische Kräfte *(rDzu 'Phrul bZhi).* Im Hinayana und Mahayana bezeichnet man Absicht, Entschlossenheit, Eifer und Urteilsvermögen als die vier «Beine» von Wundertaten *(rDzu 'Phrul Gyi rKang Pa bZhi).* Im Vajrayana versteht man unter den vier magischen Entfaltungen *(Cho 'Phrul bZhi)* Samadhi, Weihen, Initiationen erteilen und Opfergaben darbringen.

Vier Maras *(bDud gZhi),* Dämonen oder negative Kräfte, die Hindernisse für die spirituelle Praxis und das Erlangen der Erleuchtung schaffen, insbesondere 1. der Dämon der →Aggregate, 2. der Dämon der →Geistesgifte, 3. der Dämon des Todes und 4. der Dämon «Sohn der Götter», d. h. das Anhaften an alles, was angenehm ist.

Vier Mittel, Schüler um sich zu sammeln *(bsDu Ba'i dNgos Po bZhi),* großzügig sein, freundliche Worte äußern, geeignete Belehrungen geben, auf die Übereinstimmung von Wort und Tat achten. Im *Lamrim Yeshe Nyingpo* sagt Padmasambhava:

Nachdem du selbst spirituelle Reife erlangt hast, sammle
Schüler um dich, indem du Großzügigkeit übst.
Erfreue sie mit freundlichen Worten und ermutige sie
durch deine Beständigkeit.

Lehre sie, wie man sinnvoll handelt und führe sie dadurch zu der augenblicklichen und letztendlichen Fülle von Glück und Wohlergehen.

Vier Paramitas *(Phar Phyin bZhi),* die letzten vier der →Zehn Paramitas: geeignete Mittel und Wege, Stärke, Wunsch und ursprüngliche Weisheit.

Vier Sphären der Welt ohne Form *(sKye mChed Mu bZhi,* wörtl.: «Vier Sphären der Wahrnehmung»), die vier nichterleuchteten Zustände in der Meditation: unendlicher Raum, unendliches Bewusstsein, überhaupt Nichts, weder Vorhandensein noch Abwesenheit von Begriffen und Vorstellungen.

Vier Unermessliche *(Tshad Med bZhi),* Mitgefühl, Liebe, Freude und Unvoreingenommenheit.

Vier Vidyadhara-Ebenen *(Rig 'Dzin rNam Pa bZhi'i Go 'Phang),* die vier Ebenen, die ein Meister der vier Stufen des tantrischen →Mahayoga-Weges erlangt: die Vidyadhara-Ebene der Reife *(rNam sMin Rig 'Dzin)* «Macht über die Lebensspanne» *(Tshe dBang Rig 'Dzin),* Mahamudra *(Phyag Chen Rig 'Dzin)* und «Spontane Präsenz» *(Lhun Grub Rig 'Dzin).*

Vierteilige Praxis der Annäherung und Meisterschaft *(bsNyen sGrub Kyi Yan Lag bZhi),* 1. Annäherung, 2. vollkommene Annäherung, 3. Meisterschaft, 4. große Meisterschaft. Vier wichtige Aspekte der → Vajrayana-Praxis, anwendbar auf jeder Ebene innerhalb der →Tantras, besonders aber die der Rezitationsphase in der →Yidam-Praxis. Traditionelles Gleichnis dafür ist: 1. den Herrscher eines Landes einladen; 2. ihn beschenken und eine spezifische Bitte vorbringen; 3. seine Erlaubnis erhalten, das gewünschte Ziel zu verfolgen; 4. die erzielte Macht zum eigenen Wohl und dem der anderen Wesen einsetzen. Im Kontext der →Mantra-Rezitation besteht die Praxis der

Annäherung darin, die Yidam-Gottheit mit dem Mantra in ihrem Herzzentrum zu visualisieren. Vollkommene Annäherung ist das Kreisen der Mantra-Silben-Girlande, die Lichtstrahlen aussendet als Opfergabe für die Buddhas der →Zehn Richtungen. Meisterschaft bedeutet, den Segen der Buddhas zu empfangen, der alle Verdunkelungen reinigt. Große Meisterschaft verwandelt die Welt in das →Mandala eines Buddha-Gefildes, die Wesen in männliche und weibliche Gottheiten, alle Laute in Mantras, alle Gedanken und Gefühle in den reinen Ausdruck der wahren Natur des Geistes.

Vierundachtzigtausend Tore zum Dharma *(Chos Kyi sGo Mo brGyad Khri bZhi sTong),* jeweils einundzwanzigtausend Belehrungen über Vinaya, Sutra, Abhidharma und über die Kombination dieser drei, die manchmal als Vajrayana bezeichnet werden. Ziel all dieser Lehren ist die vierundachtzigtausend Leid verursachenden Emotionen, die latent im Geist vorhanden sind, zum Erlöschen zu bringen.

Vipashyana *(Lhag mThong),* klare, umfassende Einsicht. Bezieht sich generell auf die Einsicht in die →Leerheit. Neben →Shamatha einer der beiden Hauptaspekte der Meditationspraxis.

Vishnu *(Khyab 'Jug),* «der Durchdringende»; einer der Götter der göttlichen Dreiheit im Hinduismus, wobei Brahma der Schöpfer, Vishnu der Erhalter und Shiva der Zerstörer des Universums ist.

Vishuddha-Heruka (Skrt.), männliche tantrische Gottheit.

Volle Annäherung *(Nye Ba sNyen Pa),* zweiter Teil der →Vierteiligen Praxis der Annäherung und Meisterschaft.

Vollendungsstufe *(rDzogs Rim).* Die *«Vollendungsstufe mit Merkmalen»* umfasst yogische Übungen wie z.B. die der «inneren Hitze» *(tummo);* die *«Vollendungsstufe ohne Merkmale»* ist die →Dzogchen-Praxis. Siehe auch →Entwicklungs- und Vollendungsstufe.

Vollkommene Reinheit der drei Kreise *('Khor gSum rNam Dag),* Freisein von dualistischen Vorstellungen wie Subjekt, Objekt, Tat.

Wahre Natur des Geistes *(Sems Nyid),* von dem es heißt, dass es mit der Essenz der Erleuchtung aller erwachten Wesen, dem Sugatagarbha, identisch ist. Muss unterschieden werden vom Begriff Geist *(Sems),* der sich auf das gewöhnliche, auf der Unkenntnis der wahren Natur der Gedanken basierende begriffliche Denken bezieht.

Wahrer Sinn *(Nges Don),* der endgültige Sinn im Gegensatz zur angemessenen oder relativen Bedeutung. Die Lehren der Prajñaparamita und des Mittleren Weges. Jamgon Kongtrul der Große definiert den wahren, endgültigen Sinn folgendermaßen: Das, was außergewöhnlichen Schülern als das Wesen aller Phänomene dargelegt wird, tiefgründige →Leerheit frei von Begriffen wie Entstehen und Vergehen. Die ursprüngliche Befindlichkeit der Dinge, die von ihrer Natur her leuchtende Wachheit und mit Worten, Gedanken und Beschreibungen nicht zu erfassen ist. Außerdem sind damit jene Lehren des Buddha gemeint, die diesen wahren Sinn erläutern, sowie die dazu verfassten Kommentare.

Wahrhaft Hohes *(mNgon mTho),* Wiedergeburt in einem der drei höheren Daseinsbereiche (Menschen, Halbgötter und Götter).

Wahrnehmungsbereiche *(sKyed mChed),* bezieht sieh hier auf den Geisteszustand in den vier Bereichen der Welt ohne Form.

Wärme *(Drod),* erste der vier Stufen im →Pfad des Vereinigens; man nähert sich der flammengleichen Weisheit des →Pfads des Sehens.

Weg ohne Hindernis *(Bar Chad Med Lam),* der «Weg» oder die «Basis» mit deren Hilfe die Verunreinigungen, die man auf seinem gegenwärtigen Pfad aufgeben muss, auf direkte Weise beseitigt werden. Dadurch wird sichergestellt, dass keinerlei Hindernis das Entstehen der Weisheit hemmt, die die Frucht des jeweiligen Weges der Übung ist.

Weihe und Initiation *(Byin brLab dBang bsKur),* eine Phase der →Entwicklungsstufe. Nachdem man sich selbst als →Yidam-Gottheit visualisiert hat, weiht man seine drei höheren Chakras mit erleuchtetem Körper, erleuchteter Rede und erleuchtetem Geist und erteilt der visualisierten Gottheit mit der Krone der →Fünf Buddha-Familien Initiation.

Weisheitsgottheit *(Ye Shes Sems dPa', Ye Shes Pa, Ye Shes Kyi Lha),* die wirkliche Gottheit, die im →Dharmadhatu verweilt.

Weisheit unbeirrbarer Aktivität *(Bya Ba Nan Tan Gyi Ye Shes),* gleichbedeutend mit «Allesvollbringende Weisheit» *(Bya Ba Grub Pa'i Ye Shes).*

Welt der Form *(gZugs Khams;* Skrt.: *rupa-dhatu),* siebzehn innerhalb des Samsara befindliche himmlische Reiche: die fünf reinen Sphären und die vier dreifältigen Dhyana-Bereiche. Ein subtiler, samsarischer Existenzzustand zwischen der Welt der Begierde und der Welt ohne Form, in dem es keinen Geruchs- oder Geschmackssinn und keine Geschlechtsorgane gibt. Die Wesen, die sich dort befinden, haben einen Lichtkörper, ein langes Leben und kennen keinen Schmerz. Anhaften und andere unheilsame Geistesregungen können nicht entstehen.

Weltenherrscher *('Khor Los sGyur Ba'i rGyal Po,* Skrt.: *Chakravartin),* Herrscher über die vier Kontinente der menschlichen Wesen. Er besitzt die zweiunddreißig Merkmale eines großen Wesens (Mahasattva) und wird in seiner Herrschaft unterstützt durch die sieben Kostbarkeiten: Rad, Juwel, Königin, Minister, Elefant, Pferd und General.

Welt ohne Form *(gZugs Med Khams;* Skrt.: *arupa-dhatu),* der subtilste Existenzzustand innerhalb von →Samsara, in dem alles Physische und selbst geistiger Genuss abwesend ist. Der Bereich nichterleuchteter Wesen, die sich in den vier Versenkungen geübt haben. Sie verweilen hier lange Zeit in beständigem meditativen Gleichgewicht; danach fallen sie jedoch wieder in niedrigere Existenzzustände innerhalb des Samsara zurück.

Wurzel der Tugend *(dGe Ba'i rTsa Ba)* = gute Taten.

Yaksha *(gNad sByin),* halbgöttliche Wesen, im allgemeinen wohlwollender, manchmal jedoch bösartiger Natur. Viele von ihnen sind lokale Gottheiten, die oft in heiligen Bäumen leben und die in der Nähe versteckten Schätze bewachen. Andere leben auf dem Berg Sumeru und bewachen den Daseinsbereich der Götter. Ihr Herrscher ist Kubera, der Gott des Wohlstands und Wächter der nördlichen Gebiete.

Yangdag *(Yang Dag;* Skrt.: *vishuddha),* einer der acht →Herukas der Nyingma-Schule. Die rasende Gottheit des Vajra-Geistes.

Yerpa *(Yer Pa),* eine Höhleneinsiedelei in der Nähe von Lhasa in Zentraltibet.

Yeshe Tsogyal *(Ye Shes mTsho rGyal),* Khandro Yeshe Tsogyal war die bedeutendste Schülerin Guru Rinpoches; sie stellte den Großteil seiner Unterweisungen zusammen.

Yidam *(Yi Dam),* die Gottheit, die Gegenstand der persönlichen Praxis ist.

Yoga-Sadhana *(rNal 'Byor Gyi sGrub Thabs),* der Hauptteil der Praxis, die traditionell den vorbereitenden Übungen folgt. Er beinhaltet die →Entwicklungs- und →Vollendungsstufe und ist das «Sprungbrett» für die subtileren Übungen der Mahamudra- und Dzogchen-Praxis.

Yogatantra *(rNal 'Byor Gyi rGyud),* siehe →Neunstufiges Fahrzeuge.

Yogi *(rNal 'Byor Pa),* männlicher Praktizierender des →Tantra.

Yogini *(rNal 'Byor Ma),* weibliche Praktizierende des →Tantra.

Yogische Übungen *(rTul Shugs),* zusätzliche Übungen—z.B. →Ganachakra-Zeremonien—für Praktizierende des →Tantra, womit sie sich darin schulen, die →Sicht des →Vajrayana ins tägliche Leben zu integrieren.

Zehn Bhumi oder **Bodhisattva-Stufen** *(Sa bCu),* die zehn Stufen, die ein →Bodhisattva durchschreitet, bis er zu einem vollendeten Buddha wird. Auf jeder Stufe werden immer subtilere Verunreinigungen geläutert und immer mehr erleuchtete Eigenschaften manifest. Die einzelnen Stufen sind: 1. die voller Freude, 2. die Makellose, 3. die Leuchtende, 4. die Strahlende, 5. die schwer zu Erobernde, 6. die Verwirklichte, 7. die Weitreichende, 8. die Unerschütterliche, 9. die Hohe Intelligenz, 10. die Wolke des Dharma.

Zehn Paramitas *(Phar Phyin bCu):* Die sechs Paramitas und zusätzlich dazu geeignete Mittel und Wege, Stärke, Wunsch und ursprüngliche Weisheit.

Zehn Richtungen, die acht Kardinalpunkte der Windrose sowie oben und unten.

Zehn tugendhafte Handlungen *(dGe Ba bCu),* im allgemeinen, von den →Zehn untugendhaften Handlungen Abstand nehmen und im besonderen, das Gegenteil davon üben: Leben retten, großzügig sein usw.

Zehn untugendhafte Handlungen *(Mi dGe Ba bCu).* Die mit dem Körper begangenen negativen Handlungen sind töten, stehlen und ungebührliches sexuelles Verhalten. Die verbalen negativen Handlungen sind Lügen, Zwietracht säen, unnützes Geschwätz und verletzende Worte. Die mit dem Geist begangenen negativen Handlungen sind Habsucht, Boshaftigkeit und falsche Sichtweisen.

Zustand der Beendigung *(Zhi gNas 'Gog Pa),* hat im Mahayana und Vajrayana eine abschätzige Bedeutung, da dieser Zustand als Abweichung vom Pfad der vollkommenen Erleuchtung gilt. Der Irrtum besteht darin, Meditation als Konzentration zu verstehen und das Entwickeln eines Zustands, in dem Empfindungen und Gedanken abwesend sind.

Zwei Ansammlungen *(Tshogs gNyis),* die Ansammlung von Verdienst (mit dualistischen Vorstellungen) und die von Weisheit (frei von dualistischen Vorstellungen).

Zweifaches Nicht-Selbst *(bDag Med gNyis),* die Abwesenheit eines →Selbst im Individuum sowie in den Phänomenen.

Zwölfgliedrige Kette des abhängigen Entstehens *(rTen 'Brel Yen Lag bCu gNyis),* die Kette von Ursache und Wirkung, die die Lebewesen an den Kreislauf der Geburten bindet und durch die ihre Leiden fortgesetzt werden. Diese Kette hat zwölf Glieder: (1) Unwissenheit führt zu (2) gestaltenden Kräften, durch welche (3) das Bewusstsein entsteht. Dieses kreiert (4) Name und Form, aus denen die (5) sechs Sinne hervorgehen. Mit den sechs Sinnen kommt es zu (6) Kontakt und so zu (7) Empfindung. Sie ruft (8) Verlangen hervor, das zu einem (9) Ergreifen wird. Dieses wiederum verursacht (10) Streben nach Verkörperung, welche zu (11) Geburt führt und damit auch zu (12) Altern und Tod.

Zwölf Sinnesquellen *(sKye mChed bCu gNyis),* die fünf Sinne und die Geisteskräfte sowie die fünf Sinnesobjekte und die Objekte des Geistes.

Weiterführende Literatur zur Praxis des Tibetischen Buddhismus

AKONG RINPOCHE: *Den Tiger zähmen*. Selbstheilung aus der Weisheit Tibets, Theseus, 1993, Edition Steinrich, 2010.
–: *Beruf als Weg oder Die Kunst, entspannt Karriere zu machen*. Theseus, 1999.

CHAGDUD TULKU: *Tore in die Freiheit*. Der buddhistische Weg zum Glück, Theseus, 1999.
–: *Der Herr des Tanzes*. Autobiographie eines tibetischen Lama, Theseus, 1998.

DAS, SURYA LAMA: *Der Achtfache Pfad*. Lehrbuch zur Erleuchtung, Krüger, 1999.

DILGO KHYENTSE RINPOCHE: *Die sieben tibetischen Geistesübungen*. Das Herzstück buddhistischer Praxis, O.W. Barth, 1996.
–: *Das Herzjuwel der Erleuchteten*. Die Übung von Sicht, Meditation und Verhalten, Theseus, 1996.

DOWMAN, KEITH: *Der Flug des Garuda*. Vier (Fünf) Dzogchen-Texte aus dem tibetischen Buddhismus, Theseus, 1994, (Wandel, 2011).
–: *Im Auge des Sturms:* Die fünf Dzogchen-Übertragungen des Vairotsana, O.W. Barth, 2009.
–: *Der heilige Narr*. Das liederliche Leben und die lästerlichen Gesänge des tantrischen Meisters Drukpa Künleg, O.W. Barth, 2010.
–: *Meister des Tantra*. Leben und Legenden der Mahasiddhas.
–: *Die Meister der Mahamudra*. Leben, Legenden und Lieder der 84 Erleuchteten.

DUDJIOM, RINPOCHE: *Die Klausur auf dem Berge*. Dzogchen-Lehren und Kommentare, Theseus, 1994.

Evans-Wentz, W. Y. (Hrsg.): *Milarepa—Tibets großer Yogi*, O.W. Barth, 2010.
Gampopa: *Der kostbare Schmuck der Befreiung*. Eine Einführung in den buddhistischen Weg, Theseus, 1996, Norbu, 2007.
–: *Die kostbare Girlande für den höchsten Weg*. Mündliche Unterweisungen, Theseus 1999.
Gendün Rinpoche: *Herzensunterweisungen eines Mahamudra-Meisters*. Theseus, 1999.
–: *Wir haben vergessen, dass wir Buddhas sind*. Kagyü-Dharma, 1991.
–: *Der grosse Pfau*. Die Umwandlung der Emotionen im tibetischen Buddhismus, Theseus, 1993.
Govinda, Lama Anagarika: *Buddhistische Reflexionen*. Die Bedeutung von Lehre und Methoden des Buddhismus für westliche Menschen, O.W. Barth, 1983.
–: *Der Weg der weißen Wolken*. Erlebnisse eines buddhistischen Pilgers in Tibet, O.W. Barth, 2010.
–: *Grundlagen tibetischer Mystik*. Die geheime Lehre des Großen Mantra, O.W. Barth, 1975.
Kalu Rinpoche: *Geflüsterte Weisheit*. Die Lehren des Eremiten vom Berge, Krüger, 1997.
–: Den Pfad des Buddha gehen. Eine Einführung in die meditative Praxis des Tibetischen Buddhismus, O. W. Barth, 1991.
Kornfield, Jack: *Frag den Buddha—und geh den Weg des Herzens*: Fernöstliche Lehren für den westlichen Alltag, Kösel, 2009.
Karmapa IX., Wangchug Dorje: *Das Diamantlicht des gewöhnlichen Geistes*. Mahamudra-Praxis, Octopus, 1989.
–: *Mahamudra—Ozean des Wahren Sinnes*, 2 Bände, Theseus, 1990.
Low, James: *Aus dem Handgepäck eines tibetischen Yogi*. Grundlegende Texte der Dzogchen-Tradition, Theseus, 1996, edition khordong/Wandel, 2011.
–: *Hier und Jetzt Sein*. Ein Kommentar zu «Der Spiegel der Klaren Bedeutung» — ein DzogChen-Schatztext von Nuden Dorje, Mandarava/Silberschnur, 2004.
–: *Eins mit Guru Rinpoche*. Ein Kommentar zu Nuden Dorjes Terma, die Vidyadhara Guru Sadhana, edition khordong/Wandel, 2007.
Ma Gcig: *Gesänge der Weisheit*. Garuda, 1998.
Milarepa und Tsang Nyön Heruka: *Milarepas gesammelte Vajra-Lieder*. Bd. 1 und 2, Theseus, 1996, 2001.
Norbu, Namkhai: *Traum-Yoga*. Der tibetische Weg zu Klarheit und Selbsterkenntnis, O. W. Barth, 1994.
–: *Der Zyklus von Tag und Nacht*. Die praktischen Übungen des Ati-

Yoga, Diederichs, 1990.
–: *Der Kristallweg.* Die Lehre über Sutra, Tantra und Dzogchen, Diederichs, 1994.
–: *Spiegel des Bewußtseins.* Essenz des tibetischen Buddhismus, Diederichs, 1999.
–: *Dzogchen, der Weg des Lichts.* Die Lehren von Sutra, Tantra und Ati-Yoga, Diederichs, 1998.
PADMASAMBHAVA: *Die Legende vom grossen Stupa,* Dharma Publ., 1981
– UND KARL SCHEERER: *Die Geheimlehre Tibets,* Kösel, 1998.
RABTEN, GESHE: *Mahamudra.* Der Weg zur Erkenntnis der Wirklichkeit, Theseus, 1979.
–: *Schatz des Dharma.* Ein tibetisch-buddhistischer Meditationskurs, Rabten, 1997.
–: *Stufen des Bewusstseins,* Rabten, 2000.
SOGYAL RINPOCHE: *Das tibetische Buch vom Lehen und vom Sterben.* Ein Schlüssel zum tieferen Verständnis von Leben und Tod, O.W. Barth, 1993.
–: *Funken der Erleuchtung.* Buddhistische Weisheit für jeden Tag des Jahres, O.W. Barth, 1997.
TULKU, THARTHANG: *Geschicktes Wirken.* Dharma Publishing, 1994.
–: *Schritte auf dem Diamantweg.* Dharma Publishing, 2000.
THONDUP, TULKU: *Die heilende Kraft des Geistes.* Einfache buddhistische Achtsamkeitsübungen für Gesundheit und Wohlbefinden, Arbor, 2007.
–: *Buddha-Natur.* Dzogchen in der Praxis, Opus, 2010.
–: *Heilung grenzenlos.* Goldmann, 2001.
–: *Die verborgenen Schätze Tibets.* Eine Erklärung der Termatradition der Nyingma-Schule des Buddhismus, Theseus, 1994, Wandel, 2011.
TRUNGPA, CHÖGYAM: *Aktive Meditation.* Lebenssituationen klar erkennen und geschickt damit umgehen, Windpferd, 2006.
–: *Das Buch vom meditativen Leben.* Rowohlt, 2000.
–: *Das Herz des Buddha.* Buddhistische Lebenspraxis im modernen Alltagsleben, O.W. Barth, 1993.
–: *Der Mythos Freiheit und der Weg der Meditation.* Theseus, 1989.
–: *Spirituellen Materialismus durchschneiden.* Wie die Selbsttäuschung auf dem geistigen Weg zu erkennen ist, Theseus, 1989.
– UND FREMANTLE, FRANCESCA (Hrsg.): *Das Totenbuch der Tibeter.* Diederichs, 1976.
TSÜLTRIM ALLIONE: *Tibets weise Frauen.* Heyne, 1994.
TSOGYAL, YESHE: *Der Lotosgeborene im Land des Schnees.* Fischer, 1996

Khordong Commentary Series

I Martin J. Boord. *A Bolt Of Lightning From The Blue, The vast commentary on Vajrakila that clearly defines the essential points*. edition khordong. Berlin, 2002, reprint: Wandel Verlag, 2010

II James Low. *Being Right Here, Commentary on The Mirror of Clear Meaning by Nuden Dorje*. Snow Lion. New York & Colorado, 2004

II.dt James Low. *Hier und Jetzt Sein*. Edition Mandarava. Gutenstein, 2005

II.pl James Low. *Byc tu i teraz*. wydawnictwo A. Kraków, 2005

II.it James Low. *Esserci, Un commento a "Lo specchio del chiaro significato"*. Ubaldini Editore. Roma, 2005

II.fr James Low. *Le Miroir au Sens Limpide*. Éditions Almora, 2009

II.es James Low. *Aquí y ahora*. Ediciones Dharma, España, 2011

III James Low. *Being Guru Rinpoche, Commentary on Nuden Dorje's Terma: The Vidyadhara Guru Sadhana*. Trafford. Canada, 2006

III.pl James Low. *Byc Guru Rinpocze. Komentarz do Sadhany Guru Widjadhary z termy Nudena Dord e*. Wydawnictwo NORBU. 2006

III.dt James Low. *Eins mit Guru Rinpoche*. edition khordong. Berlin, 2007. Unveränderte Wiederauflage im Wandel Verlag, 2011

III.fr Nuden Dorje/James Low. *Dans le Mandala de Padmasambhava*. La sadhana du Détenteur de Rigpa Padmasambhava et un commentaire de James Low. Editions Khordong.France. Lyon, 2008

IV Tulku Tsultrim Zangpo (Tulku Tsurlo). *The Five Nails – A Commentary on the Northern Treasures Accumulation Praxis*. edition khordong im Wandel Verlag. Berlin, 2011

IV.dt Tulku Tsultrim Zangpo (Tulku Tsurlo). *Die Fünf Nägel – Ein Kommentar zu den Vorbereitenden Übungen der Nördlichen Schätze*. edition khordong im Wandel Verlag. Berlin, 2011

V Rig-'dzin rdo-rje (Martin J. Boord). *A Roll of Thunder from the Void, Vajrakila Texts of the Northern Treasures Tradition, Volume Two*. edition khordong im Wandel Verlag. Berlin, 2010

VI Chimed Rigdzin Rinpoche, James Low. *Radiant Aspiration, The Butterlamp Prayer: Lamp of Aspiration*. Simply Being. London, 2011

VI.dt CHHIMED RIGDZIN RINPOCHE, JAMES LOW. *Lichter der Weisheit, Das Butterlampen-Wunschgebet von Chhimed Rigdzin Rinpoche. Mit einem Kommentar von James Low.* edition khordong im Wandel Verlag. Berlin, 2014

VII.tib TULKU TSULTRIM ZANGPO (TULKU TSURLO). *Boundless Vision. A Byangter Manual on Dzogchen Training. An Outline Commentary on the Boundless Vision of Universal Goodness (Kun bZang dGongs Pa Zang Thal).* Tibetischer Text. edition khordong im Wandel Verlag, 2012

VIII RIG-'DZIN RDO-RJE (MARTIN J. BOORD). *Illuminating Sunshine. Buddhist death rituals of Avalokitesvara.* edition khordong im Wandel Verlag. Berlin, 2012

IX.dt JAMES LOW. *Zuhause im Spiel der Wirklichkeit. Ein Kommentar zum Dzogchen Schatztext »Unmittelbares Aufzeigen der Buddhaschaft jenseits aller Klassifizierung« von Nuden Dorje.* edition khordong im Wandel Verlag. Berlin, 2012

X RIG-'DZIN RDO-RJE (MARTIN J. BOORD). *Gathering the Elements. Vajrakila Texts of the Northern Treasures Tradition, Volume One.* edition khordong im Wandel Verlag. Berlin, 2013

Weitere Titel

Die Geheimen Dakini-Lehren. Padmasambhavas mündliche Unterweisungen der Prinzessin Tsogyal. Ein Juwel der Tibetischen Weisheitsliteratur. Wiederauflage, edition khordong im Wandel Verlag. Berlin, 2011

TULKU THONDUP. *Die verborgenen Schätze Tibets. Eine Erklärung der Termatradition der Nyingmaschule des Buddhismus.* Überarbeitete Neuausgabe. edition khordong im Wandel Verlag. Berlin, 2013

The Seven Chapters of Prayer, as taught by Padma Sambhava of Urgyen, known in Tibeatan as Le'u bDun Ma, arranged according to the system of Khordong Gompa by Chhimed Rigdzin Rinpoche. Translated by CHHIMED RIGDZIN RINPOCHE & JAMES LOW. With an introduction by JAMES LOW. Practice texts. edition khordong. Berlin, 2008. reprint: Wandel Verlag. Berlin, 2010

Das Gebet in sieben Kapiteln gelehrt von Padmasambhava (Le'u bDun Ma), editiert von Chhimed Rigdzin Rinpoche. Übersetzt aus dem tibetischen von CHHIMED RIGDZIN RINPOCHE & JAMES LOW. Praxistext. edition khordong. Berlin, 2008. Nachdruck: Wandel Verlag. Berlin, 2010

James Low. *Aus dem Handgepäck eines tibetischen Yogi. Grundlegende Texte der Dzogchen-Tradition.* Überarbeitete Neuausgabe. edition khordong im Wandel Verlag. Berlin, 2013

Die Fünf Nägel. Die vorbereitenden Übungen der Nördlichen Schätze. Überarbeiteter und ergänzter Praxistext. edition khordong im Wandel Verlag. 2013

Titel in Vorbereitung

Keith Dowman. *Der Flug des Garuda. Fünf Dzogchen-Texte aus dem tibetischen Buddhismus.* Erweiterte & überarbeitete Neuauflage.

Dudjom Rinpoche. *Die Klausur auf dem Berge. Dzogchen-Lehren und Kommentare.* Wiederauflage.

Chhimed Rigdzin Rinpoche. *Ein kurzes System um Niederwerfungen auszuführen.* Praxistext.

Rig-'dzin rdo-rje (Martin J. Boord). *A Blaze of Fire in the Dark. Vajrakila texts of the Northern Treasures Tradition, Volume Three.*

Rigdzin Pema Thrinley/Khenpo Chowang. *The Five Nails, Commentary on the Byangter Ngondro.*

Rig-'dzin rdo-rje (Martin J. Boord). *A Tidal Wave of Blessings, Vajrakīla Texts of the Northern Treasures Tradition, Volume Four.* The Vase initiation and other rites of empowerment.

Rig-'dzin rdo-rje (Martin J. Boord). *An Overwhelming Hurricane, Vajrakīla Texts of the Northern Treasures Tradition, Volume Five.* Averting disaster and turning back obstacles for the benefit of a wider world.

James Low. *Gesammelte Schriften von Chhimed Rigdzin Rinpoche, ausgewählt, editiert und übersetzt von James Low.*

ISBN 978-3-942380-03-4

9 783942 380034 >